Geschichte
des
Rechtsstreits
zwischen
der ältern und jüngern Linie
des
Fürstenhauses Anhalt-Bernburg
über die
Gültigkeit der Schenkung des Schlosses Zeitz, Dorfs Belleben und der Aschersleben'schen und Gaterslebenschen Seeländereyen.

Dritter Band.
Zweite Abtheilung.

I. Nullitätendeduction II. Cassationsurtheil v. 30sten May 1820 nebst Gründen und Betrachtungen über beyde. III. Appellationsbericht des Nullitätsquerulaten. IV. Instruction des Appellatoriums, Status causae et controversiae. Anerkennung desselben. V. Betrachtungen über den Status causae et controversiae, und über die Eventualmaxime des Preußischen Prozesses. VI. Appellationsdeduction des Nullitätsquerulaten VII. Gegendeduction VIII. Jenaische Kritik, Antikritik Replik und Duplik über das Fundament des Beytritts.

Berlin, 1821.
Gedruckt bei G. Reimer.

Vorrede.

Der Verfasser der Geschichte des Rechtsstreits zwischen der ältern und jüngern Linie des Fürstenhauses Anhalt-Bernburg, fährt in der gegenwärtigen zweyten Abtheilung des dritten Bandes fort, seinen Gegenstand mit den Fragen über Oeffentlichkeit und Nichtöffentlichkeit, Schriftlichkeit und Mündlichkeit des gerichtlichen Verfahrens, in Verbindung zu setzen.

Daß der, auf die Bedürfnisse einer andern Zeit berechnete Preußische Prozeß, großer Reformen, vielleicht einer gänzlichen Veränderung seiner Grundlage bedarf, wurde oft und laut bemerkt. Der Verfasser fürchtet daher nicht den Vorwurf der Vermessenheit, indem er in No. 5., die Untauglichkeit des Status causae et controversiae und der Eventualmaxime des Preußischen Prozesses, auseinandersetzt.

Die Berliner Censur hat dieser Abhandlung ohne Schwierigkeit das Imprimatur ertheilt.

Mit gleicher Liberalität hat sie den Druck alles desjenigen gestattet, was für den Beytritt, mithin gegen die darüber ausgesprochene Meinung des Königlich Preußischen Justizministeriums geschrieben worden ist. Diese Willfährigkeit verdient, im Hinblick auf die bestehenden Censurgesetze, eine ehrenvolle öffentliche Anerkennung, um so viel mehr, da die oberste Staatsverwaltung des Herzogthums Braunschweig, die Bewegungen berücksichtigend, welche die Bekanntmachung des ersten, in Braunschweig unter Censur gedruckten Bandes der Geschichte des Rechtsstreits veranlaßte, es unmöglich machen zu müssen glaubte, daß der nunmehr in Berlin gedruckte dritte Band, in Braunschweig, der Censur, zur Ertheilung des Imprimatur, eingereicht und hiernächst dort gedruckt werden konnte.

Auch hier berührt dieser Rechtsstreit die großen Interessen des Tages.

Der Verfasser gehört zu den wärmsten Vertheidigern des monarchischen Princips. Er war im Jahr 1814 der erste deutsche politische Schriftsteller, der die Unvereinbarkeit desselben mit der spanischen Constitution anerkannte, und es billigte, daß Ferdinand VII., als er, nach dem Vertrag von Valançay, den Thron seiner Väter wieder bestieg, ihre Annahme verweigerte. Die Vertheidigung der übrigen Maasregeln jenes Regenten übernahm der Verfasser nicht.

Das *monarchische* Princip ist in den europäischen Socialzustand, wie er sich in den letzten Jahrhunderten entwickelt hat, auf das Innigste verwebt. Kein Volk in Europa wird es künftig ungestraft verletzen. Wer — was jenes Princip verlangt und nicht verlangt — fördert und stört — mit *Wahrheit* auffaßt, und mit *Evidenz* entwickelt, macht sich verdient um die Könige und Völker.

Um das nemliche Princip gegen stürmische Angriffe und gegen schleichende Kabale zu *sichern*, muß es auf einer festen und unerschütterlichen Grundlage *consti*tuirt werden. *Constituirt* wird es aber nur dadurch, daß auf der *einen* Seite, die *Fülle der regierenden Macht und des regierenden Willens*, in die Hände eines blos Gott und seinem Gewissen verantwortlichen *Erbmonarchen* niedergelegt *bleibt*, und auf der andern der Thron mit der *Fülle der Einsicht* der *Gebildeten und Selbstständigen* d. h.

nur vom constitutionellen König abhängenden Vertretern der Nation, umgeben wird.

Nur so kann und muß die Scheidewand sinken, welche den Herrscher von den Beherrschten trennt, der unseelige Wahnglaube verschwinden, als hätten beyde sich widersprechende Interessen, und der Monarch die Leiden und die Bedürfnisse seines Volks durch andere vermittelnde Organe kennen lernen, als durch seine Hofumgebungen und durch diejenige, die seiner Macht, für ihre Privatzwecke bedürfen.

Ein frey handelnder und auch als Gesetzgeber frey wollender König, — also kein König unter der Zuchtruthe der Cortes — eine frey redende und rathende, aber von jeder Regierungstheilnahme ausgeschlossene Nationalpräsentation — also abermals keine Cortes — das gehört, — nach der Ansicht des Verfassers —, zur Constituirung des monarchischen Princips und eben deshalb auch zur Garantie der Legitimität.

Gehört auch der Preßzwang dazu — oder jene Einrichtung, welche die Erlaubniß zur Bekanntmachung eines Gedankens der Willkühr oder der Einsicht eines Staatsbeamten unterwirft, der wieder von der Willkühr oder Einsicht eines andern Staatsbeamten oder einer andern Staatsbehörde abhängt? — Diese Frage scheint dem Verfasser identisch mit einigen andern Fragen. — Ist der Vortheil des Staatsbeamten und der Vortheil des Erbmonarchen eins und dasselbe? Erfordert es das Interesse des Erbmonarchen, daß die Fehler der Verwaltung nur durch die Organe der nemlichen Verwaltung, oder durch diejenige zu seiner Kunde kommen können, die sie selbst begangen haben? Würkt nicht vielmehr ein durch den Preßzwang verschleyerter und gesteigerter Beamtendruck störend gegen das monarchische Princip?

Der

Der Verfasser hat diese Fragen im zweyten Bande der Geschichte des Rechtsstreits mit der Fackel der Vernunft und der Geschichte beleuchtet. Seinen Namen hat er nicht vorgesetzt. Er wird ihn auch, — sollte er je wieder veranlaßt werden, vor und zu dem Publikum zu reden — nie mehr vordrucken lassen. Er ist es längst müde geworden, seine Persönlichkeit der litterärischen Kabale Preis zu geben, welche ihn seit Jahren verfolgt. Ihre Motive, ihre Handlungsweise, hat er einst öffentlich entschleyert, und sogar ihre Koryphäen genannt. Einer beurkundeten Anklage haben die Letztern Stillschweigen entgegengesetzt. Man erkenne sie aus ihren Werken. So nichtswürdig wie die bey Helm in Halberstadt erschienene kleine Schrift über den Beytritt, und noch viel nichtswürdiger, sind seit dem Jahr 1809 seine gewissenhaftesten und fruchtbarsten Untersuchungen, über die wichtigsten Angelegenheiten der Menschheit, behandelt worden. Wer nach solchen

Erfahrungen den Geist, der aus Deutschlands kritischen Zeitblättern weht, noch achten oder ihm schmeicheln, oder sich mit ihm abfinden mag, der hat eine solche Behandlung verdient.

I.

Deduction der Nullität des am 23sten July 1819 eröffneten Revisionsurtheils des Geheimen Ober-Tribunals in Berlin; zur ersten Zwischeninstanz der außerordentlichen Nullitäts-Hauptinstanz gehörend.

(Im Namen S. K. H. des Erzherzogs Anton Joseph von Oesterreich, Palatin von Ungarn, und des Erbherzogs und der Erbherzogin von Holstein-Oldenburg Durchl.)

§. 1.

Im Eingang des Revisionsurtheils des Königlichen Geheimen Ober-Tribunals vom 23sten July v. J. wird erkannt:

daß zuvörderst dem rc. Heyer obliege, rücksichtlich der inzwischen, mit Hinterlassung eines Sohnes verstorbenen Frau Prinzessin Hermine, sich noch durch Vollmacht ihres hinterbliebenen Ehegatten, des Herrn Erzherzogs von Oesterreich und Palatin von Ungarn K. K. H., so wie durch Vollmacht der Frau Prinzessin Adelheid und ihres Gemahls, des

Herrn Erbherzogs von Holstein = Oldenburg zu legitimiren; sodann wird — — (nun folgt das Urtheil in der Hauptsache).

Aus dieser Auflage geht hervor:

1. daß das Königliche Geheime Ober = Tribunal
   a. den Erzherzog Anton Joseph von Oesterreich;
   b. den Erbherzog von Holstein = Oldenburg;
   c. dessen Gemahlin;

bey dem ganzen Rechtsstreit für wesentlich betheiligte Interessenten erklärt habe.

2. daß es den Beweis, daß diese Interessenten vertreten worden wären, oder gehandelt hätten, bey den Acten vermißte;
3. daß es zuvörderst auf Beybringung der Vollmacht derselben, zu erkennen sich bewogen fand.

Es entstehen nun vor allen Dingen zwey Fragen:

1. Waren diese Ansichten des Königlichen Geheimen Ober = Tribunals in der Lage der Sache selbst und im Gesetz gegründet?
2. Was hat es für Würkungen, daß sie in dem höchsten Instanzurtheil förmlich sind ausgesprochen worden?

§. 2.

1. Waren die Ansichten des Geheimen Ober = Tribunals in der Lage der Sache selbst, und im Gesetz gegründet?

Die Prozeßgesetzgebung unterscheidet die Legitimation der Parthey zur Sache, von der Legitimation des Anwaldes zum Prozeß.

Sie trägt dem Richter auf, für beyde Sorge zu tragen.

Sie verpönt vernunftgemäß die Vernachlässigung jeder dieser Legitimationen mit dem Präjudiz der Nichtigkeit.

Wenn sie die Legitimation zur Sache verlangt, so fordert sie in Hinsicht des Klägers, daß er (nicht etwa ein Dritter) auf die geforderte Sache, wenn sich das von ihm erzählte Factum so verhält, wie er es vorträgt, ein Recht hat; sie fordert in Hinsicht des Beklagten, daß ihm (nicht einem Dritten) die geforderte Leistung (si narrata vera sunt) obliege.

Wenn A. von B. einklagt, was dieser dem C. zu leisten hat, so fehlt dem Kläger, wenn dagegen A. von D. fordert, was nicht dieser, sondern allenfalls B. dem A. zu leisten schuldig ist, so fehlt dem Beklagten die Legitimation zur Sache.

Man nennt die Legitimation des Klägers zur Sache, die active, die des Beklagten die passive Legitimation.

Beyde müssen nicht blos im Anfang des Prozesses vorhanden seyn; sie müssen bis zur Beendigung desselben fortdauern.

Ob der Kläger oder Beklagte aus seiner eignen Person, oder aus der Person desjenigen klagt, oder belangt wird, den er zu vertreten gesetzlich verbunden ist, ist einerley. Auch bey der tutorio, curatorio, uxorio nomine erhobenen Klage oder Vertheidigung, muß sowohl die active als passive Legitimation im Anfang des Rechtsstreits vorhanden seyn, und im Lauf desselben bis zum Schluß fortdauern.

Tritt die im Anfang des Prozesses in Anspruch genommene volljährige Unvereheliche, während dem Lauf desselben, durch Heyrath in die Gewalt des Ehemannes, so muß die Klage gegen Letztern fortgesetzt werden; wäre die Verhandlung gegen die Ehefrau allein fortgesetzt, so würde sie, von der Zeit der Verehelichung an, nichtig seyn. Das alles sind sehr bekannte Rechtssätze, schon durch die Vernunft geheiligt, und als nothwendige Forderungen aus der Natur der Verhältnisse keiner Sanction durch den Buchstaben des Gesetzes bedürfend.

Die Prozeßlegitimation des bevollmächtigten Anwaldes hängt von der Sachlegitimation der bevollmächtigenden Parthey ab. Im gegenwärtigen Nullitätsprozeß ist sowohl von jener als dieser die Rede.

§. 3.

Als es dem regierenden Herzog von Anhalt-Bernburg im Monat May des Jahrs 1815 gefiel, die bekannte und auf Annullirung einer, nach westphälischen, französischen und preußischen Gesetzen gültigen Schenkung gerichtete Klage, vor dem Königlichen Ober-Landesgericht in Halberstadt zu erheben, waren die vier geschenknehmenden Prinzessinnen sämmtlich minderjährig.

Sie waren Eigenthümerinnen, Besitzerinnen, Nutznießerinnen der geforderten Güter; sie selbst hatten kein jus standi in judicium. Sie fanden sich sämmtlich unter mütterlicher Vormundschaft; für sie alle wurde ihre Frau Mutter tutorio nomine belangt.

So blieb es im Lauf des Prozesses nicht.

Am 30sten August 1815 wurde die älteste Prinzessin Hermine an den Erzherzog Anton Joseph von Oesterreich, am 24sten July 1817 wurde die zweyte Prinzessin Adelheid an den Erbherzog von Holstein-Oldenburg, Paul Friedrich August, vermählt.

Hiermit hatte die mütterliche Vertretungsbefugniß ein Ende.

Die vermählten Prinzessinnen traten, noch immer minderjährig, aus dem mütterlichen in den ehelichen Schutz.

Uebergegangen in andere souveraine Häuser, unterworfen einem andern Privatrecht, konnte die von der Nassauischen Staatsgewalt zu ihrem Vortheil gebildete Vertretung, nicht mehr fortdauern.

Nach dem Preußischen Landrecht hebt zwar die Ehe die Vormundschaft nicht auf. Wer wird aber wohl den Personenstand einer Palatina von Ungarn, oder einer Erbherzoginn von Holstein-Oldenburg nach dem Preußischen Landrecht beurtheilen? Wer wird sagen: die von dem Herzog von Nassau angeordnete Vormundschaft dauere ipso jure in Ofen und Oldenburg über eine Oesterreichische oder Holsteinische Prinzessin fort?

Es steht mithin factisch fest, daß in Hinsicht der Prinzessin Hermine, vom 30sten August 1815, in Hinsicht der Prinzessin Adelheid vom 24sten July 1817 an, die Vertretungsbefugniß der Fürstin Vormünderin nicht mehr existirte.

Konnte sie von diesem Zeitpunkte an die Geschenknehmerinnen nicht mehr als Vormünderin vertreten, so konnte sie auch keine gerichtliche Handlungen gültig für sie vornehmen.

Resoluto jure dantis resolvitur jus accipientis. Die Gültigkeit der Heyerschen Prozeßlegitimation hing ab von der Gültigkeit der Sachlegitimation der Fürstin Vormünderin. Als diese ein Ende nahm, war jene erloschen. Durch die beyden Vermählungen erfolgten noch andere Veränderungen.

Prinz Adolph Friedrich Ludwig von Anhalt-Bernburg-Hoym hatte das Eigenthum der fraglichen Güter seinen Großnichten, mit Vorbehalt der lebenslänglichen Nutznießung, geschenkt.

Dem Eigenthum nach gehörten die Güter den Geschenknehmerinnen vom Tage der vollzogenen Schenkung, der Nutznießung nach erst vom Todestage des Geschenkgebers an.

Diese nemliche Nutznießung ging durch die Vermählung der beyden ältesten Prinzessinnen auf ihre Ehegatten über, und die Letztern wurden nunmehr beym Schenkungsprozeß Sachbetheiligte aus eigner Person.

Der Tod der Prinzessin Hermine erzeugte Veränderungen anderer Art.

Die beyden Kinder, welchen sie sterbend das Leben schenkte, traten durch Erbrecht in ihren Eigenthumstheil; des Erzherzogs ehelicher Usufruct verwandelte sich in einen Ausfluß der väterlichen Gewalt.

Aus dieser historischen Zusammenstellung ergeben sich folgende feststehende Momente:

1. Die Fürstin Vormünderin war in Hinsicht der Prinzessin Hermine passive Sachbetheiligte bis zum 30sten August 1815.
2. Sie war es in Hinsicht der Prinzessin Adelheid bis zum 24sten July 1817.
3. Vom 30sten August 1815 an, mußte die Prinzessin Hermine und ihr Antheil an der Schenkung vom Erzherzog Anton Joseph von Oesterreich gerichtlich vertreten und vertheidiget werden.
4. Eben so vom 24sten July 1817 an, der Antheil der Prinzessin Adelheid vom Erbherzog von Holstein-Oldenburg.
5. Vom 30sten August 1815 und vom 24sten July 1817 an, handelte, in Hinsicht beyder Prinzessinnen Antheile, die Fürstin Vormünderin ohne Vertretungsbefugniß, und Justizrath Heyer ohne Vollmacht.

§. 4.

Wer wird nun glauben, das Königliche Geheime Ober-Tribunal habe in dem bekannten Revisionsurtheil irrig die Ansicht ausgesprochen:

daß sowohl Se. K. K. H. der Erzherzog Anton Joseph, als Se. D. der Erbherzog von Holstein-Oldenburg nebst dessen Gemahlin, als wesentlich Betheiligte, durch einen Bevollmächtigten gehört werden müßten?

§. 5.

Was hat es für Würkung, daß die Ansicht des Königlichen Geheimen Ober

Tribunals im Revisionsurtheil förmlich ist ausgesprochen worden.

Das Königliche Geheime Ober-Tribunal in Berlin ist das letzte Instanzgericht der Preußischen Monarchie. Seine Urtheile werden den Königlichen Oberlandesgerichten blos zur Bekanntmachung und zur Vollziehung zugesendet. Ihnen kann es nicht zukommen, die in einem solchen Urtheil enthaltenen Verfügungen zu trennen, einige zu vollziehen, andere dagegen als nicht geschrieben unvollzogen zu lassen.

Wäre im Revisionsurtheil der Legitimationspunkt stillschweigend übergangen, so würde er doch dadurch keinesweges als berichtigt erscheinen; ein nicht verhandelter Gegenstand kann auch nicht als stillschweigend entschieden betrachtet werden; das Recht der wahren Sachbetheiligten bleibt, wenn auch der Richter ihr Daseyn gar nicht wahrgenommen hat, dennoch unverkümmert.

Ein, gegen die Fürstin Vormünderin gerichtetes Urtheil hätte daher nimmermehr gegen Se. K. H. den Erzherzog und gegen S. D. den Erbherzog, gegen welche nie war verfahren und erkannt worden, vollzogen werden können. — Aber in diesem Fall hätte doch — sobald sie als Nullitätskläger aufgetreten wären — das Königliche Ober-Landes-Gericht selbst über ihre Sachbetheilung erkennen müssen. Dieser Gerichtsstelle würde die Beurtheilung der Frage obgelegen haben, ob die hohen Nullitätskläger zu hören gewesen wären, und welche Folgen ihre unterlassene Zuziehung in Hinsicht des

Erkenntnisses in der Hauptsache nach sich ziehen müßte.

So verhält es sich aber nicht..

Ueber den Legitimationspunkt hat das Geheime Ober=Tribunal selbst erkannt; es ist darüber nichts mehr zu verfügen, sondern nur das rechtskräftig Verfügte zu vollziehen.

Das Revisionsurtheil erklärt den Erzherzog Joseph von Oesterreich nebst dem Erbherzog von Oldenburg und dessen Gemahlin stillschweigend für bis jetzt ungehörte Sachbetheiligte.

Würde es sonst die Beybringung ihrer Vollmachten verordnen? Verlangt der Richter die Beybringung der Vollmacht des Nichtsachbetheiligten, oder desjenigen, den man bereits gehört hat? Und gehört nun die Beurtheilung der Nothwendigkeit der Vollmachtsherbeyschaffung noch zur Competenz des Königlichen Ober=Landes=Gerichts?

Das Revisionsurtheil richtet die Forderung der Vollmachtsherbeyschaffung an den Justizrath Heyer: kann sie dennoch für erledigt erachtet werden, obgleich Justizrath Heyer mit der Vollmacht aus dem natürlichen Grunde zurückbleibt, weil er keine hat?

Das Revisionsurtheil verlangt die Vollmacht zuvörderst; es macht die Gültigkeit seines Urtheils in der Hauptsache abhängig von der Beseitigung des Vollmachtsmangels. Kann nun das Urtheil für purificirt, mithin für unbedingt geachtet werden, obgleich der Vollmachtsmangel noch fortdauert?

Kann und darf das mit der Urtheilsvollziehung beauftragte Richterkollegium das Revisionsurtheil theilen, das, was darin über die Formalien und über den Hauptstreit verordnet worden ist, als inappellabel anerkennen, über den Legitimationspunkt dagegen und über die Nothwendigkeit der Berichtigung desselben, als wäre nichts darüber entschieden worden, nochmals verfahren und entscheiden? Hat es nicht in Hinsicht beyder Gegenstände bloße gloriam exequendi?

Zuvörderst soll die Vollmacht der ungehörten hohen Sachbetheiligten herbey gebracht und dann erst soll den beyden lossprechenden Erkenntnissen der ersten und zweyten Instanz ein condemnatorisches substituirt werden.

Da nun das zuvörderst nicht erledigt ist, und nie wird erledigt werden, so tritt die Würkung ein, welche

Th. I. Tit. 16. §. 2. der A. G. O.

festsetzt. Die Worte lauten so:

Das Urtheil (in der Hauptsache) ist dergestalt nichtig, daß selbiges zu keiner Zeit die Rechtskraft erlangen kann, (§ 2. im Eingang) wenn eine Parthey im Prozeß durch einen Andern vertreten worden, welcher eine nichtige und unkräftige Vollmacht beygebracht hatte (§. 2. No. 5.)

Der Justizrath Heyer hatte sich im Anfang des Prozesses durch eine Vollmacht legitimirt; sie war nicht falsch, indem die Fürstin Vormünderin sie unterschrieben und ausgefertigt hat, aber nichtig und unkräftig wär sie in Hinsicht des Erzherzogs Palatin und dessen Kinder, des Erbherzogs von Holstein-Oldenburg und dessen Gemahlin. Eine der Fürstin Vormünderin selbst fehlende Vertretungsbefugniß konnte von ihr auf den Justizrath Heyer nicht übertragen werden. Das ist anerkannt und ist rechtskräftig in dem Revisionsurtheil ausgesprochen. Und hiermit trägt es, nachdem unausweichlich zu befolgenden Willen des obersten Tribunals selbst, sein eignes Schicksal im Munde. Wird die Vollmacht beygebracht, so muß das Urtheil in der Hauptsache als purificirt vollzogen werden; wird sie nicht beygebracht, so fällt das Urtheil als nicht purificirt in Nichts zusammen. So will es die angeführte Stelle der Gerichtsordnung, und so will es der Ausspruch des Tribunals. Das Wort zuvörderst steht nicht als Lückenbüsser oder als Ausfertigungsfloskel müssig da; es findet sich grade an der Stelle, an welcher es, des logischen Zusammenhangs wegen, sich finden muß.

Zuvörderst

liege es dem ꝛc. Heyer ob, sich durch Vollmacht u. s. w. zu legitimiren,

sodann (wenn nemlich erst die Legitimation erfolgt ist)

werden die Förmlichkeiten als beobachtet angenommen, auch in Ansehung der Hauptsache die beyden vorigen Urtheile dahin geändert u. s. w.

Die Reihefolge der vom Königlichen Oberlandesgericht als Vollziehungsbehörde in Hinsicht des Revisionsurtheils vorzunehmenden Operationen ist durch diese Wortfolge klar genug bestimmt. Vorangehen soll die Berichtigung des Legitimationspunkts; folgen soll die Urtheilsvollziehung in der Hauptsache. Wie kann dem Wort zuvörderst im Verhältniß zu dem Wort sodann ein anderer Sinn beygelegt werden? Das Königliche Oberlandesgericht hat es freylich durch die beschlossene partielle Vollziehung des Urtheils anders verstanden; ob es dabey bleiben müsse, ist der Gegenstand des bey Sr. D. dem Fürsten Staatskanzler schwebenden Rescriptsprozesses.

So viel über die Würkungen des, den Legitimationsmangel betreffenden Theils des Revisionsurtheils.

Es sind folgende:

1. von der Berichtigung jenes Mangels hängt das rechtliche Daseyn des Urtheils in der Hauptsache ab;
2. das Daseyn des Mangels selbst im Vorprozeß steht als ein rechtskräftig Gegebenes, nebst allen seinen gesetzlichen Folgen fest, und ist kein weiterer Gegenstand eines richterlichen Erkenntnisses;
3. das einzige Geschäft des Königlichen Oberlandesgerichts ist, dem Mangel selbst durch passende Verfügungen abzuhelfen. Bleiben sie deshalb fruchtlos, weil vergangene Ereignisse oder Nichtereignisse, außer dem Willen und der Macht des Menschen liegen, so liegt es auch außer der

Macht des Königlichen Oberlandesgerichts, das durch ein Zeitereigniß bedingte Revisionsurtheil in ein unbedingtes zu verwandeln, das zuvörderst von dem sodann zu trennen, dieses ins Leben zu setzen, und jenes seinem Schicksal zu überlassen.

Hier könnte man die Deduction der Nichtigkeit des am 23sten July v. J. bekannt gemachten Revisionsurtheils schließen, wenn nicht die Einreden des Mandatarius des hohen Nichtigkeitsbeklagten, vorzüglich sein Antrag: den hohen Nullitätsklägern eine eidliche Erklärung über ihr Nichtwissen vom geführten Rechtsstreit aufzuerlegen, noch eine weitere Ausführung nöthig machten.

§. 6.

Die Einreden finden sich in dem am 3ten September v. J. überreichten Executionsgesuch.

Es sind folgende:

1. der Justizrath Heyer habe würklich eine Vollmacht beygebracht, sie sey nicht falsch gewesen, sey würklich von der Fürstin Vormünderin ausgestellt, und ein Attest des Nassauischen Staatsministeriums vom 26sten März 1818 bezeuge, daß die Fürstin seit dem 20sten April 1812 die natürliche und gesetzliche Vormundschaft über ihre Prinzessinnen Töchter führe, und nach den Nassauischen Landesgesetzen keines besondern Tutorii bedürfe. — Nun rede aber Th. I. Tit. 16. §. 2. No. 5. der Preußischen Gerichtsordnung blos von dem Fall: wenn derjenige, der im Prozeß

aufgetreten, gar nicht bevollmächtigt gewesen, oder eine falsche, von dem angeblichen Principal nicht ausgestellte, oder eine nichtige und unkräftige Vollmacht beygebracht habe.

Grade die angeführte Stelle ist gegen den Alleganten. Die Heyersche, von der Fürstin Vormünderin ausgestellte Vollmacht ist in Hinsicht der Erzherzoglich Oesterreichischen und der Erbherzoglich Holstein-Oldenburgischen Sachbetheiligung, vom Tage an, da die ältern Prinzessinnen Töchter, durch ihre Vermählung, Mitglieder der Regentenhäuser Oesterreich und Holstein-Oldenburg geworden, nichtig und unkräftig.

2. die Fürstin Vormünderin sey die Präsumtivbevollmächtigte ihrer Fürstlichen Schwiegersöhne und der Prinzessin Adelheid gewesen; einer weitern Vollmacht der Letztern bedürfe es um so viel weniger, da die hohen Mitbetheiligten die Handlungen der Fürstin Vormünderin stillschweigend genehmigt hätten.

Allein die Fürstin Vormünderin ist nirgends als Präsumtivbevollmächtigte ihrer Schwiegersöhne aufgetreten, und es kann daher auch nicht von einer stillschweigenden Genehmigung dessen die Rede seyn, was nicht für sie, noch in ihrem Namen geschehen ist.

Abgesehen aber auch hiervon, so macht der präsumtive gerichtliche Auftrag die Nachbringung der wahren Vollmacht nie entbehrlich. Er öffnet zwar dem Präsumtivbevollmächtigten die Schranken des Gerichts, befreyt ihn aber nicht

von

von der Verbindlichkeit, mit der wahren Vollmacht in der Hand, wieder herauszutreten.

Uebrigens hat sich der Revisionsrichter bey der Vollmachtspräsumtion, — welche hier nicht einmal vorhanden war — nicht beruhigt. Er hat eine ausdrückliche, eine wahre Vollmacht, eine schwarz auf weiß geschriebene Urkunde verlangt; er hat die Forderung in einem durch sie bedingten rechtskräftigen Urtheil rechtskräftig ausgedrückt; über diese Rechtskraft läßt sich ein für allemal nicht hinauskommen.

Die zur Unterstützung der Einrede angeführte Gesetzstellen:

Th. I. der Prozeßordnung Tit. 3. §. 29. und Th. I. des Allg. Landrechts Tit. 13. §. 125. bis 128.

passen nicht.

3. Die in der Person der Sachbetheiligten durch die Vermählung der beyden ältesten Prinzessinnen und den tödtlichen Hintritt der Prinzessin Hermine vorgegangenen Veränderungen, wären dem hohen Nichtigkeitsbeklagten, so wie seinem Mandatarius, gänzlich unbekannt geblieben; wären sie vor der Bekanntmachung des Appellationserkenntnisses, wie behauptet werde, erfolgt, so würde Justizrath Heyer nicht unterlassen haben, sie dem Hochlöblichen Oberlandesgericht anzuzeigen; dieses sey nicht geschehen, wenigstens die Anzeige nicht mitgetheilt worden; eigentlich sey aber auch die Anzeige nach der Preußischen Prozeßordnung nicht einmal nöthig; es herrsche

in diesem Gesetzbuch die in vielfachem Grade hervortretende Gewalt des Richters zur Untergrabung des Instituts der Advokatur; der Legitimationspunkt werde deshalb vom Richter ex officio geprüft; sey dem also, so mögten sich die Nullitätskläger an denjenigen oder an diejenige halten, welchen das Versehen zur Last falle.

Was mit der Einrede gesagt werden soll, scheint nicht recht klar.

Die Vermählung der beyden ältesten Prinzessinnen Geschenknehmerinnen waren doch keine unbekannte Ereignisse. Es waren Familienbegebenheiten, welche dem hohen Richtigkeitsbeklagten nach den hergebrachten Formen bekannt gemacht werden mußten, und vorabsichtlich bekannt gemacht worden sind, da die Erhebung der Prinzessinnensteuer in den Anhaltschen Ländern mit der Notifikation unzertrennlich zusammenhing. Der hohe Richtigkeitsbeklagte war folglich mit den Veränderungen in dem Personenstande seinen Gegner vollkommen bekannt; ihm lag es ob, zu beurtheilen, an wen er sich nach diesen Veränderungen seiner vermeinten Forderungen wegen zu halten habe; es war seine Sache, die desfalls nöthig werdende Beyladungen gerichtlich einzuleiten.

Daß der Richter von Amtswegen für den Legitimationspunkt Sorge trägt, ist nicht blos im Preußischen, sondern auch im Gemeinen Deutschen, so wie im Französischen Prozeß verordnet; es gereicht nicht zur Untergrabung des Instituts der Advokatur.

Wenn übrigens — wie der Gegentheil meint — die gerichtliche Anzeige der Vermählung der beyden Prinzessinnen nicht eigentlich erforderlich war, so ist es schwer zu begreifen, wie aus der Unterlassung einer nicht erforderlichen Anzeige dem Justizrath Heyer ein Vorwurf kann gemacht werden.

Die ganze Einrede — wenn es anders eine ist — wird durch die Bemerkung niedergeschlagen, daß der, den Legitimationspunkt von Amtswegen, zur Verhütung von Nichtigkeiten berücksichtigende höchste Revisionsrichter, die Vollmachtsbeybringung rechtskräftig verordnet hat. Da sie nun nicht möglich ist, so folgt die — vom nemlichen Revisionsrichter vorsorglich und bedingt erkannte Nullität — das liegt in dem Wörtchen zuvörderst — von selbst.

Aus der achtungswürdigen Vorsorge dieses Revisionsrichters, die Verantwortlichkeit irgend eines Sterblichen zu folgern — das bleibt billig dem Scharfsinn des gegenseitigen Anwaldes überlassen.

4. Den Vorschriften der Prozeßordnung wären die prozeßführenden Partheyen, der letzte im Staat sowohl als der Fürst, unterworfen Durch diese Barriere gegen Despotismus und Willkühr solle der Gesetzumsturz verhindert werden.

Eine unumstößliche Wahrheit, die indessen mit der Entbehrlichkeit oder Unentbehrlichkeit der Vollmacht betheiligter Interessenten, in keinem Zusammenhang steht.

5. Durch die Verheyrathung des Pflegbefohlnen werde, nach Th. 2. Tit. 18. §. 736. des Pr.

Landrechts die Vormundschaft, mithin auch die von der Vormundschaft ausgestellte Vollmacht, nicht aufgehoben.

Auch diese Einrede scheitert an der Rechtskraft des Revisionsurtheils; außerdem gehören Tutel und Curatel zum Personenstande.

Die Rechte des Personenstandes richten sich nach den Gesetzen des Staats, welchem die Person angehöret. Und die Herrschaft des Preußischen Landrechts erstreckt sich nicht über die Herrscherfamilien in Wien, Ofen und Oldenburg.

6. Widerruf der Vollmacht finde zwar, wenn sich der Personenstand der Interessenten durch Volljährigkeit oder Heyrath ändere, statt; er würke aber erst nach Th. I. Tit. 3. §. 62. der Gerichts-Ordnung von dem Tage an, wo er dem Gericht angezeigt werde, wobey auch das L. R. I. Tit. 13. §. 176. nachzulesen sey.

Es scheint um so weniger nöthig, den sonst löblichen Ausbrüchen des Zorns, in welchem bey dieser Gelegenheit der gegenseitige Anwald gegen die Schlechtigkeit der Menschen entbrennt, welche mit Vollmachten spielen — zu folgen, da er die hohen Nullitätskläger abermals nicht trift. Widerruf der Vollmacht setzt eine vorhergegangene Vollmachtsertheilung voraus. Da letztere von Seiten der hohen Nullitätskläger niemals erfolgt ist, so kann auch von der Art, wie, und von dem Zeitpunkt, wenn sie den Widerruf hätten declariren müssen, nicht die Rede seyn. Uebrigens wird sich der Gegentheil bey näherer Einsicht selbst überzeugen, daß der von ihm angeführte §. 176. des Tit. 13. Th. I. des L. R. nicht vom Widerruf der Vollmacht von Seiten des Vollmachtsgebers, sondern von der Aufkündigung derselben von Seiten des Bevollmächtigten redet.

7. Nicht einmal der Tod des Machtgebers hebe die Vollmacht nach Th. I. Tit. 13. §. 192 und 194. des A. L. R. auf; und doch trage der Tod alle Rechte des Bevollmächtigten auf eine ganz andere Person über; um so viel weniger könne eine bloße Veränderung des Personenstandes die Vollmacht löschen.

Wunderbar, daß hier eine Rechtsanalogie gelten soll, welche doch so beharrlich in der Beytrittssache geleugnet wird.

Wäre es hier nöthig, so würde sich sehr viel über §. 59. Th. I. Tit. 3. der A. G. O., welche als die Unterlage des §. 192 und 194. des Th. I. Tit. 13. des A. L. R. betrachtet werden muß, sagen lassen.

Man könnte aus dem Zusammenhang nachweisen, daß die angeführte Verordnung zum Vortheil, aber nimmermehr zum Nachtheil des Erben des Vollmachtsgebers niedergeschrieben worden ist, und daß sie eine einstweilige Vollmachtspräsumtion, keineswegs eine Vollmachtsvererbung verordnet.

Der Vollmachtsinhaber ist schuldig, den Tod des Vollmachtsgebers, nebst allem, was ihm von dem Namen und Aufenthalt der Erben bekannt ist, dem Gericht anzuzeigen, auch den Erben von seinem Auftrage und von der Lage der Sache Nachricht zu geben, ihnen zu überlassen, ob sie den fernern Betrieb der Sache selbst besorgen oder einem Andern auftragen wollen, und bis zur Erklärung der Erben die Sache fortzusetzen.

Es würde sich fragen lassen, ob man den Eingang der Gesetzstelle von ihrem ganzen übrigen Inhalt trennen dürfe, ob nicht das Gesetz dem Bevollmächtigten die Verbindlichkeit auflege, des Todes seines Mandanten ungehindert, die Termine und Fristen eben so wahrzunehmen, als sey die Vollmacht noch nicht gelöscht, ob es zu diesem Zweck nicht die Vollmacht nur provisorisch fortdauern lasse, den Erben dagegen nicht die Befugniß nehme, zu jeder Zeit zu erklären, daß sie es so nicht meinen. Wozu sonst die dem Bevollmächtigten auferlegte Verbindlichkeit, dem Gericht den Namen und den Aufenthaltsort der Erben, sobald er davon Kenntniß erhalten hat, anzuzeigen? Wozu anders, als damit das Gericht unmittelbar die Hauptinteressenten zur Erklärung ihres eigentlichen Willens auffordern könne? Wozu wäre die Anzeige nöthig, wenn der Tod des Vollmachtsgebers im Vollmachtsverhältniß gar nichts änderte, und wenn eine eigentliche Vererbungsklausel in jeder Vollmacht gesetzlich und stillschweigend enthalten wäre?

Doch alle diese Fragen, aus dem Gebiet der

Jurisprudenz, bedürfen da keiner Erörterung, wo ein klares Gesetz entscheidet.

Die Worte des Art. 59. „durch den Tod des Machtgebers wird die Vollmacht nicht aufgehoben," reden vom Successor universalis, der folgende Art. 60. spricht vom Successor singularis und sagt:

tritt ein Successor singularis an die Stelle des Verstorbenen, so kann der bisherige Bevollmächtigte ohne neue Vollmacht nicht zugelassen werden.

Die Durchlauchtigsten Ehegatten der ältern Prinzessinnen folgten in den Usufruct des Gütertheils ihrer Gemahlinnen als Successores singulares.

Eine Verbindlichkeit, die Facta des Erblassers anzuerkennen, findet bey dieser Succession nicht Statt, mithin auch keine Vollmachtstransmission.

Will man auf den vorliegenden Fall einen von den beyden Artikeln analogisch anwenden, so verdient doch wohl der die Folgen der Partikularsuccession in Hinsicht des Vollmachtscontracts bestimmende Artikel den Vorzug.

Endlich macht auch hier die Rechtskraft des Revisionsurtheils allem Streit ein Ende.

Das Revisionsurtheil hat einmal angenommen, daß die von der Fürstin Vormünderin ausdrücklich ausgestellte Vollmacht sich stillschweigend auf ihre Fürstlichen Schwiegersöhne nicht ausdehne, und in Hinsicht der vermählten Prinzessinnen nach der Erlöschung der mütterlichen Vertretungsbefugniß nicht fortdaure.

8. Die Auflagen an den Justizrath Heyer, die Vollmacht der drey gedachten hohen Personen beyzubringen, betreffe eine unwesentliche simple Formalität.

Eine sehr gewagte Hypothese.

Die Legitimation zur Sache und zum Prozeß gehört nach allen Prozeßtheorien zu den Substantialien des Prozesses. Die aus der Vernachlässigung derselben entstehende Nichtigkeit gehört keinesweges zu den positiven, sondern zu den natürlichen Nullitäten.

v. Almendingen Metaphysik des Civil-Prozesses Th. I. Abt. 10. S. 271.

Schwer mögte deshalb der Versuch des Beweises werden, daß das Geheime Ober-Tribunal die Vollmachtsberichtigung als eine unwesentliche simple Formalität habe verordnen wollen. Wie man gezeigt hat, wurde diese Verordnung durch die Vermählungen der hohen Interessenten veranlaßt, und schien deshalb dem Geheimen Ober-Tribunal unerläßlich nöthig. Waren nun die Vermählungen keine simple unwesentliche Formalität, so können es die durch sie nothwendig gewordenen Vollmachten auch nicht seyn.

9. Wären gesetzliche Gründe der Nullität des Erkenntnisses auf den Fall vorhanden, da die formelle Bevollmächtigung des Justizraths Heyer verweigert würde, so würde die Weisheit und Umsicht des Geheimen Ober-Tribunals die Beybringung dieser Vollmacht vor der Publikation

dieses Erkenntnisses verfügt haben. Der Willkühr der Nullitätsquerulanten habe das Urtheil nicht sollen Preis gegeben werden.

Ein seltsamer Beweis a posteriori!

Weil das Geheime Ober-Tribunal das Erkenntniß in der Hauptsache von der Berichtigung des Legitimationspunkts abhängig gemacht, und nicht jene vor der Eröffnung des Urtheils gefordert hat — soll in der Meinung des Geheimen Ober-Tribunals selbst auf den Legitimationspunkt nichts ankommen? — Als wenn die Verbindung der beyden Verfügungen in einem und demselben Urtheil nicht durch hundert andere Ansichten könnte motivirt worden seyn!

Sey denn auch diese Verbindung ein menschliches Versehen, etwa ein Ausfertigungsfehler — was folgt denn weiter? Man kann dennoch das Urtheil nicht anders nehmen, als es einmal da liegt.

Das Königliche Geheime Ober-Tribunal glaubte vielleicht, der Justizrath Heyer werde Vollmachten vorlegen können, er habe etwa unmittelbar mit den hohen Betheiligten correspondirt; es mag angenommen haben, ein einfaches Schreiben des Erzherzogs oder des Erbherzogs werde die Dienste einer Vollmacht leisten — das ist alles möglich, ändert aber immer in der Hauptsache nichts.

Wie? — Weil das Geheime Ober-Tribunal in dem, über die Hauptsache verfügenden Urtheil auch zugleich über den Vollmachtspunkt verfügt, soll man dieses letzte Erkenntniß für ungeschrieben achten?

Es lassen sich viele Dinge in der Welt nicht erklären. Es ist der Beruf der hohen Nullitätskläger nicht, zu untersuchen, warum das Geheime Ober-Tribunal für gut gefunden hat, grade, indem es den Verurtheilten zur Herausgabe gesetzlich erworbener Güter anweißt, ihm auch die Genehmigung der Verurtheilung durch Ertheilung seiner Vollmacht frey zu stellen. Es mag wohl eine solche Freystellung zu den gewöhnlichen Urtheilsausfertigungen nicht gehören. Für denjenigen, der sich über das warum? in das unermeßliche Gebiet der Hypothesen verlieren will, giebt es hier einen großen Spielraum.

Auf jeden Fall gehört die begangene Nullität zu den erfreulichen Unglücksfällen, nicht blos erfreulich für den unterliegenden Theil, dem sie frundlich die Hand reicht, um zu retten, was ihm wunderbar und unerwartet war abgesprochen worden, sondern auch erfreulich für die Verehrer der Preußischen Staats-Intelligenz, die nun Gelegenheit erhält, sich durch eine neue Gattung von Verdienst zu verherrlichen.

§. 7.

Es mag aber doch wohl dem Vertheidiger des hohen Nichtigkeitsverklagten im Lauf der Instruction klar geworden seyn, daß die vom Revisionsurtheil aufgestellte Vollmachtsforderung etwas mehr betreffe, als eine simple unwesentliche Formalität. Es war ihm seitdem ernstlich darum zu thun, die fragliche Vollmacht berbeyzuschaffen.

Da sie sich in der Sinnenwelt nicht finden will, richtet er seinen Blick auf das Unsichtbare, und will, was in den Acten nicht zu lesen ist, im Gewissen der hohen Nullitätskläger lesen. Er verlangt von ihnen eine eidliche Erklärung des Inhalts:

daß sie weder direct noch indirect vom Appellationserkenntniß und von dem dagegen eingelegten Rechtsmittel der Revision, Wissenschaft gehabt haben.

Hiergegen sey es nun erlaubt zu zeigen,

1. daß in der jetzigen Lage der Sache der Beweis durch Eideszuschiebung nicht mehr zulässig ist,
2. daß, wäre er zulässig, dennoch der gegenseitige Anwald die Eideszuschiebung auf irrelevante Thatsachen richtet, in welche der Richter nicht eingehen kann.
3. daß auch ein auferlegter Eid — ein juramentum suppletorium vel purgatorium — bey dem offen liegenden Resultat der Instruction nicht Statt hat.

§. 8.

ad. 1. Die Eideszuschiebung ist ein, nie mit andern Beweismitteln zu verbindendes, sondern ein von ihnen getrennt zur Hand zu nehmendes Beweismittel.

Dieses folgt aus der Natur der Sache. Wer sich auf das Gewissen seines Gegners beruft, schöpft aus einer keinem sterblichen Auge zugänglichen, von allen Erscheinungen der Aussenwelt abgesonderten Region. Es folgt aus den Vorschriften der Preußischen Gerichts-Ordnung. Sie verwirkt die widernatürliche Verbindung und verlangt, daß der Beweisführer sich entweder blos an das Gewissen seines Gegners, oder blos an die Aussenwelt halten soll.

Es verordnet §. 252. des Th. I. Tit. 10. Abs. 5. der Gerichts-Ordnung:

daß es den Partheyen frey stehe, statt anderer Beweismittel sich der Zuschiebung des Eides an den Gegentheil zu bedienen.

Eben so verordnet §. 253.

daß man es zur Ersparung der Kosten, wenn schon andere Mittel zur Aufklärung der Wahrheit vorhanden wären, — statt der Aufnehmung derselben auf das Gewissen des Andern könne ankommen lassen.

Ferner verlangt §. 254.

daß der Richter die den Eid zuschiebende Parthey auf den Verlust ihrer andern Beweismittel, mithin auf die ihr nachtheiligen und bedenklichen Folgen der Eideszuschiebung, aufmerksam machen, und erst, wenn sie dennoch auf der Letztern beharrt, das dazu geeignete Verfahren einleiten soll.

Es verordnet §. 255.

daß zwar derjenige Theil, welchem der Eid zugeschoben worden, statt der Acceptation sein Gewissen mit Beweis vertreten, und die Aufnahme der andern Beweismittel verlangen, daß er aber, wenn es ihm damit nicht gelingt, zur Annahme des Eides nicht zurücktreten, auch daß ihm der Erfüllungseid, von Richteramtswegen nicht nachgelassen werden kann.

Es spricht durch dieses alles der Gesetzgeber seine Absicht verständlich genug aus, daß der Beweis durch Eideszuschiebung mit andern Erforschungsmitteln der Wahrheit **nicht** soll verbunden werden.

Es untersagt §. 298. den Widerruf des einmal acceptirten Eides, läßt aber dennoch dem Deferenten nach, noch im Schwörungstermin selbst, Beweismittel, aus welchem grade das Gegentheil von dem, was jetzt beschworen werden soll, hervorgeht, anzuzeigen, und überläßt es nunmehr, wenn dennoch der andere auf der Abschwörung des Eides beharrt, dem Richtercollegium:

entweder mit der **andern** Beweismittel, **oder** mit Eidesleistung vorzuschreiten.

Der nämliche Grundsatz offenbart sich noch in einer Menge anderer Gesetzstellen.

Nun hat aber der Anwald des hohen Richtigkeitsbeklagten den Beweis der Vollmachtsexistenz durch die Carrespondenz des Justizraths Heyer zu führen unternommen, und ihn durch die verlangte Edition derselben **angetreten**, mithin sich **durch sein eignes Factum** von dem Beweis durch Eideszuschiebung **ausgeschlossen**.

Es ist ihm vergeblich in dem am 15ten Februar d. J. anticipirend abgehaltenen Instructionstermin gesagt worden, daß er zwischen der einen **oder** der andern Beweisart zu **wählen** habe, daß er **beyde** nicht cumuliren oder die eine der andern aushelfend folgen lassen könne. Da er bey der Edition der Heyerschen Correspondenz beharrte, ist ihm vom Königl. Oberlandesgericht willfahrt worden. Der Beweis ist vollzogen. Das nun zu erwartende Urtheil wird entscheiden, ob sich nach der Meinung des hohen Richtercollegium die vom Revisionsurtheil verlangte Vollmacht in der Heyerschen Correspondenz gefunden hat.

Zwar will der Anwald des hohen Richtigkeitsbeklagten — wenn dem nicht so seyn sollte — noch immer die Eidesdelation sich vorbehalten haben. Eine vom Gesetz verworfene Cumulation kann aber wohl unmöglich der Gegenstand eines Vorbehalts seyn.

§. 9.

ad 2. Wäre ein Beweis durch Eideszuschiebung überhaupt noch zulässig, so müßte die Letztere doch auf relevante oder auf solche Thatsachen gerichtet werden, die — wären sie erwiesen, oder als erwiesen anzunehmen — den Beweis der Existenz der vom Revisionsurtel verlangten Vollmacht herstellen würden.

Das ist nicht der Fall.

Das am 23sten July v. J. bekannt gemachte Urtel verordnet:

daß Justizrath Heyer sich zum Prozeß durch Vollmacht der jetzigen hohen Nullitätskläger zu legitimiren habe.

Der Gegner richtet aber seine Eidesdelation nicht auf eine solche Vollmachtsertheilung, sondern darauf, daß die hohen Nichtigkeitskläger etwas vom Appellationserkenntniß und von der dagegen eingelegten Revision erfahren hätten.

Der Gegentheil meint folglich, wissen und bevollmächtigen sey einerley. Eine wunderbare, man mögte beynah sagen unerhörte Meinung.

Würde sie von der Rechtspflege unterschrieben, so würden die künftigen Lehrbücher, bey der Behandlung des Vollmachtscontracts, nicht blos von den schriftlich und mündlich, oder durch äußere Handlungen stillschweigend ertheilten Vollmachten, sondern auch von Mentalvollmachten zu reden haben, welche im Innersten des Gemüths unsichtbar verborgen bleiben.

Wer schweigt, wo er reden muß, willigt freylich ein, allein die Verbindlichkeit zum Redenmüssen, wäre doch vor allen Dingen nachzuweisen. Wie geschieht das hier?

Ist man des bloßen Wissens wegen schuldig, die nachtheiligen Folgen der Handlung eines Andern zu tragen, zu welchem man ihm keinen Auftrag gegeben hat?

Gesetzt, die hohen Nullitätskläger hätten gewußt, daß der regierende Herzog von Anhalt-Bernburg die Fürstin Vormünderin mit irgend einer ungegründeten oder ihnen als ungegründet dargestellten Klage heimgesucht habe, daß er schon zweymal abgewiesen worden sey, und nun sein Heil in der dritten Instanz versuche, würde sich ein solches Wissen — in eine, den Justizrath Heyer im Namen des Erzherzogs und Erbherzogs zum Prozeß legitimirende Vollmacht verwandeln?

Gesetzt, Justizrath Heyer fände sich bewogen, wegen Auslagen und Honorar gegen die jetzigen hohen Nullitätskläger eine Klage anzustellen, würde er wohl der Einwendung — man habe ihm zu der Führung des so unglücklich ausgefallenen Prozesses keinen Auftrag gegeben — durch die Replik beseitigen mögen, Ihre K. H. und Ihre D. würden doch wohl in Ofen, Wien und Oldenburg etwas von dem Rechtsstreit gehört haben, der in Halberstadt so viel Aufsehen errege?

Was nun dem Justizrath Heyer als factisches Fundament nicht dienen konnte, um darauf eine Honorar- und Auslagenforderung zu gründen, wird auch wohl schwerlich dem Dr. Caspari dienen mögen, um einem, wegen den Legitimationsmängeln nichtigen Urtheil, Leben und Gültigkeit einzuhauchen.

Die hohen Nullitätskläger waren zur Ausstellung einer Vollmacht nie aufgefordert worden; sie hatten daher nie Veranlassung, mit sich selbst zu Rath zu gehen, ob sie die Vollmacht ertheilen oder versagen wollten; ihr etwaniges bloßes Wissen, es sey ein Bernburgscher Fideicommißprozeß in der Welt, constituirte sie noch nicht zu Vollmachtsgebern eines Anwalds, den sie nie gekannt, von welchen sie vielleicht nie gehört hatten.

Vollmachten werden mit Zutrauen in die bevollmächtigte Person ertheilt; sie sind mit Rücksicht auf ein bestimmtes Individuum ausgesprochene

sprochene Willensäußerungen. Hier fehlt die Willensäußerung und das Individuum. Wo soll nun die Vollmacht herkommen?

Wie gerichtliche Vollmachten beschaffen seyn müssen, darüber finden sich die Bestimmungen in der Gerichtsordnung Th. I. Tit. 3. §. 30. — In der ganzen Stelle ist keine Sylbe von Mentalvollmachten zu lesen, wohl aber verlangt §. 22., daß sich der Justizcommissair durch eine gehörige Vollmacht legitimiren soll, und versteht darunter zuverlässig keine andere, als diejenige, welche nach den Erfordernissen des §. 30 ausgefertigt worden ist.

Die Auflage des Königlichen Geheimen Ober-Tribunals lautet auch nicht so:

daß zuvörderst Justizrath Heyer nachzuweisen schuldig sey, daß S. K. H. und Höchstdessen Litisconsorten von dem Appellationserkenntniß und der dagegen eingelegten Revision Kenntniß gehabt sondern ganz einfach;

Justizrath Heyer solle sich durch Vollmacht der (genannten und noch nicht gehörten) hohen Interessenten zum Prozeß legitimiren.

§. 10.

ad. 3 Indem der Anwald des hohen Nullitäts-beklagten, obgleich er, durch das von ihm gewählte Beweismittel der Urkunden-Edition, sich vom Gebrauch des Beweismittels durch Eideszuschiebung, selbst ausgeschlossen hat, dennoch auf einem Eidesantrage beharrt, hat er vielleicht den, von Richteramtswegen aufzulegenden Eid im Sinn, von welchem der erste Theil der Gerichts-Ordnung Tit. 13. §. 11. auch §. 24. bis 28. reden.

Dieser Eid ist der Erfüllungs- oder Reinigungseid (jur. suppletorium vel purgatorium).

Jener ist dem Beweisführenden aufzulegen, wenn, was er beweisen wollte, aus der Beweisaufnahme mit überwiegender Wahrscheinlichkeit hervorgeht. Dieser ist demjenigen Theil, gegen welchen bewiesen worden ist, nachzulassen, wenn eine bedeutende, obgleich nicht überwiegende Wahrscheinlichkeit gegen ihn vorliegt.

Jener würde dem hohen Nullitätsbeklagten aufzulegen seyn, wenn sich aus den Heyerschen Manualacten und aus seiner Privatcorrespondenz, mit großer überwiegender Wahrscheinlichkeit die würkliche, von den hohen Nullitätsklägern bewürkte Bevollmächtigung des Justizr. Heyer gezeigt hätte. Nur wäre dabey zu berücksichtigen, daß der hohe Nullitätsbeklagte nicht de veritate, sondern nur de ignorantia zu schwören im Stande ist, und daß, da die hohen Nullitätskläger de veritate schwören können, ihnen nach Th. I. Tit. 13. §. 24. No. 2. der Allg. Gerichts-Ordnung der dahin auszuschwörende Reinigungseid nachgelassen werden müßte,

daß sie den Justizr. Heyer nicht durch Vollmacht zum Prozeß legitimirt hätten.

Zur nemlichen Verfügung würde sich das hohe Richteramt verpflichtet finden, wenn aus der vom Justizrath Heyer edirten Privatcorrespondenz mit einiger, obgleich nicht überwiegender Wahrscheinlichkeit die erfolgte Bevollmächtigung desselben durch die hohen Nullitätskläger hervorgegangen wäre.

Es ist keins von beyden geschehen.

In dem am 15. v. M. abgehaltenen Schlußtermin wurde:

beyden Mandatarien bekannt gemacht, daß in Gemäßheit der Verfügung des Hochlöbl. Oberlandesgerichts v. 3. v. M. die Manualacten des Justizrath Heyer von den Decernenten und Instruenten wären durchgesehen, jedoch nichts darin gefunden worden, was, ihrer Ueberzeugung nach, für die Entscheidung dieser Nullitätssache von Einfluß seyn könne.

Das ist die factische Lage der Sache. Man wende darauf die in Th. I. Tit. 13. §. 27. und 28. der Gerichts-Ordnung zu findenden Bestimmungen an:

§. 27. Ergiebt es sich, daß die Instruction der Beweismittel ganz fruchtlos gewesen, und die Sache in der Lage geblieben sey, worin sie vor Aufnehmung des Beweises war, so erhält diejenige Parthey, welcher rechtliche Präsumtionen zu statten kommen, ein obsiegliches Urtel.

§. 28. Sind keine andere rechtliche Präsumtionen vorhanden, so giebt der Satz den Ausschlag, daß keine Thatsache und keine Veränderung vermuthet wird, und muß daher, wenn ein Klagepunkt oder Einwand blos in einem bestrittenen facto beruhet, weshalb weder Beweismittel beygebracht werden können, noch besondere rechtliche Präsumtionen obwalten, ein solcher Klagepunkt oder Einwand verworfen werden.

Fundament der Nichtigkeitsquerel war:

daß die hohen Nullitätskläger den Justizr. Heyer durch keine Vollmacht zum Prozeß legitimirt hätten.

Auf dieses Fundament wurde die Nichtigkeitsklage richterlich zugelassen.

Fundament der Einrede war:

sey schon keine Vollmacht der hohen Nichtigkeitskläger zu den gerichtlichen Verhandlungen gekommen, so werde sie sich doch in der Privatcorrespondenz des Bevollmächtigten, direct oder indirect ertheilt, finden.

Den Beweis dieser Einrede sollte die Edition der Heyerschen Briefschaften herstellen.

Resultat der Beweisführung ist:

daß sich in der edirten und durchforschten Privatcorrespondenz nichts gefunden, was auf die Entscheidung der Nullitätssache von Einfluß seyn könne.

Folglich ist, wie die Worte der Gerichtsordnung Th. I. Tit. 13. §. 27. lauten:

die Instruction der Beweismittel ganz fruchtlos gewesen, und die Sache gerade in der Lage geblieben, in welcher sie sich vor Aufnahme des Beweises fand.

Da eine Vollmachtsertheilung, wenn sie geleugnet

wird, nicht präsumirt werden kann, und hier um so viel weniger werden darf, da das K. Geheime Ober-Tribunal die Vollmachtsbeybringung ausdrücklich verordnet, mithin rechtskräftig sie nicht präsumirt hat, so muß wie I. 13. §. 28. der G. O. sich wörtlich ausdrückt:

der Einwand im Hauptturtel verworfen werden.

§. 11.

Man schmeichelt sich nun, überall an der Hand von Gesetzen und anerkannten Grundsätzen deducirt zu haben.

1. daß im Prozeß
   a. S. K. H. der Erzherzog Anton Joseph von Oesterreich, Palatin von Ungarn,
   b. S. D. der Erbherzog von Holstein-Oldenburg,
   c. Höchstdessen Gemahlin, als selbstständige aus ihrer eignen Person betheiligte Interessenten nothwendig hätten müssen gehört werden.
2. Daß das Königl. Geheime Ober-Tribunal sie in dieser Eigenschaft rechtskräftig anerkannt hat;
3. daß sich auf diese Anerkennung die, dem Justizr. Heyer rechtskräftig zugegangene Auflage der Vollmachtsbeybringung gründet;
4. daß dieser Auflage als Bedingung der Gültigkeit der Entscheidung der Hauptsache zuvörderst ein Genüge müsse geleistet werden.

5. daß die schon in sich selbst gehaltlose Einwendungen des Anwaldes des hohen Nullitätsbeklagten, gegen die Nothwendigkeit der Vollmachtsbeybringung, an der mit den Erkenntnissen des Geheimen Ober-Tribunals verknüpften Rechtskraft scheitern.

6. daß der Beweis der erfolgten Heyerschen Bevollmächtigung dem hohen Richtigkeitsbeklagten obliegt.

7. daß er nicht zugleich durch Urkunden-Edition und Eideszuschiebung geführt werden könne, indem der Gebrauch des erstern Beweismittels den Gebrauch des zweyten ausschließt.

8. daß, hiervon abgesehen, die Eideszuschiebung auf die relevante Thatsache des würklichen Bevollmächtigens, nicht auf die irrelevante des Wissens, daß ein Appellationserkenntniß und ein dagegen ergriffenes Revisionsmittel existire, hätte müssen gerichtet werden.

9. daß auch, da die edirte und durchforschte Heyersche Privatcorrespondenz keine Resultate geliefert hat, die Auferlegung eines Reinigungseides nicht Statt haben könne.

§. 12.

Aus dem Protokoll vom 15ten v. M. und aus dem, in dem Termine beygebrachten Zeugniß des Erzherzoglich Oesterreichischen Hofmarschallamts in Schaumburg v. 30sten September 1819 ergiebt sich: daß die Prinzessin Hermine von Anhalt-Bernburg-Schaumburg bereits am 30sten August 1815 mit

S. K. H. dem Erzherzog Anton Joseph vermählt worden ist.

An jenem Tage trat mithin das Verhältniß ein, welches das Königl. Geheime Ober-Tribunal zur unerledigt gebliebenen Verordnung der Heyerschen Prozeß-Legitimation bestimmt hat.

Als die Instruction des Rechtsstreits der ersten Instanz ihren Anfang nahm, hätte schon der Erzherzog in eigner Person oder durch einen Bevollmächtigten müssen gehört werden.

Die eingetretene Nichtigkeit geht daher bis zum Anfang der Instruction des Prozesses in erster Instanz zurück.

Es folgt hieraus, daß schon die Instruction in der ersten Instanz als nicht erfolgt und nichtig zu betrachten ist. —

Und hierauf gründet sich denn auch die Schlußbitte des unterzeichneten Mandatarius:

nicht allein das am 23sten July v. J. publicirte Revisionsurtel, sondern auch alle demselben vorangegangene Verhandlungen vom 30sten August 1815 an, für nicht erfolgt, nichtig und unwürksam zu erklären, imgleichen den hohen Nichtigkeitsverklagten in sämmtliche Kosten dieses Prozesses zu verurtheilen.

Halberstadt, den 8ten April 1820.

(gez.) Rosentreter.

II.

Urtheil des ersten Senats des Königl. Preuß. Oberlandesgerichts in Halberstadt über die, gegen das Revisionserkenntniß des Geheimen Obertribunals vom 23sten July 1819 gerichtete Nullitätsquerel, nebst Urtheilsgründen.

In Sachen Sr. Kaiserlich Königlichen Hoheit, des Herrn Erzherzogs Joseph von Oesterreich, Palatinus von Ungarn, als Vaters und natürlichen Vormundes der mit Höchstdero verstorbenen Frau Gemahlin, Hermine, Fürstin von Anhalt-Bernburg-Schaumburg, erzeugten beyden Kinder, als: der Erzherzogin Hermine Amalie Marie und des Erzherzogs Stephan Franz Victor, als Usufructuars deren Güter, imgleichen Ihrer Durchlauchten, der Frau Erbherzogin von Holstein-Oldenburg, Adelheid, geborne Fürstin von Anhalt-Bernburg-Schaumburg und Höchstdero Gemahls, des Herrn Erbherzogs Paul Friedrich August von Holstein Oldenburg, Kläger, wider Se. Durchlaucht, den regierenden Herzog von Anhalt-Bernburg, Beklagten,

Erkennt der erste Senat des Königlich Preußischen Oberlandesgerichts zu Halberstadt, den Acten gemäß, für Recht:

daß der Justizcommissair Rosentreter gehalten, binnen vier Wochen, bey 2 Rthlr. Strafe, eine Substitutionsvollmacht von Seiten Sr. K. H. des Erzherzogs von Oesterreich und Palatinus von Ungarn beyzubringen, in der Hauptsache aber das, in Sachen Sr. Durchl. des Herzogs von Anhalt-Bernburg, Klägers und Revidenten, wider die verwittwete Fürstin Amalie zu Anhalt-Bernburg-Schaumburg Durchl, als Vormünderin ihrer Prinzessinnen Töchter, Beklagte und Revisen, wegen Gültigkeit der Schenkungsurkunde über das Vorwerk Zeitz, das Dorf Belleben und die Seeländerey ergangene und am 23sten July 1819 publicirte Revisionserkenntniß, so wie die demselben vorangegangenen prozessualischen Verhandlungen und Erkenntnisse, und zwar in Rücksicht Sr. K. H. des Erzherzogs von Oesterreich und Palatinus von Ungarn, vom 30sten August 1815 an, in Rücksicht der Erbherzogin von Holstein-Oldenburg und deren Gemahls Durchl. aber vom 24sten Julius 1817 an, für nicht erfolgt und nichtig zu erklären, die Instruction des gedachten Prozesses von dem Zeitpunkt der Nichtigkeit der Verhandlungen an, fortzusetzen und der Beklagte in sämmtliche Kosten des gegenwärtigen Prozesses zu verurtheilen.

Die Gebühren des Justizcommissairs Rosentreter werden auf 26 Rthl. 18 Gr. festgesetzt, und dem Justizcommissair Dr. Caspari liegt ob, die Liquidation seiner Gebühren und Auslagen binnen 14 Tagen bey Verlust der Erstern zur Festsetzung einzureichen.

Von Rechts-Wegen.

Entscheidungsgründe.

Der am 25sten Dezember 1812 verstorbene Fürst Friedrich Adolph Ludwig, mit welchem der Mannsstamm der Fürstlich Anhalt-Bernburg-Schaumburgischen Nebenlinie erloschen ist, kam nach dem am 22sten April desselben Jahrs erfolgten Tode des Fürsten Carl Victor Friedrich zu Anhalt-Bernburg-Schaumburg-Hoym zum Besitz des Guts zu Zeitz, des Dorfs Belleben und der $138\frac{1}{2}$ Hufe Seelandes bey Aschersleben und Gatersleben, welche Besitzungen er laut Notariatsurkunde vom 7ten November 1812 den vier Prinzessinnen Töchtern seines verstorbenen Neffen, des gedachten Fürsten Victor Carl Friedrich, Namens Hermine, Adelheid, Emma und Ida durch eine Schenkung unter Lebenden, jedoch unter Vorbehalt des lebenslänglichen Niesbrauchs, mit Bezug auf den Artikel 896 des Code Napoleon und des von dem vormaligen Könige von Westphalen genehmigten Staatsrathsgutachtens vom 9ten Jenner 1808 übereignete. Des regierenden Herzogs zu Anhalt-Bernburg Durchl. hielt die, mit diesen Gütern vorgenommene Schenkung deshalb für ungültig, weil solche der Fideicommis- und Stammgutseigenschaft unterworfen und der erloschenen Fürstlichen Nebenlinie blos als Appanage, unter Vorbehalt des Rückfalls an die regierende Linie zugetheilt gewesen wären, und trug in seiner unterm $\frac{5}{10}$ May 1815 bey dem Königl. Oberlandesgericht hieselbst eingereichten Klage auf Annullirung der Schenkungsurkunde und Herausgabe der fraglichen Güter cum fructibus perceptis et percipiendis an.

Diese Klage wurde, weil die beschenkten Geschwister sämmtlich minorenn waren, wider deren Mutter und Vormünderin, die verwittwete Fürstin Amalie zu Anhalt-Bernburg-Schaumburg, geborne Fürstin zu Nassau, wohnhaft zu Schaumburg an der Lahn im Herzogthum Nassau, gerichtet, und selbige übertrug, laut Vollmacht vom 21sten July 1815 dem Justizcommissionsrath Heyer hieselbst die Führung dieses Prozesses, wies auch durch ein Attest des Herzoglich Nassauischen Staatsministeriums vom 26sten März 1818 nach, daß sie die Vormundschaft über ihre vier Töchter als natürliche und gesetzliche Vormünderin seit dem 12ten April 1812 geführt und hierzu auch nach den Landesgesetzen keines Tutoriums bedurft habe.

Der Herzog zu Anhalt-Bernburg wurde nach geschlossener Instruction durch die Erkenntnisse erster und zweyter Instanz de publ. resp. den 11ten September 1816 und 16ten Februar 1818 mit seiner Klage, unter Verurtheilung in die Kosten, abgewiesen.

Auf die von ihm interponirte Revision erfolgte aber von dem Königl. Geheimen Obertribunal zu

Berlin ein am 23sten July 1819 publicirtes reformatorisches Erkenntniß des Inhalts:

daß zuvörderst dem ꝛc. Heyer obliege, rücksichtlich der, inzwischen, mit Hinterlassung eines Sohnes verstorbenen Prinzessin Hermine, sich noch durch Vollmacht ihres hinterbliebenen Ehegatten, des Erzherzogs von Oesterreich und Palatinus von Ungarn K. H., so wie durch Vollmacht der Prinzessin Adelheid und ihres Gemahls, des Erbgroßherzogs von Holstein-Oldenburg D. zu legitimiren; sodann die Förmlichkeiten der eingewandten Revision für beobachtet anzunehmen, auch in der Hauptsache selbst sententiae a quibus dahin zu ändern: daß des Klägers D. nicht, wie geschehen, mit der angestellten Klage abzuweisen, vielmehr die von dem verstorbenen Fürsten Friedrich Adolph Ludwig zu Anhalt-Bernburg-Schaumburg, zu Gunsten der vier Prinzessinnen Töchter der Beklagtin D. am 7ten November 1812 errichteten Schenkungsurkunde über das Vorwerk Zeitz, das Dorf Belleben und die Gaterslebenschen Seeländereyen, wie hiermit geschiehet, als ungültig aufzuheben und die Beklagte D. gehalten, diese Grundstücke und Ländereyen, nebst allen seit dem 25sten Dezember 1812, als dem Todestage des anmaßlichen Geschenkgebers daraus gezogenen in separato zu berechnenden Nutzungen an des Klägers D., und zwar die Grundstücke und Ländereyen binnen 4 Wochen bey Vermeidung der Hülfe herauszugeben, übrigens aber den Prinzessinnen Adelheid,

Emma und Ida zu Anhalt-Bernburg-Schaumburg, so wie dem nachgelassenen Sohne der verstorbenen Prinzessin Hermine, wegen der Abfindungen und Ansprüche, welche ihnen nach §. 17. des Primogeniturvertrags vom 13ten Februar 1709 und nach §. 6. des zwischen den Fürsten Victor Friedrich und Lebrecht zu Anhalt-Bernburg am 24sten Juni 1722 geschlossenen Vergleichs zustehen können, ihre Rechte überall vorzubehalten, und die Kosten des ganzen Prozesses mit Niederschlagung der, in dem Appellationsurtel dem Kläger auferlegten Succumbenzgelder gegen einander aufzuheben.

Zur Erläuterung dieses Erkenntnisses, in dessen Rubro die Fürstin Amalie, in der Qualität als Vormünderin ihrer Töchter, allein als Beklagte und Revisin aufgeführt ist, und in dessen Eingang von ihrem Mandatar noch eine vollständigere Legitimation ad processum erfordert wird, ist hier vorläufig anzuführen, daß, besage der im Lauf des neuen Prozesses, wovon gleich die Rede seyn wird, übergebenen gerichtlich attestirten Kirchenatteste vom 30sten Dezember 1819 die Prinzessin Hermine am 30sten August 1815 mit Sr. K. H. dem Erzherzog Joseph vermählt, am 14ten September 1817 aber mit Tode abgegangen und daß die Prinzessin Adelheid am 24sten July 1817 mit des Erbherzogs von Holstein-Oldenburg D. verheyrathet ist.

Die verlangten Vollmachten wurden nicht beygebracht, vielmehr wurde deren Ausstellung verweigert und von dem Justizcommissair Rosentreter, im Auftrag S. K. H. des Erzherzogs von Oesterreich, Palatins von Ungarn, und Ihrer D. der Erbherzögin von Holstein-Oldenburg und deren Gemahls eine vom 25sten August 1819 datirte Nullitätsklage eingereicht, welche auf folgenden Thatsachen beruhet.

Der Erzherzog von Oesterreich und Palatin von Ungarn, so wie der Erbherzog von Oldenburg, hätten von dem über die Gültigkeit der Schenkung des Guts Zeitz und der Seeländerey zwischen ihrer Schwiegermutter und dem Herzog von Anhalt-Bernburg ventilirten Prozeß keine Kenntniß gehabt, und wären davon erst, nachdem ihnen das, für sie, ihre Kinder und resp. Gemahlin, so äußerst nachtheilig ausgefallene Revisionserkenntniß bekannt geworden, unterrichtet. Jener Prozeß sey ohne ihre Einwilligung und Mitwissenschaft geführt, sie wären dabey weder persönlich, noch durch einen Bevollmächtigten mit ihrem Interesse gehört, und bey diesen offenbaren Mängeln des Verfahrens wären nicht allein die Revisionssentenz, sondern auch die frühern Verhandlungen, bey welchen sie nicht zugezogen wären, obgleich sie die Gerechtsame ihrer Gemahlinnen und resp. Kinder wahrzunehmen gehabt, und wegen des Niesbrauchs an dem Eingebrachten ihrer Gemahlinnen und resp. dem Vermögen ihrer Kinder, Sachbetheiligte aus eignem Rechte wären, in Gemäßheit der Allg. Ger.-Ordnung I. 16. §. 2. No. 5. null nnd nichtig, welches auch von den Revisionsrichtern selbst anerkannt sey, indem dieselben die Beybringung der

Vollmachten von den jetzigen hohen Nullitätsklägern für erforderlich erachtet, und davon die Purifikation des Revisionsurtheils abhängig gemacht sey).

Der in der Deduction bestimmter als in der Klage gefaßte Antrag der Nullitätskläger ist dahin gerichtet:

nicht allein das am 23sten July 1819 publicirte Revisionsurtheil, sondern auch alle demselben vorangegangene Verhandlungen vom 30sten May 1815 an, für nicht erfolgt, nichtig und unwürksam zu erklären, imgleichen den hohen Nullitätsbeklagten in sämmtliche Prozeßkosten zu verurtheilen.

Der Mandatarius des Beklagten D., die gegenseitigen Angaben in Betreff der angeblichen Nullität in Abrede stellend, vermeinte, daß der in Bezug genommene Paragraph der Allg. Ger.-Ordnung auf den vorliegenden Fall keine Anwendung finde, und zur Gültigkeit der Verhandlungen des vorigen Prozesses der Umstand allein schon genüge, daß Se. D. sich im Anfang desselben mit dem vorschriftmäßig bevollmächtigt gewesenen Mandatar der ad causam legitimirten Fürstin Amalie eingelassen habe.

Der Behauptung, daß die hohen Nullitätskläger keine Kunde von jenem Prozeß gehabt hätten, wurde ebenfalls widersprochen und zum Beweis des Gegentheils:

1. auf eidliche Edition der Manualacten und Correspondenz des Justizraths Heyer angetragen;
2. den Klägern und der Klägerin der Eid darüber deferirt:

daß sie von dem Appellationserkenntniß und

dem dagegen eingewandten Rechtsmittel der Revision Nachricht erhalten;

und eventualiter

3. darauf angetragen, dem Beklagten zum Suppletorio hierüber zu verstatten.

Der Justizrath Heyer verweigerte anfänglich die Herausgabe der Papiere, reichte jedoch, weil er sich wenigstens der Edition unter den im §. 98. der A. G. O. I. Tit. 10. vorgeschriebenen Einschränkungen nicht entziehen konnte, ein Paket Acten und Briefe versiegelt ein, welche von den Decernenten und Instruenten nach der Bemerkung in dem Protokoll vom 15ten März d. J. durchgesehen sind, worin sich aber nichts gefunden hat, was deren Ueberzeugung nach für die Entscheidung dieser Nullitätsklage von Einfluß seyn konnte.

Den zugeschobenen Eid hielt man klägerischer Seits für unzulässig, weil die Eidesdelation nicht mit andern Beweismitteln kumulirt werden könne, und für irrelevant, indem, wenn auch die Kläger von dem Prozeß Kenntniß gehabt, dadurch der Mangel einer Vollmacht nicht ersetzt werden könne.

Das Erbieten zum Erfüllungseide wurde von dem Mandatarius der Kläger ebenfalls für unstatthaft erachtet, weil der Beklagte einen solchen ohnehin unerheblichen Eid nur de ignorantia würde ableisten können.

Nachdem das Instructionsverfahren beendigt worden, wurde von beyden Theilen deducirt.

Nach Vorschrift der A. G. O. I. 16. §. 1. ist, wenn

wenn in der Revisionsinstanz ein Urtheil erfolgt ist, solches dergestalt rechtskräftig, daß selbiges hiernächst unter keinerley Vorwand, es sey welcher er wolle, auch nicht unter dem Prätext einer dabey vorwaltenden Nullität wieder umgestoßen oder davon abgegangen werden kann.

Von dieser allgemeinen Regel werden jedoch in den folgenden Paragraphen einige Ausnahmen gemacht, und unter den Fällen, wo ein Urtel dergestalt nichtig ist, daß selbiges zu keiner Zeit die Rechtskraft erlangen kann, wird §. 2. No. 5. auch der angeführt:

wenn eine Parthey im Prozesse durch einen Andern vertreten worden, welcher entweder gar nicht bevollmächtigt gewesen, oder eine falsche, von dem angeblichen Principal nicht ausgestellte, oder eine nichtige und unkräftige Vollmacht beygebracht hat.

Auf diese gesetzliche Disposition gründen die Herren Kläger und die Frau Klägerin ihre Nullitätsklage, indem sie anführen, daß die Fürstin Amalie mit der Verheirathung ihrer beyden ältesten Prinzessinnen Töchter ihre passive Legitimation zur Sache verloren habe, und der Prozeß wegen Gültigkeit der Schenkung des Guts Zeitz nebst Zubehör und der Seeländerey in Ansehung der verheiratheten beyden Fürstinnen Hermine und Adelheid nur von deren Ehemännern gültiger Weise habe fortgesetzt werden können.

Die Befugniß der verwittweten Fürstin Mutter bey Anstellung der wider ihre minderjährigen und unverheiratheten Prinzessinnen Töchter erhobenen Klage, für dieselben als Vormünderin aufzutreten und einen Mandatarius zu bestellen, wird eben so wenig bestritten, als die ursprüngliche Gültigkeit der von dem Justizrath Heyer beygebrachten Vollmacht, und da solchemnach gedachte Fürstin Amalie beym Anfang des Prozesses ad causam legitimirt und deren Mandatarius gehörig bevollmächtigt war, so wirft sich zuvörderst die Frage auf:

ob die angezogene Gesetzstelle, woraus die Nichtigkeit des vorigen Prozesses hergeleitet wird, überhaupt auf den vorliegenden Fall Anwendung finde?

Der Beklagte stellt solches in Abrede, weil der §. 2. No. 5. l. c. die Nichtigkeit dadurch bedinge, daß der Sachwalter einer Parthey entweder bey Eröffnung und im Fortgange des Prozesses gar keine, oder eine falsche, nichtige und unkräftige Vollmacht beygebracht habe, welche Voraussetzungen in substracto, wo eine richtige und gültige Vollmacht zu den Acten gebracht sey, nicht vorhanden wären. Diese gesetzliche Disposition sey, als Ausnahme von der Regel, daß rechtskräftige Urtheile nicht angefochten werden könnten, strictissimae interpretationis, und lasse eine Argumentation ex ratione legis nicht zu.

Allein, wenn man jene Verfügung der Prozeßordnung auch streng nach dem Wortverstande prüft, so findet sich darin dennoch keineswegs, daß es zur Gültigkeit prozessualischer Verhandlungen genüge, wenn von der bey Eröffnung des Rechtsstreits zur

Sache legitimirt gewesenen Parthey Vollmacht beygebrachtworden, vielmehr macht das Gesetz keinen Unterschied, ob die Parthey, welche durch einen nicht legitimirten Stellvertreter vertreten worden, gleich im Anfang des Prozesses bey dem Gegenstande des Streits ein Interesse gehabt hat, oder erst im Fortgang des Prozesses dabey betheiligt wird.

Und da auch bey jener Disposition die Absicht des Gesetzgebers unverkennbar dahin gerichtet ist, daß Niemand ungehört und ohne Gelegenheit zu seiner Vertheidigung gehabt zu haben, verurtheilt, auch jede Parthey, welche nicht selbst personam standi in judicio hat, in ihren rechtlichen Angelegenheiten durch denjenigen, welchen die Gesetze dazu berechtigen und verpflichten, repräsentirt werde, mithin die logische Auslegung jenes Passus der A. G. O. in ihren Resultaten mit dem Wortverstande nicht im Widerspruch steht, so erscheint dieses Gesetz auch auf den Fall für anwendbar, wo eine anfänglich zur Sache legitimirt gewesene Parthey im Laufe des Rechtsstreits aufgehört hat, solches zu seyn, demungeachtet aber ihr Mandatarius den Prozeß für die an die Stelle derselben getretenen Betheiligten, ohne neue Vollmacht von denselben beyzubringen, fortgesetzt hat; vorausgesetzt jedoch, daß die Gesetze den Sachwalter nicht ausdrücklich von der Beybringung einer neuen Vollmacht bey Veränderungen in den Personen der streitenden Theile dispensiren. Dies vorausgeschickt ist zu untersuchen:

1) ob Ihro D., die Fürstin Amalie von Anhalt-

Bernburg-Schaumburg nach der Verheyrathung ihrer beyden ältesten Prinzessinnen Töchter Hermine und Adelheid, für dieselben den wider selbige von Sr. D. dem Herzog von Anhalt-Bernburg angestellten Prozeß allein habe fortsetzen können, oder ob solches von den Ehemännern gedachter Prinzessinnen habe geschehen müssen? und

2) ob die Beybringung einer neuen Vollmacht erforderlich gewesen sey?

ad 1. Ist der Grundsatz des Römischen Rechts solis nuptiis cura non finitur auch in dem Allgemeinen Landrecht aufgenommen, indem es Th. II. Tit. 18. §. 736. heißt:

Durch die Verheyrathung der Pflegbefohlnen wird die Vormundschaft nicht aufgehoben.

Denn die eheliche Vormundschaft des Mannes kann mit der obervormundschaftlichen Aufsicht des Staats über die minderjährige Ehefrau und die über dieselbe angeordnete Tutel bestehen, und der Ehemann tritt nur dann an die Stelle des frühern Vormundes, wenn die vormundschaftliche Behörde ihn ausdrücklich zum Vormund bestellt hat.

Diese Vorschriften des Privatrechts können aber auf Vormundschaften über fürstliche Personen, bey welchen die Konkurrenz der gewöhnlichen Gerichte ausgeschlossen bleibt, keine Anwendung finden, und die Richtigkeit der klägerischen Behauptung, daß die vormundschaftlichen Rechte der Fürstin von Anhalt-

Bernburg-Schaumburg über ihre beyden ältesten Töchter durch deren Verheyrathung und Verbindung mit andern Fürstenhäusern auf deren fürstliche Ehemänner übergegangen sey, ist keinem Zweifel unterworfen, indem die eheliche Gewalt Sr. K. H. des Erzherzogs von Oesterreich, dessen Gemahlin nach Vollziehung der Ehe blos unter dem Schutz und den Hausgesetzen der Kaiserlichen Familie stand, von den Gesetzen des Herzogthums Nassau nicht abhängig, und der Vormundschaft seiner daselbst wohnenden Schwiegermutter nach staatsrechtlichen Grundsätzen nicht subordinirt seyn konnte, auch ein gleiches Verhältniß in Ansehung der Prinzessin Adelheid nach ihrer Vermählung mit des Erbherzogs von Holstein-Oldenburg D. eingetreten ist.

Die vormundschaftlichen Rechte der verwittweten Fürstin Amalie erloschen nach der Verheyrathung ihrer Töchter, als unverträglich mit der ehelichen Voigtey der fremden Fürsten, mit denen die Prinzessinnen sich verbanden, und mit dem Augenblick, wo die mütterliche Vormundschaft ihr Ende erreichte und in eine eheliche Tutel verwandelt wurde, hörte auch die Befugniß der Mutter und gewesenen Vormünderin auf, ihre Töchter in dem, wider dieselben anhängig gemachten Prozeß, zu vertreten. Dieser Prozeß mußte nunmehr von den Nichtigkeitsklägern, sowohl wegen der ihnen zustehenden ehelichen Oberherrschaft über ihre Gemahlinnen, als auch des ihnen gebührenden Nießbrauchs an dem Vermögen derselben, fortgesetzt werden.

Denn sowohl nach dem Römischen und Gemeinen Deutschen Rechte, als auch nach den hiesigen Gesetzen, ist ein Ehemann die Person, Ehre und Vermögen seiner Frau in und außer den Gerichten zu vertheidigen befugt und schuldig.

A. L. R. II. 1. §. 188.

Die Frau kann daher, wie der §. 189. c. l. vorschreibt, in der Regel ohne Zuziehung und Einwilligung des Mannes, mit Andern keine Prozesse führen.

Hiermit übereinstimmend disponirt die A. G. O. I. 1. §. 16.

Ehefrauen können ohne Beytritt ihrer Männer vor Gericht nicht erscheinen, es wäre denn, daß der Gegenstand der Verhandlung zu ihrem durch Vertrag vorbehaltenen Vermögen gehörte, oder daß sie wider ihren Ehemann Klage oder Verträge mit ihm selbst schließen wollte;

und §. 19.

Bey gerichtlichen Verhandlungen, welche das gesetzlich vorbehaltene Vermögen der Frau, imgleichen die zur Substanz des Eingebrachten gehörigen Grundstücke nnd Gerechtigkeiten, oder solche eingebrachte Capitalien betreffen, welche auf den Namen der Frau geschrieben sind, müssen beyde Eheleute zugezogen werden; zumalen in allen diesen Fällen der Mann die Prozeßkosten aus seinem eignen, oder aus dem Nießbrauch des eingebrachten Vermögens zu tragen nach den Gesetzen verpflichtet ist.

Diesen gesetzlichen Bestimmungen gemäß hätte

die verwittwete Fürstin Amalie, selbst wenn ihre Vormundschaft über ihre verheyratheten Töchter, wie sich jedoch nach dem Vorgesagten nicht annehmen läßt, fortgedauert hätte, ihre Schwiegersöhne als eheliche Beystände ihrer Gattinnen und Niesbräucher deren Vermögens bey dem frühern Prozeß zuziehen müssen.

Wenn nun bey diesem Sachverhältniß die hohen Nullitätskläger bey dem fraglichen Prozeß sowohl als eheliche Vormünder und Beystände ihrer Gemahlinnen, als auch propio jure als Niesbräucher der streitigen Güter, welche Qualität ihnen im Lauf der Instruction nicht streitig gemacht ist, ein wesentliches Interesse hatten, und solcher durch sie fortgesetzt werden mußte, so ist die Frage;

ad. 2. ob es von ihrer Seite einer neuen und besondern Anwaldsbestellung bedurft? keinen Schwierigkeiten unterworfen.

Da die Gesetze indessen nicht in allen Fällen, wo die Personen der Partheyen während eines Prozesses sich verändern, neue Vollmachten erfordern, so bedarf es einer nähern Prüfung der hierüber sprechenden Gesetzesstellen.

Nach der A. G. O. I. 3. wird eine Prozeßvollmacht nicht aufgehoben:

a. durch den Tod des Machtgebers §. 59. c. l. und A. L. R. I. 16. §. 192.

In diesem Falle ist es hinreichend, wenn der Bevollmächtigte das Absterben seines Machtgebers, sobald selbiges zu seiner Wissenschaft gelangt, nebst allem, was ihm von dem Namen und Aufenthalt der Erben bekannt ist, dem Gericht anzeigt, und den Erben von seinem Auftrage, so wie von Lage der Sache, Nachricht giebt.

Wenn Successores singulares an die Stelle des Verstorbenen treten und, der gerichtlichen Aufforderung ungeachtet, keinen neuen Anwald bestellen, so ist das Gericht befugt, dem bisherigen Bevollmächtigten die Fortsetzung der Sache von Amtswegen zu übertragen.

§. 60. der A. G. O. l. c.

b. wenn mit den Personen, welche eine Vollmacht als Mitglieder einer Corporation oder vermöge ihres Amts, z. B. als Vormünder, ausgestellt haben, eine Veränderung sich ereignet.

§. 61. l. c.

Ausser diesen Fällen, wohin auch nach dem A. L. R. c. l. §. 196. der Fall zu rechnen ist, wenn der Aussteller der Vollmacht seinen eigenen Geschäften vorzustehen unfähig wird, verbleibt es, wenn im Laufe eines Prozesses eine Parthey an die Stelle einer andern, jedoch weder als Successor universalis, noch vermöge seines Amts, noch als Vormund oder Curator tritt, bey der in der A. G. O. c. l. §. 22. aufgestellten generellen Regel, wonach ein Jeder, welcher die Instruction seines Prozesses nicht persönlich abwarten kann, oder sonst davon dispensirt ist, aus den bey dem Gericht zur Prozeßpraxis bestellten Justizcommissarien, einen Bevollmächtigten wählen, und denselben mit gehöriger Vollmacht versehen muß.

Wäre also in dem vorliegenden Falle blos die Person des Vormundes der Prinzessinnen Hermine und Adelheid verändert, so würde es nach dem §. 61. der A. G. O. l. c. einer neuen Vollmacht nicht bedurft haben. Zu der neuen Vormundschaft treten aber in substracto noch die ehelichen Rechte der Ehemänner beyder gedachten Prinzessinnen, so wie der Umstand hinzu, daß des Erzherzogs von Oesterreich K. H. nach dem Tode seiner Gemahlin Hermine, jenen Prozeß als Vater und natürlicher Vormund seiner Kinder und als Usufructuar deren Vermögens, fortzusetzen hatte. Es mußte daher ohne Zweifel von beyden Nichtigkeitsklägern ein Mandatarius zum Betrieb des Prozesses bestellt und mit Vollmacht versehen werden.

Dergleichen Prozeßvollmachten müssen in der Regel schriftlich und in der, in der A. G. O. l. c. §. 30. und 36. vorgeschriebenen Form ausgestellt werden. Jedoch bleiben auch ohne eine solche schriftliche Vollmacht die Verhandlungen gültig, wenn nachgewiesen werden kann, daß der Principal die Handlungen des sich aufgeworfenen Bevollmächtigten, nachher genehmigt hat.

Dies ergiebt sich aus der A. G. O. I. 16. §. 2. No. 5. Abs. 3. und der Parallelstelle Tit 3. §. 29., wo es heißt:

Kann die Vollmacht nicht beygebracht und die G e n e h m i g u n g des Abwesenden für n a c h g e w i e s e n nicht angenommen werden, so ist die erfolgte Verhandlung für nicht geschehen zu achten, und der angebliche Bevollmächtigte muß sowohl dem Richter, als dem Gegentheil, für alle daher entstehende Schäden und Kosten, vollständigen Ersatz leisten.

Diese Stelle bezieht sich sowohl auf solche Personen, welche die Vermuthung einer Vollmacht für sich haben, als auch auf Justizcommissarien, welche eine entfernte Parthey unter dem Versprechen, Vollmacht beyzubringen, vertreten haben. Es wird dabey auf das Allgemeine Landrecht I. 13. §§. 125—128. hingewiesen, und hier wird disponirt, daß derjenige, welcher auf den Grund einer vermutheten Vollmacht, Geschäfte für einen andern besorgt, schuldig ist, demselben davon ohne Zeitverlust Nachricht zu geben und seine Genehmigung darüber einzuholen; auch daß derjenige, welcher mit einem solchen vermutheten Bevollmächtigten etwas verhandelt, das Recht hat, denselben zu dieser Benachrichtigung anzuhalten; oder auch selbst den, dessen Geschäfte verhandelt worden, zur Erklärung darüber unmittelbar aufzufordern.

Letzterer muß, heißt es §. 126., sobald ihm die Nachricht auf eine oder die andere Art zugekommen ist, über die Billigung oder Misbilligung des Geschäfts innerhalb der im fünften Titel §. 90. seq. bestimmten Frist sich erklären. Verabsäumt er diese Frist, heißt es ferner §. 127., so wird er ohne fernere Widerrede für einwilligend angenommen.

Die verwittwete Fürstin Amalie hatte als Mutter und Schwiegermutter, in Gemäßheit des A. L. R. I. 13. §. 119. ein mandatum praesumtum zur Führung des, die Gültigkeit der Schenkung betreffenden Prozesses für sich, und wenn nachgewiesen wäre, daß dieselbe ihre Schwiegersöhne nach der Verheyrathung von jenem Prozeß vor dessen Beendigung gehörig benachrichtigt, ihnen gemeldet, daß sie solchen in ihrem Namen mit fortsetze, und sie aufgefordert habe, sich darüber, ob sie solches genehmigten, zu erklären, diese Erklärung aber unterblieben, so würde ein consensus tacitus anzunehmen, und — in sofern nicht das Revisionserkenntniß, welches ausdrücklich die Beybringung von Vollmachten verlangt, entgegen stände, kein Grund zur Nichtigkeitsklage vorhanden seyn.

Der Beklagte hat nun, um obigen Beweis zu führen, den Klägern darüber den Eid deferirt:

daß sie von dem Appellationserkenntniß und dem dagegen eingewandten Rechtsmittel der Revision Nachricht erhalten.

Dieser Eid, über dessen Annahme die Gegenparthey sich nicht erklärt hat, ist aber nicht erschöpfend. Denn es genügt nicht, daß die Kläger überhaupt mittelbar oder unmittelbar von jenem Prozeß Kenntniß erhalten haben, sondern sie müssen auch nach der Disposition der vorallegirten §§. 124 und 125. des A. L. R. c. l. entweder von demjenigen, welcher für sie ex mandato praesumto handelte, oder von der Gegenparthey, zu ihrer Erklärung aufgefordert seyn.

Bloßes Stillschweigen wird nur alsdann für Einwilligung geachtet, wenn der Schweigende sich erklären konnte und vermöge der Gesetze dazu verbunden war.

A. L. R. Th I. 4. §. 60.

Die Kläger waren aber nur auf vorgängige Aufforderung gesetzlich verbunden, sich über die prozessualischen Verhandlungen zu erklären, und der bloße Umstand, daß ihnen die Existenz des Prozesses bekannt geworden, sie es aber unterlassen haben, Theil daran zu nehmen, kann ihnen nicht nachtheilig seyn.

Der deferirte Eid erscheint aber außerdem noch aus einem andern Grunde für irrelevant.

Denn in dem Revisionserkenntniß wird die Beybringung von Vollmachten verlangt. Der Nachweis einer stillschweigenden Genehmigung kann also der Festsetzung des Königl. Geheimen Ober-Tribunals zuwider, für genügend nicht angenommen werden.

Die Fassung des Revisionserkenntnisses, wonach zuvörderst die Vollmachten beygebracht werden sollen, und sodann erst die Förmlichkeiten der Revision für beobachtet anzunehmen, ergiebt, daß die in der Hauptsache erfolgte Entscheidung nur unter der Bedingung, daß die Vollmachten eingehen, abgegeben ist, und nur, wenn diese Bedingung erfüllt ist, die Formalien der Revision für berichtigt angenommen werden können.

Die einzelnen Festsetzungen des Revisionserkenntnisses können nicht von einander getrennt und noch weniger kann der Punkt wegen der Legitimation abgeändert werden.

Aus diesem Grunde und da auch die beklagter Seits in der Eingabe vom 20sten März d. J. angeführten Umstände, auf Entscheidung dieser Sache keinen wesentlichen Einfluß haben, hat sowohl wegen der Nichtigkeit der frühern prozessualischen Verhandlungen, als auch wegen der Kosten, welche dem Beklagten nach Anleitung der A. G. O. I. 23. §. 2. zur Last fallen, geschehenermaßen erkannt werden müssen.*)

Halberstadt, den 30sten May 1820.

Erster Senat des Königl. Preuß. Oberlandesgerichts.

(L. S.) gez. Alsleben.

---

*) Daß die Urtelsgründe das Cassationsurtheil befriedigend motiviren, wird kaum einer Bemerkung bedürfen. Indessen würde eine Lobrede derselben, im Munde des Vertheidigers der Nullitätsquerel nicht auffallen, und ihm, — aus begreiflichen Gründen — von keiner Seite her, verdankt werden.

Das Urtel und die Urtelsgründe bieten aber noch Stoff zu einer andern Bemerkung dar. Sie ist für das Richtercollegium und für den Geist der Preußischen Justizbehörden zu ehrenvoll, um sie zu unterdrücken.

Es spricht sich nemlich in beyden eine richterliche innere Selbstständigkeit aus, welche vielleicht in einer gewöhnlichen Rechtssache, keiner Auszeichnung werth wäre, unter den vorliegenden Umständen dagegen, die Pflichterfüllung zum hohen Verdienst adelt.

Dem aufmerksamen Leser des ersten Bandes der Geschichte des Rechtsstreits kann es unmöglich entgangen seyn, wie viel fremdartige — nicht grade unedle — Triebfedern, in der gegenwärtigen Sache angeregt sind, wie leicht diese Triebfedern das Gleichgewicht der Neigung des Richtercollegiums hätten überschleichen, und ohne eignes Bewußtseyn die Selbstständigkeit seiner Ansicht hätten untergraben können. Dennoch ist es nicht geschehen.

Diese Vorbemerkung wird den Verfasser bey folgender kritischen Auseinandersetzung gegen Mißkennung sichern.

Das Cassationsurtheil ist am 30sten May v. J. vom ersten Senat des Königlich Preußischen Oberlandesgerichts in Halberstadt ausgegangen. Vom nemlichen Collegium wurde am 25sten November v. J. das abweisende Urtheil in der Beytrittssache erlassen. Es finden sich aber die Gründe des ersten mit dem Inhalt des zweyten Urtheils in einem nicht zu beseitigenden Widerspruch. Außerdem widerspricht der Inhalt des Cassationsurtheils sich selbst.

Beyde Behauptungen erfordern den strengsten Beweis; aber dieser Beweis kann dann auch der Beherzigung des Richtercollegiums der zweyten Instanz oder des zweyten Senats des Königl. Oberlandesgerichts zu Halberstadt, nicht genug empfohlen werden.

1. In den Gründen des Kassationsurtheils wird das Verhältniß der verschiedenen, im kassirten Revisionserkenntniß vom 23sten July 1810 enthaltenen Verfügungen gegen einander, sehr richtig mit folgenden Worten auseinandergesetzt:

„Die Fassung des Revisionserkenntnisses, wo„nach zuvörderst die Vollmachten beygebracht „werden sollen, und sodann erst die Förmlich„keiten der Revision für beobachtet anzunehmen „sind, ergiebt, daß die in der Hauptsache er„folgte Entscheidung, nur unter der Bedin-

„gung, daß die Vollmachten eingehen, abge-
„geben ist, und nur, wenn diese Bedingung
„erfüllt ist, die Formalien der Revision für
„berichtigt angenommen werden können. — Die
„einzelnen Festsetzungen des Revisionserkenntnis-
„ses können nicht von einander getrennt, und
„noch weniger kann der Punkt wegen der Legi-
„timation abgeändert werden"

Es wird mithin in den Urtelsgründen mit logischer Strenge nachgewiesen, daß das kassirte Revisionserkenntniß vom 23sten July 1819 ein bedingtes Erkenntniß ist, daß die Formalien der Revisionsinstanz erst nach der Berichtigung der gerügten Legitimationsmängel für feststehend anzunehmen sind, und daß dann erst, in der Hauptsache, wie verordnet worden, zu verfahren sey.

Hiermit hatte nun der erste Senat des Königl. Preuß. Oberlandesgerichts in Halberstadt in den Gründen des Cassationsurtheils eine der Hauptgrundlagen des damals schon eingeleiteten, aber noch nicht instruirten Beytritts der vertretenen Litisconsorten zu der Cassation, als feststehend anerkannt.

Er hatte die Gültigkeit und Vollziehbarkeit des Revisionserkenntnisses in Hinsicht der Formalien und Materialien bis zur Erledigung der Legitimationsrüge für suspendirt erklärt.

Er hatte die Nothwendigkeit der Urtheilspurifikation durch die Beseitigung jener Rüge als ein Gegebenes und Feststehendes zum Grunde gelegt.

Er hatte dieses Gegebene und Feststehende in dem kassirten Revisionsurtheil selbst gefunden.

„Die Hauptentscheidung" — sagte das Richtercollegium — „ist nur unter einer Bedin-
„gung erfolgt; erst nach der Erfüllung dieser
„Bedingung stehen die Formalien als be-

„richtigt fest, und erst mit der Feststellung der „Formalien tritt das Erkenntniß über die „Hauptsache in Würksamkeit. Die einzelnen Fest„setzungen des Revisionsurtheils darf man nicht „willkührlich trennen, und noch weniger die ver„ordnete Legitimationsergänzung abändern.“

So argumentirte der erste Senat des K. P. Oberlandesgerichts am 30sten May 1820 in der Nullitätssache.

Wie urtheilt nun der nemliche erste Senat am 25sten Novbr. 1820 in der mit der Nullitätsquerel so innig verbundenen oder vielmehr identischen Beytrittssache?

Er erklärt das Revisionserkenntniß in Hinsicht der Formalien und Materialien keinesweges bis zur Erledigung der Legitimationsrüge noch zur Zeit für suspendirt.

Er hält die Nothwendigkeit einer vorgängigen Urtelspurifikation, keinesweges für ein Gegebenes, welches das, nur in seinem nicht zu trennenden Zusammenhang zu vollziehende Revisionserkenntniß selbst festsetzt.

Er findet nicht, daß der Revisionsrichter durch das Wort zuvörderst nur unter Vorbehalt der Legitimationsberichtigung entschieden, und daß an der vorgängigen Erledigung des Vorbehalts nichts abzuändern sey.

Wie läßt sich der Widerspruch desjenigen, was der erste Senat am 30sten May 1820 für ein Urtheilsmotiv erklärt, mit demjenigen miskennen, was der nemliche erste Senat am 25sten Novbr. 1820 in der nemlichen Sache in den Inhalt eines Urtheils niederlegt?

Man sage nicht, das Spruchcollegium habe an jenem Tage über die nichtvertretenen, an diesem über die vertretenen Litisconsorten erkannt.

Das Revisionserkenntniß, von dessen Sinn und Zusammenhang, von dessen Gültigkeit und Vollziehbarkeit in der Hauptsache

sache sowohl bey dem Erkenntniß über die Nullitäts- als über die Beytritts-sache die Rede war, trennt die vertretenen von den unvertretenen Litisconsorten nicht Es spricht nicht jenen ein bedingtes, diesen ein unbedingtes Urtheil. In der Hauptsache spricht es nur ein Urtheil aus; dieses eine Urtheil gilt der einen beklagten Parthey; zu dieser einen Parthey gehören alle, sowohl die unvertretenen als die vertretenen Litisconsorten; die Wörter zuvörderst und sodann beziehen sich nicht auf jene und diese, sondern, wie der klare Zusammenhang zeigt, auf die Erledigung der Legitimationsrüge und auf die Berichtigung der Revisionsformalien von Seiten des jetzigen Nullitätsquerulaten; für jene Erledigung gilt das Wort zuvörderst, für die Formalien das Wort sodann. Das Revisionserkenntniß sagt nicht, daß im Fall der Nichtbeseitigung der Legitimationsrüge, der Kläger und Revident oder der jetzige Nullitätsquerulat, in Hinsicht einiger revisischer Consorten, die Revisionsformalien berichtigt, in Hinsicht anderer, sie nicht berichtigt habe. So versteht es auch am 30sten May 1820, der über die Nullität erkennende erste Senat nicht. Er sagt selbst, das Revisionserkenntniß müsse so genommen werden, wie es vorliege; es lasse sich nichts daran abändern, nichts von dem, was es enthalte, willkührlich ausmärzen, mithin auch — was sich hiernach von selbst versteht — nichts, was es nicht enthalte, willkührlich hineintragen.

Und dennoch ist es diese nemliche Willkühr, welche der nemliche erste Senat, bey der Abfassung des Erkenntnisses vom 25sten Novbr. 1820, für rechtlich und zulässig hält.

Er trägt in das Revisionserkenntniß, eine von demselben mit keiner Sylbe angedeutete oder gebilligte Distinktion hinein, bezieht die Wörter zuvörderst und sodann, nicht auf die vom Revisionserkenntniß angezeigten Legitimationsmängel und Revisionsformalien, sondern auf die vom Revisionserkenntniß nirgends getrennte Litisconsorten, und gründet auf diese selbstgeschaffene Distinction, das den Beytritt verwerfende Urtheil.

Soviel über den Widerspruch zwischen den Gründen des Urtheils vom 30sten May und dem Inhalt des Urtheils vom 25sten Novbr. v. J., beyde von dem einen und nemlichen Richtercollegium, in der einen und nemlichen Rechtssache, auf die Grundlage des einen und nemlichen Revisionsurtheils, erlassen.

II. Indessen war der Keim dieses Widerspruchs schon am 30sten May v. J. zwar nicht in die Gründe, wohl aber in den Inhalt des Kassationsurtheils, hineingepflanzt. Das darf freylich nicht übersehen werden. Hieraus entwickelt sich aber auch ein neuer Widerspruch — nemlich ein Widerspruch zwischen den Dispositionen des Kassationsurtheils vom 30sten May v. J. unter sich, und zwischen den Dispositionen und den Gründen dieses nemlichen Urtheils.

Es wird darin festgesetzt:

daß das am 23sten July 1819 publicirte Revisionserkenntniß, so wie das demselben vorangegangene prozessualische Verfahren, in Rücksicht S. K. H. des Erzherzogs von Oesterreich und Palatinus von Ungarn, vom 30sten August 1815 an, in Rücksicht des Erbherzogs von Holstein-Oldenburg und dessen Gemahlin dagegen, vom 24sten July 1817 an, für nicht erfolgt und nichtig zu erklären, und die Instruction des gedachten Prozesses, von dem Zeitpunkt der Nichtigkeit der Verhandlungen an, fortzusetzen sey.

So war in der Nullitätendeduction von den

Nullitätsquerulanten nicht angetragen worden, sondern so:

nicht allein das am 23sten July 1819 publicirte Revisionsurtheil, sondern auch die demselben vorangegangenen Verhandlungen vom 30sten August 1815 an, für nicht erfolgt, nichtig und unwürksam zu erklären.

Dieser Schlußantrag wird sogar im referirenden Eingang der Gründe des Cassationsurtheils wörtlich wiederholt.

Indem das Cassationsurtheil auf den Antrag nicht einging, sondern anders wie gebeten wurde, erkannte, war es wohl der Stellung des, seine Verfügungen durch Gründe rechtfertigenden Richtercollegiums angemessen, den Grund der Abweichung anzuzeigen, und die Verwerflichkeit des Antrags und die Nothwendigkeit, anders zu erkennen, nachzuweisen.

Die Anzeige und Nachweisung war um so viel nöthiger, da der Richter nicht auf Antrag des Gegners, sondern von Amtswegen anders wie gebeten war, erkannt hatte, mithin sich nicht stillschweigend auf die vom andern Theil vorgebrachten Gründe beziehen konnte, sondern ein, aus sich heraus erlassenes Erkenntniß, auch aus sich heraus, motiviren mußte.

Schon das ist auffallend, daß diese Motivirung nicht erfolgte. Die Urtelsgründe gehen mit völligem Stillschweigen über die Gründe des vom Antrag abweichenden Erkenntnisses hinaus.

Aber es ist noch auffallender, daß die durch nichts motivirte Dispositionen, sich unter einander widersprechen, folglich nicht blos vom Antrag, sondern so zu sagen von sich selbst abweichen.

Fällt schon dieser Widerspruch weniger als der vorhin aufgedeckte beym ersten Blick in die Augen, so wird doch eine weitere Zergliederung, ihn zur völligen Klarheit bringen.

Das Revisionserkenntniß hatte in der, dem J. R. Heyer auferlegten Vollmachtsproduction, eigentlich die Nichtlegitimation der Fürstin Vormünderin zur Sache, oder ihre Nichtbefugniß zur Vertretung der, vom nemlichen Revisionserkenntniß verurtheilten Parthey gerügt. Und da das Erkenntniß in der Hauptsache ungetheilt gegen die nicht legitimirte Vertreterin der Parthey gerichtet war, so war — wie vorhin gezeigt wurde — die Herbeyschaffung jener Legitimation oder ihres Surrogats, durch die Vollmacht der Hauptinteressenten die Bedingung der Gültigkeit des, gegen die ganze Parthey pro indiviso, gerichteten Erkenntnisses. Das folgte von selbst, und wurde noch ausdrücklich durch die Voransendung des Worts zuvörderst bezeichnet.

Die vom obersten Gerichtshof ausgegangene Legitimationsrüge war nichts anders, als eine Rüge des gerichtlichen Verfahrens, eine Rüge, welche — wurde sie nicht beseitigt, — die Nichtigkeit oder das Nichterfolgtseyn des Urtheils, zur Folge hatte.

Wenn aber eines im Verfahren begangenen Fehlers, wegen das auf das Verfahren gebaute Urtheil nicht besteht, so ist es nicht das Urtheil allein, welches zusammenfällt, sondern zugleich das Verfahren. Denn das Urtheil ist ja nur die Folge, das Product des fehlerhaften Verfahrens; die Nichtigkeit desselben ist nicht dem Urtheil selbst inhärent, sondern geht vom Verfahren aus. Mit der Aufhebung des Urtheils muß deshalb das Verfahren ebenfalls annullirt werden.

Von welchem Zeitpunkt an? Natürlich von demjenigen an, wo sich der Fehler, dessen Folgen die Ungültigkeit des Urtheils herbeyführten, in das Verfahren eingeschlichen hat.

Zum Ueberfluß spricht die Allg. Ger. Ord., was schon mit Nothwendigkeit aus dem Begriff folgt, auch noch mit imperativen Gesetzesworten aus. Sie finden sich I. 16. §. 8 und 9.

Die Nullität eines Erkenntnisses hat, wenn sie aus einer der §. 2. angeführten Ursachen eintritt (zu diesen Ursachen gehört unter No. 5. der Legitimationsmangel) die rechtliche Würkung, daß nicht nur das ganze Urtheil, sondern auch das Verfahren, auf welches sich das Urtel gründet, für gar nicht existirend angesehen wird. Es soll sich jedoch diese Würkung nur bis auf den Zeitpunkt der vorgefallenen Nullität zurück erstrecken, und auf die vorangegangenen Verhandlungen nicht ausgedehnt werden können.

Es kömmt hiernach alles auf die Frage an: welcher Zeitpunkt im Verfahren war im vorliegenden Rechtsfall für den Zeitpunkt der eingeschlichenen Nullität zu halten.

Die Antwort war unbedenklich. Es war derjenige Zeitpunkt, wo die Fürstin Vormünderin aufgehört hatte, gesetzliche Vertreterin der beklagten Parthey zu seyn, und dennoch im fortgesetzten Verfahren stillschweigend, aber der erfolgten, obgleich vom instruirenden Richter unbeachtet gebliebenen Personenstandsveränderung wegen, nichtig, als gesetzliche Vertreterin der Parthey war behandelt worden.

Dieser Zeitpunkt war der 30ste August 1815. An diesem Tage trat ein Mitglied der Parthey, die Prinzessin Hermine, durch ihre Vermählung mit einem Oesterreichischen Prinzen in einen andern Personenstand. Von diesem Tage an hörte die gesetzliche Vertretungsbefugniß der Parthey durch die Fürstin Vormünderin auf. Von diesem Tage an, wurde das Verfahren gegen eine non legitimata ad causam fortgesetzt

Das hatte der Revisionsrichter durch die Legitimationsrüge anerkannt. Deshalb hatte er dem J. N. Heyer die Vollmachtsproduction des wahren Selbstbetheiligten — des jetzigen Vertreters der Erben der späterhin verstorbenen Prinzessin Hermine — aufgegeben.

Zwar hatte er noch die Production einer andern Vollmacht befohlen. Aber offenbar nur deswegen, weil, wenn die am 30sten August 1815 in das Verfahren eingeschlichene Nullität gehoben war, noch ein anderer vom 24sten July 1817 an eingeschlichener Verfahrungsfehler, auch noch mußte gehoben werden. Denn an diesem Tage hatte sich die Prinzessin Adelheid mit dem Erbherzog von Holstein = Oldenburg vermählt. Von diesem Tage an hatte sich auch ihr Personenstand grade so verändert, wie der Personenstand der Prinzessin Hermine. Auch in ihrer Hinsicht hatte die Vertretungsbefugniß der Fürstin Vormünderin ein Ende genommen.

Wäre daher auch die Prinzessin Hermine unvermählt geblieben, wäre das Verfahren vom 30sten August 1815 an nicht dadurch nichtig geworden, daß die beklagte Collectivparthey aufhörte, vertreten, und durch eine gesetzliche Vertretung vertheidigt zu werden, so war es dennoch vom 24sten July 1817 an ungültig.

Mit richtig berechneter Vorsorge hatte daher das Geheime Ober = Tribunal die Anerkennung des Verhandelten von Seiten des Erzherzogs Palatin und von Seiten des Erbherzogs von Holstein = Oldenburg zugleich verordnet, jene, damit das Verfahren vom 30sten August 1815 an bis zum 24sten July 1817, diese, damit es von diesem Tage an, bis zum völligen

Schluß der Revisionsinstruction gültig würde.

Beyde Vollmachten sollten mithin eine geschlossene Sphäre der Würksamkeit ausfüllen, beyde das Verfahren während verschiedenen Zeitperioden rechtsbeständig machen.

Diese aus der Natur der Sache folgende Würkungen, gründeten sich sogar auf den Text der A G. O. I. 16. §. 8. und 9. Der eigentliche Zeitpunkt der eingeschlichenen Nullität war der 30ste August 1815. Die Erzherzoglich Oesterreichische Vollmacht würkte daher von diesem Zeitpunkt an. Durch Herbeyschaffung derselben war der Fehler der Vertretung der beklagten Collectivparthey durch eine non legitimata ad causam gehoben; aber nur bis zum 24sten July 1817. Denn vom letztgenannten Tage an war, der Oesterreichischen Vollmacht unaehindert, wegen der Veränderung des Personenstandes der Prinzessin Adelheid die beklagte Parthey in ihrem Collectivbestand abermals enthört. Und diesem zweyten Fehler half die Erbherzoglich Oldenburgische Vollmacht ab.

So hatte es der Revisionsrichter genommen, so nehmen müssen. Er hatte beyde Vollmachten copulirt, beyde durch das Wort zuvörderst zum Gegenstand eines Vorbehalts gemacht, von der Beybringung beyder die Berichtigung der Revisionsformalien durch das Wort sodann für abhängig erklärt. Ueber die verschiedenen Zeiträume oder Abschnitte des Verfahrens, welche durch jede Vollmacht sollten — so zu sagen — sanctionirt werden, hatte sich das Revisionsurtheil nicht erklärt. Dazu hatte es auch weder Veranlassung noch Ursache. Ihm kam es nur auf die Berichtigung der Revisionsformalien und auf die davon abhängende Gültigkeit des Erkenntnisses in der Hauptsache an. Und dazu waren beyde Vollmachten nöthig.

Durfte nun das Cassationsurtheil vom 30sten May 1820 trennen, was das ihm als Unterlage dienende Revisionsurtheil vom 23sten July 1819 nicht getrennt hatte? War nicht diese Trennung eine willkührliche Abänderung des vom Revisionsurtheil unwiderruflich Festgesetzten? Und war nicht die dem Revisionsurtheil fremde Trennung durch die Verfügung des Cassationsurtheils ausgesprochen:

daß das am 23sten July 1819 publicirte Revisionserkenntniß, so wie das demselben vorangegangene prozessualische Verfahren, in Rücksicht Sr. K. H. des Erzherzogs von Oesterreich und Palatin von Ungarn vom 30sten August 1815 an, in Rücksicht des Erbherzogs von Holstein-Oldenburg und dessen Gemahlin dagegen vom 24sten July 1817 an, für nicht erfolgt und nichtig zu erklären, und die Instruction des gedachten Prozesses von dem Zeitpunkt der Nichtigkeit der Verhandlungen an, fortzusetzen sey.

In dieser Verfügung war es also ausgesprochen, daß das Verfahren für den Erbherzog von Oldenburg und dessen Gemahlin während einer Zeitperiode noch immer gültig sey, während welcher es für den Erzherzog Palatin und dessen Gemahlin Erben nicht mehr gelte.

Das Revisionsurtheil hatte die Gültigkeit desjenigen, was es in der Hauptsache erkannte, und des demselben vorangegangenen Verfahrens (A. G. O. I. 16. §. 8 und 9.) in Hinsicht der ganzen verurtheilten Parthey, durch die Beybringung beyder Vollmachten bedingt. Das Kassationsurtheil dagegen macht die Gültigkeit des Verfahrens in Hinsicht eines Mitgliedes dieser Parthey von einer, in Hinsicht eines andern Mitgliedes von einer andern Vollmacht abhängig, gestaltet mithin die beyden

Mitglieder einer Collectivparthey zu zwey von einander getrennten Partheyen.

Hier stellt sich eine willkührliche Behandlung des zum Grunde gelegten rechtskräftigen Revisionserkenntnisses von Seiten des Cassationsrichters heraus.

Aber es stellt sich in der nemlichen Trennung auch ein innerer Widerspruch zwischen dem Abgesonderten selbst heraus. Das Eine kann neben dem Andern nicht bestehen,

Hat sich in ein prozessualisches Verfahren, in irgend einem Zeitpunkt, eine Nullität eingeschlichen, so ist es von diesem Zeitpunkt an unwürksam und todt. Es kann nicht noch einmal unwürksam werden und absterben. Der Tod nimmt nur einmal sein Opfer. Der würklich Gestorbene stirbt nicht zum zweytenmal. Ist aber die erste Nullität gehoben, dann kann ein später eingeschlichener neuer Verfahrungsfehler, der das Verfahren von dem Zeitpunkt an, wo er sich ereignete, ebenfalls würde unwürksam gemacht haben, wenn es nicht schon unwürksam gewesen wäre, eine weitere Abhülfe erfordern. Es kann, wenn der erste Fehler gehoben ist, der zweyte aber nicht gehoben wurde, von dem Entstehungsmoment dieses zweyten Fehlers an, das darauf folgende Verfahren nichtig bleiben. Allein bey der Nichthebung des ersten Verfahrungsfehlers, der schon die Nichtigkeit erzeugt hat, kann, durch die Beseitigung des zweyten, das Verfahren während der Zeitperiode, eben so wenig zugleich ungültig und rechtsbeständig seyn, als es möglich ist, daß der würklich Gestorbene zu der einen und nemlichen Zeit, zugleich im Grabe liege, und unter den Lebenden herumwandle.

Das Cassationsurtheil verwickelt sich folglich dadurch, daß es die Zeitperiode der Ungültigkeit oder des juristischen Nichterfolgtseyns des identischen Verfahrens, in Hinsicht von zwey zur nemlichen beklagten prozessualischen Person gehörenden Mitglieder trennt, in einen Widerspruch mit seinen eignen Voraussetzungen, erklärt vom 30sten August 1815 bis zum 24sten July 1817 ein so eben grade für diesen Zeitraum annullirtes und als nicht erfolgt betrachtetes Verfahren, für nicht annullirt und rechtsbeständig, zerstört durch die eine Verfügung, was es durch die andere aufrecht erhält, erklärt Thatsachen für rechtlich ungeschehen, die es gleich hinterher dennoch als rechtlich geschehen betrachtet, uneingedenk, daß ein rechtliches grade wie ein geschichtliches Ereigniß, unmöglich zugleich seyn und nicht seyn kann.

Retten oder rechtfertigen läßt sich dieser innere Widerspruch, durch die Beziehung des Vernichtens des Verfahrens auf den Erzherzog Palatin und dessen Gemahlin, und durch die Beziehung des Aufrechthaltens des nemlichen Verfahrens auf den Erbherzog von Oldenburg und dessen Gemahlin, nicht. Denn grade durch diese verschiedene Beziehung, durch das Vernichten auf der einen, und durch das Aufrechthalten des Vernichteten auf der andern Seite, werden die Mitglieder der nemlichen prozessualischen beklagten Person zu verschiedenen prozessualischen Personen gestaltet; sie werden dazu im Lauf der drey ordentlichen Instanzen gestaltet, während welchen — auffallend genug — die vom ersten Senat in der Beytrittssache ausgegangenen Urtheilsgründe die prozessualische Einheit der beklagten Person selbst anerkennen. Wie kann nun für diese prozessualische Einheit, ein gegen diese Einheit gerichtetes Verfahren, oder über diese Einheit verhängte Instruction, vom 30sten August 1815 bis zum 24sten July 1817, zugleich gelten und nicht gelten.

Straft sich irgendwo der Fehler eines theoretischen Raisonnements in seinen practischen Folgen, so ist es derjenige Fehler, in welchen der Richter bey der Beurtheilung des prozessualischen Verfahrens fällt.

Indem der Kassationsrichter während dem oftbemerkten Zeitraum das prozessualische Verfahren und folglich auch alle dazu gehörende Verfahrungsacte beziehungsweise zugleich vernichtet und aufrecht erhält, verordnet er, daß der Prozeß vom Zeitpunkt der Nichtigkeit der Verhandlungen an, mithin für den Erzherzog Palatin vom 30sten August 1815 anfangend, und für den Erbherzog von Oldenburg und dessen Gemahlin, vom 24sten July 1817 beginnend, wieder angeknüpft und fortgesetzt werden soll.

Das war folgerecht und harmonirte mit der einmal beziehungsweise ausgesprochenen Vernichtung und Aufrechthaltung des einen und nemlichen Verfahrens.

Aber ist dieses Folgerechte auch vollziehbar? Auch practisch ausführbar? Und sollte sich das Gegentheil zeigen, wer wird dann an der Unrichtigkeit der Voraussetzung zweifeln, aus welcher die Folgerung abgeleitet ist?

Die Erfahrung ist die Rechnungsprobe der Theorie. Nicht blos in der Gesetzgebung, auch in der doctrinellen Erklärung derselben gehen beyde Hand in Hand. Was im Leben unmöglich ist, kann als Ansicht nicht wahr seyn.

Das nur beziehungsweise für nichtig erklärte Verfahren soll — so will es das Cassationsurtheil — von den verschiedenen Perioden oder Zeitpunkten seiner Nichtigkeit an, wieder angeknüpft und fortgesetzt werden, also beziehungsweise vom 30sten August 1815 und vom 24sten July 1817 an.

Hier muß man nun vor allen Dingen fragen: soll nur ein Verfahren wieder angeknüpft, oder sollen zwey abgesonderte Verfahren eingeleitet werden? Wird Letzteres bestimmt, dann ist freylich die Fortsetzung des Verfahrens, von verschiedenen Zeitpunkten anfangend, möglich; dann wird für den Erzherzog Palatin ein eignes Verfahren angeknüpft, und dabey das vorige bis zum 30sten August 1815 zum Grunde gelegt, für den Erbherzog von Holstein-Oldenburg dagegen ein davon getrenntes Verfahren instruirt, wobey das vorige bis zum 24sten July 1817 fortgilt.

So will es aber das Cassationsurtheil selbst nicht. Von einem Zwillingsverfahren, von einem verdoppelten Rechtsstreit, sagt es kein Wort. Es verordnet ganz einfach, die Fortsetzung des einen und identischen Prozesses, vom Zeitpunkt der Nichtigkeit des Verfahrens an.

Wie konnte es auch anders? Das Revisionsurtheil hatte einen Rechtsstreit bedingt entschieden. Das haben die Gründe des Cassationsurtheils selbst anerkannt. Das Cassationsurtheil konnte mithin, wenn die Entscheidung in revisorio, wegen der Nichtpurifikation ihrer Bedingung nicht galt, auch nur einen Rechtsstreit — nemlich den nichtig entschiedenen — zur neuen Instruction verweisen, unter beygefügter Bestimmung des Zeitpunkts, von welchem an, die vorige Instruction sollte für aufgehoben oder annullirt gehalten werden.

Da es nun aber nicht den Zeitpunkt, sondern zwey Zeitpunkte bestimmt, und das vorige Verfahren, einmal bis zum 30sten August 1815 und dann wieder bis zum 24sten July 1817 gelten läßt, so frägt es sich, ob das neue Verfahren von jenem oder diesem Zeitpunkt an, soll angeknüpft werden?

Es von beyden Zeitpunkten an zugleich anknüpfen zu wollen — wäre Unsinn.

Am 30sten August 1815 fand sich das Verfahren im Anfang der ersten, am 24sten July

1817 am Schluß der zweyten Instanz. Das neue Verfahren in der ersten und zweyten Instanz zugleich fortzusetzen — wie wäre das möglich?

Sagt man: das Verfahren werde vom 30sten August 1815 an, blos für den Erzherzog Palatin und die Erben der Prinzessin Hermine, vom 24sten July 1817 an zugleich für den Erbherzog von Holstein-Oldenburg und die Erben der späterhin ebenfalls verstorbenen Prinzessin Adelheid wieder angeknüpft — dann beseitigt man einen Widerspruch und fällt in einen andern.

Nimmt man es so, dann muß vom 30sten August 1815 bis zum 24sten July 1817 der Erbherzog von Holstein-Oldenburg vom neuen Verfahren und allen seinen Folgen ausgeschlossen bleiben. Förderte die für den Erzherzog Palatin allein fortgesetzte Instruction während diesem Zeitraum neue und wichtige Sachmomente zu Tage, so dürften sie dem Erbherzog von Holstein-Oldenburg und den Erben der Prinzessin Adelheid nicht zu gut kommen. Das Urtheil der zweyten Instanz müßte auf andere Sachmomente für den Erzherzog Palatin und wieder auf andere für den Erbherzog von Holstein-Oldenburg gebaut werden. Jenem müßte vielleicht ein freysprechendes, diesem ein verurtheilendes Erkenntniß zufallen, da doch beyde von Haus aus, eine und dieselbe Vertheidigung hatten, und da doch für beyde nur ein Urtheil sollte gesprochen werden.

Es zeigt sich mithin in den Dispositionen des Cassationsurtheils:

1) ein Widerspruch unter sich;
2) ein Widerspruch mit den Gründen des nemlichen Urtheils;

3) ein Widerspruch mit dem, dem Cassationsurtheil als Grundlage dienenden Revisionserkenntnis.

ad 1. Der Widerspruch unter sich findet sich darin, daß es das vorige Verfahren vom 30sten August 1815 bis zum 24sten July 1817 zugleich aufhebt und aufrecht erhält, vernichtet und stehen läßt.

Er findet sich darin, daß es die Fortsetzung des neuen Verfahrens in der ersten und zweyten Instanz zugleich verordnet.

Oder soll die Wiederanknüpfung blos vom 30sten August 1815 an beginnen, aber für den Erbherzog von Holstein-Oldenburg und die Erben der Prinzessin Adelheid bis zum 24sten July 1817 nicht würken, so entwickelt sich der Widerspruch, daß ein zur nemlichen Parthey gehörender Streitgenosse nach andern Sachmomenten als der Andere bey einerley Vertheidigung, muß beurtheilt werden.

Ein Streitgenosse verliert dann durch richterliche Willkühr, ohne eigne Schuld, was der andere behält.

ad 2. Der Widerspruch zwischen den Dispositionen und den Gründen des Cassationsurtheils liegt darin, daß — indeß die Gründe in der Legitimationsrüge des Revisionsurtheils die Suspension der Gültigkeit der Revisionsformalien und des ganzen vorangegangenen Verfahrens bis zu dem Zeitpunkt erkennen, wo sich der die Legitimationsrüge veranlassende Verfahrungsfehler in die Instruction eingeschlichen hat, und ungeachtet dieser Verfahrungsfehler sich am 30sten August 1815 ereignete — dennoch das Urtel das nemliche Verfahren bis zum 24sten July 1817 beziehungsweise, und ohne Rechtfertigungsgrund, fortgelten läßt.

ad 3. Der Widerspruch zwischen dem Cassationsurtheil und dem ihm zum Grunde liegenden Revisionserkenntniß liegt endlich darin, daß jenes Litisconsorten in verschiedene Hauptpartheyen verwandelt, indeß dieses nur eine beklagte Hauptparthey kennt und richtet, daß jenes zwischen den Consorten eine Trennung verfügt, welche diesem fremd ist, und daß jenes dadurch die Stellvertreter der Prinzessin Adelheid in die Lage setzt, daß sie in dem nemlichen Rechtsstreit, in welchem die Stellvertreter der Prinzessin Hermine ein lossprechendes Haupturtheil erwürken, vielleicht für sachfällig erklärt werden.

Der Verfasser dieser Anmerkung macht sich auf den Vorwurf gefaßt, daß, indem er auf die wahren oder vermeintlichen Widersprüche der, seiner Vertheidigung im Wege stehenden Urtheile und Urtheilsgründe und des darin enthaltenen Raisonnements Jagd mache, er selbst in weit gröbere und handgreiflichere Widersprüche falle.

In der gegenwärtigen Critik des Cassationsurtheils vom 30sten May 1820 wird das Revisionserkenntniß vom 23sten July 1819 die Unterlage oder die Basis desselben genannt. Das Kassationsurtheil wird beschuldigt, das es von seiner Basis gesetzwidrig abgehe, sie nicht als ein unwiderruflich Gegebenes behandle, und willkührlich hineinlege, was nicht darin liege.

So drückt sich hier die Kritik aus; ganz anders scheint die nemliche Kritik im Commentar zu den Gründen des den Beytritt abweisenden Urtheils zu raisonniren. Sie sagt Anmerkung 22 *) folgendes:

„Man kann nicht sagen, daß das Kassations-

*) Band 3. Abth. 1. S. 98.

„urtheil vom 30sten May 1820 auf das Revi„sionserkenntniß vom 23sten July 1819 sey ge„baut worden. Wo ein Urtheil auf das an„dere gebaut wird, da muß das zum Unter„bau dienende ebenfalls bestehen. Auf ein ver„schüttetes Fundament wird kein Gebäude „aufgeführt. Man kann unmöglich sagen: ein „cassirendes Urtheil sey auf dasjenige gebaut, „welches cassirt worden ist."

Welcher plumpe Widerspruch! wird der Gegner ausrufen. Einmal wird dem Richtercollegium vorgeworfen, daß es sein Urtheil auf ein von ihm selbst mit Recht verschüttetes Fundament glaube basiren zu können, und dann wird ihm wieder vorgeworfen, daß es sein Urtheil auf das nemliche Fundament nicht basire, und das Revisionserkenntniß nicht als ein Gegebenes oder unwiderruflich Bestehendes behandle.

Das Richtercollegium soll in den Gründen des Beytrittsurtheils dadurch fehlen, daß es auf das Revisionsurtheil fortbaut; es soll in dem Inhalt des Cassationsurtheils dadurch fehlen, daß es auf das Revisionsurtheil nicht fortbaut.

Das Richtercollegium mag folglich auf das Revisionserkenntniß fortbauen oder nicht darauf fortbauen, so soll es im einen wie im andern Fall sich in Widersprüche mit sich selbst verwickelt haben.

Welche Ungereimtheiten! — wird der Gegner frohlockend fortfahren. Eine auf die Spitze getriebene Tadelsucht fängt sich in den von ihr selbst gebildeten Syllogismen. Und indem sie darauf ausgeht, die Gegenargumentation in einen Zustand von Entzweyung mit sich selbst zu setzen, tritt sie selbst in der vollkommensten Selbstentzweyung ans Tageslicht.

Würdigt man indessen den Verfasser des Commentars und der gegenwärtigen Kritik einer unbefangenen Aufmerksamkeit, so wird es

bald

bald klar, daß der scheinbare Widerspruch nicht in seinen Vorstellungen, sondern in der eigenthümlichen Structur des Revisionserkenntnisses liegt.

Das Revisionserkenntniß ist nemlich zugleich ein bestehendes, und — wegen der Nichtpurifikation der von ihm vorgeschriebenen Bedingung — ein nicht bestehendes Urtheil.

Es enthält zwey Theile oder Abschnitte.

Der erste beginnt mit dem Wort zuvörderst, der zweyte mit dem Wort sodann.

Was das Revisionsurtheil in Beziehung auf das Wort zuvörderst verfügt, ist als Vorbedingung ein unwiderruflich Bestehendes, und dieses Bestehende dient dem Cassationsurtheil als Basis oder Unterbau. Die Nullitäts- und Beytrittskläger richten ihren Angriff so wenig gegen diesen Unterbau, daß sie vielmehr auf die Aufrechthaltung desselben ihr ganzes Heil gründen. Dieser Unterbau ist daher nichts weniger als ein verschüttetes Fundament.

Was dagegen das Revisionserkenntniß auf das Wort sodann bezieht, besteht, als Bedingtes, wegen der Nichterfüllung der Vorbedingung — nicht. Es ist der Gegenstand der Cassation. Es ist ein durch die Cassation verschüttetes Fundament, auf welches nichts aufgebaut oder gegründet werden kann. Die Nullitäts- und Beytrittsklage ist einzig und allein gegen das gerichtet, was von dem sodann und allem was darauf folgt, umfaßt wird.

Die, in der Anmerkung 22. zu den Gründen des, den Beytritt abweisenden Urtheils niedergelegte Kritik soll beweisen, daß das Cassationsurtheil vom 30sten May 1820, den zweyten Theil des Revisionsurtheils, den es selbst aufgehoben hat, oder für nicht bestehend erklärt, nicht als Unterbau brauchen, und daß er mithin auch dem Beytrittsurtheil nicht als Basis dienen kann.

Die gegenwärtige Kritik des Cassationsurtheils dagegen soll beweisen, daß der erste Theil des Revisionserkenntnisses, sein eigentlicher Unterbau ist, daß er es aber auch vollständig bleiben muß, daß er als unwiederruflich Bestehendes, der Willkühr des Cassationsrichters nicht hingegeben ist

Die Kritik des Commentars tadelt, daß das Richtercollegium den zweyten Theil des Revisionserkenntnisses, welchen es im Urtheil vom 30sten May 1820 aufgehoben hatte, im Urtheil vom 25sten November wieder herstellt; die Kritik des Cassationsurtheils tadelt, daß es den in den Gründen desselben als ein unabänderlich Bestehendes behandelten ersten Theil, in seinen Verfügungen willkührlich, und ohne sich auf Gründe einzulassen, abändert.

Räumt diese Erläuterung den scheinbaren Widerspruch zwischen Seite 98 der vorigen, und Seite 79. der gegenwärtigen Abtheilung des dritten Bandes der Geschichte des Rechtsstreits hinweg, so ist doch damit die Darstellung der Eigenthümlichkeiten der Structur des Revisionserkenntnisses noch nicht erschöpft.

Das Revisionserkenntniß enthält weder prozeßordnungswidrige, noch sich widersprechende Bestimmungen. Es ist indessen so construirt, daß es grade deshalb, weil es in seinem ganzen Umfang und Zusammenhang vollzogen werden will, in seiner Hauptbestimmung unvollzogen bleiben muß, mit andern Worten, daß es grade, indem es aufrecht erhalten wird, in sich selbst zusammenfällt, daß es mithin dadurch, daß der vollziehende auf gloriam obedientiae sich beschränkende Richter, es pünktlich und gewissenhaft als Grundlage der Vollziehung, oder als das Executionsthema behandelt, aufhört vollziehbar zu seyn.

Dies ist die natürliche Folge der keineswegs gesetzwidrigen, wohl aber der prozessualischen Oekonomie, oder der sogenannten prudentia judicialis nicht ganz entsprechenden Verbindung der Legitimationsrüge, mit der Entscheidung der Hauptsache, in einem und demselben Urtheil.

Dieser Verbindung wegen, — ein in den deutschen Gerichtshöfen keineswegs beyspielloser Ausfertigungsfehler — hebt das Urtheil sich selbst auf, sobald die Legitimationsrüge — wie es in der gegenwärtigen Nullitätssache der Fall ist — nicht kann gehoben werden.

Dieser Verbindung wegen, wird der Hauptangriff gegen das Revisionserkenntniß, aus dem Revisionserkenntniß selbst, hergenommen; es wird im Wege der Nullitätsquerel die Aufhebung desselben verlangt, keineswegs um die Absicht des Revisionsrichters zu vereiteln, sondern um sie zu erfüllen, nicht um den Revisionsrichter zu compromittiren, sondern um ihn zu ehren.

Der treuste und kräftigste Alliirte der hohen Nullitäts- und Beytrittskläger, gegen ein ihnen so nachtheiliges Urtheil des höchsten Gerichtshofs der Preussischen Monarchie, ist daher — das Urtheil dieses höchsten Gerichtshofs selbst.

Es würde sich über die Structur dieses Urtheils noch vieles sagen lassen. Sie ist als Regel bey der Abfassung definitiver, vorzüglich höchster Instanzurtheile, nicht zu empfehlen. Aus Ausnahme dagegen — dann vorzüglich, wenn der höchste Instanzrichter aus Unkunde der einschlagenden Gesetze oder aus andern Ursachen der Gesetzmäßigkeit seiner Entscheidung nicht völlig versichert ist, — ist sie vortreflich. Im vorliegenden Fall legt sie für die Gerechtigkeitsliebe und Umsicht des höchsten Preußischen Gerichtshofes, ein ehrenvolles Zeugniß ab.

III.

Appellationsbericht des Mandatarius des Nullitätsquerulaten gegen das Cassationsurtheil vom 30sten May 1820.

Um die Ueberzeugung zu geben, wie sehr judex a quo in dem Gesichtspunkte, aus dem derselbe diese Nullitätsquerel behandelt wissen will, geirrt habe, sind folgende Sätze aufzustellen.

1. Zur Einleitung sey mir zuvörderst die allgemeine Bemerkung über die erste Entscheidung erlaubt, wie es eine wunderliche Art, eine Rechtssache zu führen, da man zu gleicher Zeit Preußische Civilgesetze zu Gunsten anführt und zu Ungünsten verwirft, sich auf Staatsrechte beziehend, welche nach den in der Hauptsache von einem Hochlöblichen Ober-Landes-Gericht aufgestellten Sätzen hier keine Anwendung finden können.

Welche Gesetze können hier nur allein gelten, wo von Ansprüchen auf Herzoglich Anhalt-Bernburgische Hausgüter die Rede ist? Vernünftiger Weise und rechtgemäß keine andere als Anhalt-Bernburgische Hausgesetze, welchen die verheyratheten Prinzessinnen als geborne Glieder der Anhalt-Bernburgischen Familie gehörig blieben, sowohl in Rechten als Pflichten. — So wie auch nach ihrer Verheyrathung ihre Rechte auf Apanagen vom Stammhause fortdauern, so dauern auch ihre Pflichten fort auf Erhaltung der „Lustre" des Stammhauses und der dazu gehörigen Stammgüter. —

Eine Oesterreichische Prinzessin muß bey ihrer Verheyrathung mit einem fremden Fürsten allen ihren Ansprüchen auf Rechte an ihr Stammhaus entsagen, feyerlich, unbedingt und vollständig.

Bey Bernburgischen Prinzessinnen mag solche Feyerlichkeit nicht üblich seyn.

Um so strenger bleiben sie den Hausgesetzen unterworfen, auch nach ihrer Verheyrathung.

Und alles, was ihr Stammhaus betrift, kann nie und nimmer nach den Hausgesetzen ihrer Eheherren beurtheilt werden, oder gar denselben unterliegen.

2. In der Hauptsache ist die Klage auf Annullirung der Schenkungsurkunde vom 7ten November 1815 wider die verwittwete Fürstin zu Anhalt-Bernburg-Schaumburg, als Vormünderin ihrer minderjährigen vier Prinzessinnen Töchter am 18ten May 1815 überreicht.

In erster Instanz erfolgte die Entscheidung durch eine, am 19ten Septbr. 1816 insinuirte Sentenz vom 10ten Septbr. 1816, in zweyter Instanz durch eine, am 23sten Februar 1818 insinuirte Sentenz vom 13. ejd., und in revisorio durch ein, am

23sten July 1819 publicirtes Revisionserkenntniß des Obertribunals zu Berlin.

Im Laufe dieses Prozesses haben sich die beyden ältesten Prinzessinnen Hermine und Adelheid verheyrathet, und zwar die Prinzessin Hermine am 30sten August 1815, mithin vor dem Beschluß der Sache in erster Instanz, die Prinzessin Adelheid hat sich dagegen am 24sten July 1817 verheyrathet, mithin nach erfolgter Instruction und Entscheidung der Sache in erster Instanz, indeß mehrere Monate vor der Publikation des Appellationserkenntnisses.

Nach diesen Thatsachen bringt sich aus A. die Betrachtung auf: warum, wenn der von mir eingerichten „ausführlichen Darstellung" nicht beyzupflichten, man nicht früher so umsichtig als jetzt war, und in zwey Senaten über Verhandlungen erkannt hat, die null und nichtig waren.

Wollte man dagegen sagen: warum der Bevollmächtigte Sr. Herzoglichen Durchl. zu Anhalt-Bernburg die Durchlauchtigsten Nullitätsquerulanten nach deren Vermählung mit den beyden ältesten Prinzessinnen Töchtern nicht zu der Erklärung aufgefordert; ob sie dagegen was zu erinnern hätten, daß der Prozeß durch den, von ihrer Schwiegermutter erwählten Bevollmächtigten fortgesetzt werde? so erwiedere ich hierauf folgendes.

a. Den Gerichten liegt von Amtswegen ob, auf Berichtigung des Legitimationspunkts Bedacht zu nehmen.

Daher wurden auch den Bevollmächtigten der

Partheyen die von diesen ausgestellte Vollmachten nie mitgetheilt.

b. Der Bevollmächtigte Sr. Herzogl. D. von Anhalt-Bernburg konnte daher voraussetzen, daß der Legitimationspunkt gehörig berichtigt sey.

c. Ihm ist nie bekannt gemacht worden, daß die beyden ältesten Prinzessinnen sich während des Laufs des Prozesses verheyrathet haben.

d. Wäre dieses geschehen, so ist derselbe, welcher nicht nöthig hatte, nach Veränderungen in der Person der Beklagten, und nach dem Inhalt der zwischen den Prinzessinnen und deren Fürstlichen Gemahlen etwa errichteten Ehepakten und ausländischer Gesetze zu forschen, lebhaft überzeugt, daß es einer solchen Aufforderung an die Durchlauchtigsten Nullitätsquerulanten von Seiten des Durchlauchtigsten Klägers nicht bedurfte, und daß demnach, wenn noch Recht und Gerechtigkeit gilt, die Durchlauchtigsten Nullitätsquerulanten mit ihrer grundlosen Nullitätsquerel abgewiesen und in alle Unkosten aus den in erster Instanz schon angeführten Gründen verurtheilt werden müssen, indem die dagegen aus dem Preußischen Landrechte angezogenen Gesetzstellen von einem ganz andern, als dem vorliegenden, nach den Vorschriften der Preußischen Prozeßordnung zu entscheidenden Falle sprechen.

e. Ferner ist nach diesen Thatsachen und nach denjenigen, welche bereits in der Vorstellung vom 29sten März c. ad 1. 2. und 3. angeführt sind, und worauf ich mich hiermit nochmals ausdrücklich beziehe, als wahr anzunehmen, daß die Durchlauchtigsten Nullitätsquerulanten Wissenschaft von diesem überall bekannten celebern Rechtsstreite; und von dessen Entscheidung in erster und zweyter Instanz gehabt haben.

Das Gegentheil des Geschlossenen kann kaum möglich gedacht werden.

3. Wer dringende Vermuthungen für sich hat, wird dadurch von der Beweislast befreyt, und die Durchl. Nullitätsquerulanten hatten daher zu beweisen, daß sich die Umstände ganz anders verhielten, als wie sie nach den Vermuthungsregeln verbunden sind.

4. Ein solcher Beweis ist von ihnen nicht geführt, vielmehr gestehen sie selbst in der, der Nullitätsklage beygefügten gedruckten „Denkschrift" §. 15. zu, Wissenschaft von diesem Rechtsstreite gehabt zu haben.

„Sie wollen nur dessen Lage nicht gekannt, sich „auch um dessen Fortgang nicht bekümmert haben."

5. Wäre diese überwiesene Behauptung gegründet, so hätten die Durchlauchtigsten Nullitätsquerulanten sich selbst groser Versehen, und grober Fahrlässigkeit angeklagt.

Dafür könnten sie demnach nur allein haften.

So grose Fahrlässigkeit darf nun aber nach den Gesetzen nicht präsumirt werden, und dem Durchl. Nullitätsbeklagten stehet demnach nicht nur eine dringende, sondern auch eine gesetzlich qualifizirte Vermuthung für seine Behauptung zur Seite, daß mit Wissen und Willen der Durchl. Nullitätsquerulanten der Prozeß durch den von ihrer Schwiegermutter erwählten Bevollmächtigten in allen Instanzen fortgesetzt worden ist.

6. Die Durchl. Nullitätsquerulanten sind theils durch ihre Schwiegermutter, theils durch ihre Gemahlinnen davon benachrichtigt, daß S. H. D. zu Anhalt-Bernburg die Schenkungsurkunde vom 11ten November 1815 über das Vorwerk Zeitz nebst dem Dorfe Welleben, so wie über die Gaterslebenschen Seeländereyen, als nichtig angefochten hatte, und daß dem Justizrath Heyer die Führung dieses Prozesses übertragen worden war.

7. Die Fortsetzung des Prozesses durch den Justizrath Heyer ist ihnen auch durch ihre Agenten, welche mit demselben hierüber correspondirten, bekannt geworden.

Ihre Zufriedenheit haben sie darüber zu erkennen gegeben.

8. Zur Zeit der Vermählung derselben mit den beyden ältesten Prinzessinnen war die Klage auf Annullirung der Schenkung schon insinuirt. Die von dem anmaßlichen Geschenkgeber ihnen geschenkten Güter waren daher damals schon res litigiosa.

Als Heyrathsgut konnten sie demnach nicht inferirt werden:

9. Solche sind daher auch den Durchlauchtigsten Nullitätsquerulanten in den mit denselben errichteten Ehepakten als Heyrathsgut nicht inferirt worden.

10. Wenn also auch die Prinzessinnen den Haupt-

prozeß in dritter Instanz gewonnen hätten, so würden die Schenkungsgegenstände zu dem Paraphernalvermögen gehört haben.

11. Nach den Grundsätzen des Privatfürstenrechts (dessen Gültigkeit als Gesetzesnorm judex a quo in dieser Nullitätsquerel angenommen, wogegen in der Hauptsache entgegengesetzte Principien, wodurch über die Ansprüche Sr. H. D. zu Anhalt-Bernburg der Stab gebrochen wurde, aufgestellt worden sind), hat der Fürstliche Gemahl kein Recht auf die Benutzung der Paraphernalgüter.

Nur das in den Ehepacten genau zu bestimmende Heyrathsgut ist er zu benutzen berechtigt, wie aus folgenden Schriften zu ersehen:

Entwurf eines deutschen Fürstenrechts, Leipzig 1768. in 4. 3. Abth. 2. Hauptst. §. 217.

Mosers Staatsrecht 20. Th. S. 232.

Schöners rechtliches Bedenken, ob eines Fürsten Gemahlin dessen Unterthan sey. Leipzig 1733, wo es §. L. XXII heißt:

„was das Vermögen Fürstlicher Ehegatten „betrift, so kommt es hierbey blos auf das „Natur- und Völkerrecht an.

„Bona uxorum illustrium sunt in dubio „receptitia.

„Der Gemahl hat weder ein Eigenthum noch „einen Niesbrauch, er hat auch keine Admi„nistration in der Gemahlin Vermögen, sie „hat das Ihrige alles für sich, und verwal„tet auch dasselbe, wo nicht in pactis und „Eheberedungen ein anderes verordnet ist.“

Häberlins Handbuch des deutschen Staatsrechts 3. B. §. 457.

Die Durchlauchtigsten Nullitätsquerulanten waren hiernach weder eheliche Nutznießer, noch Verwalter der streitigen Gegenstände.

12. Zwar ist die Prinzessin Hermine nach ihrer Vermählung mit dem Erzherzog von Oesterreich mit Hinterlassung eines Sohnes verstorben.

Wenn aber auch auf diesen die streitigen Güter selbst durch Erbgangsrecht übergegangen, wogegen nur der Anspruch auf selbige vererbfällt würde; so wäre doch auch in diesem Fall der Erzherzog von Oesterreich nicht ex patria potestate Nutznießer derselben gewesen, indem nach dem Privatfürstenrechte:

„ein Fürst als Vater in den Gütern seiner Fürst-
„lichen Kinder kein Nutznießungsrecht hat.“

Entwurf eines deutschen Fürstenrechts, Leipzig 1768, 3 Abth. 3. Hauptst. §. 229. von Neumann de patria potestate et tutela principum, Seite 148. 3. Th.

Die verwittwete Fürstin von Anhalt-Bernburg-Schaumburg war hiernach als Mutter, Großmutter und Vormünderin mit allem Recht zugleich Vertretene ihres Enkels, und konnte demnach als solche, ohne Zuziehung ihres Schwiegersohns, den wider Sie als Vormünderin Ihrer Prinzessin Tochter erhobenen Prozeß fortsetzen.

13. Selbige hat daher auch die Aufsicht über das Vermögen der beyden Prinzessinnen Töchter nach deren Verheyrathung, so wie die Verwaltung behalten.

14. So ist auch durch selbige die Fortsetzung des Prozesses mit Wissen und Genehmigung der Durchl. Nullitätsquerulanten geschehen.

15 Auch durch die Durchl. Schwiegermutter ist den Durchl. Nullitätsquerulanten Nachricht von dem Inhalt der beyden ersten Erkenntnisse und von den dagegen eingewendeten Rechtsmitteln mitgetheilt worden.

Ganz gehorsamst trage ich darauf an:

daß terminus zur Instruction des Appellatoriums angesetzt werde.

Die Beweismittel betreffend; so beruhet das

ad. 1. Gesagte auf den in der Hauptsache in erster Instanz überreichten und anerkannten Dokumenten.

ad. 2. Die Veranlassung zu diesen Bemerkungen sind gleichfalls in den Acten enthalten.

ad. 3. 5. 8. 10. 11. und 12. Diese Sätze sind des geschichtlichen Zusammenhangs wegen zur ausführlichern Beurtheilung in der Appellationsdeduction aufgestellt.

ad. 4. Beziehe ich mich auf die erwähnte Denkschrift.

ad. 6. 14. u. 15. wird den Durchl. Nullitätsquerulanten der Eid deferirt.

ad. 7. Mit Beziehung auf meine in erster Instanz unterm 15ten März c. überreichte Motive wiederhole ich den dortigen Antrag auf eidliche Edition der Correspondenz des J. N. Heyer mit der Beklagten, deren Agenten und den Agenten der Nullitätsquerulanten.

Die Einsicht der Acten dagegen durch den Instruenten und Decernenten, worauf sich judex a quo lediglich bezogen, ist höchst einseitig, und läuft auf ein Urtheil zweyer Personen hinaus, was zwischen Partheyen, über deren Streit ein ganzer Gerichtshof entscheiden soll, nicht releviren kann.

ad. 9. fordere ich die Edition dieser Ehepakten.

ad. 13. ergeben die mit der Vorstellung v. 29sten März c. überreichten Dokumente, welche die Durchl. Nullitätsquerulanten anzuerkennen haben.

Zugleich wird denselben auch darüber der Eid deferirt.

daß sie ihre Schwiegermutter um weitere Betreibung und Fortsetzung des Prozesses ausdrücklich ersucht haben.

Die Durchl. Nullitätsquerulanten haben sich über diese, so wie über die bey andern Punkten auch in der ersten Instanz schon geschehene Eidesdelationen eventualiter zu erklären, damit wenn der Appellationsrichter wie judex a quo die Ableistung dieser Eide für irrelevant halten sollte, es doch den fernern Richtern darauf zu erkennen möglich bleibe.

Halberstadt, den 13ten August 1820.

(gez). Caspari.

IV.

Instruction des Appellatoriums.

Geschehen Halberstadt den 2ten Novbr. 1821.

Herzog v. Anhalt-Bernburg wider Erzherzog v. Oesterreich und Erbherzog von Holstein-Oldenburg.

Im heutigen zur Instruction des Appellatorii nebenrubrizirter Sache anberaumten Termine erschien der Justizcommissair Domsyndikus Rosentreter, Namens der Nullitäts-Kläger und Appellaten und ließ sich auf den Appellationsbericht der Appellanten folgendermaßen vernehmen.

1. Er bestreite, daß keine andere als Bernburgische Hausgesetze auf den jetzigen Fall anwendbar seyen, und daß die verheyratheten Prinzessinnen der Anhalt-Bernburgischen Familie gehörig blieben.

2. Es sey ihm nicht bekannt, ob eine Oesterreichische Prinzessin bey ihrer Verheyrathung mit einem fremden Fürsten allen ihren Ansprüchen auf Rechte auf ihr Stammhaus entsagen müsse, und

ob bey Bernburgischen Prinzessinnen solche Feyerlichkeit nicht üblich sey.

Er bestreite ferner, daß die Bernburgischen Prinzessinnen auch nach ihrer Verheyrathung den Bernburgischen Hausgesetzen unterworfen blieben, und daß alles, was ihr Stammhaus betreffe, nie und nimmer nach den Hausgesetzen ihrer Eheherren beurtheilt werden, oder gar denselben unterliegen könne.

3. Es sey dem Appellanten, Herzog von Anhalt-Bernburg, allerdings bekannt gemacht worden, daß die beyden ältesten Prinzessinnen sich während des Laufs des Prozesses verheyrathet haben, und werde daher dem, aus diesem Satze appellantischer Seits hergenommenen Raisonnement, widersprochen.

4. Er bestreite förmlich, daß die Durchlauchtigsten Nullitätsquerulanten Wissenschaft von dem, wegen Annullirung der Fürstl. Schenkung angestellten Prozesse, und von dessen Entscheidung in erster und zweyter Instanz, gehabt hätten.

Was die Thatsachen anlange, welche appellantischer Mandatar in der Vorstellung vom 29. März 1820. fol. 115. actorum primae instantiae angeführt, so seyen ihm dieselben unbekannt, und könne er sich darüber so wenig, als über die appellantischer Seits beygebrachten Dokumente erklären, bis Letztere ihm zugefertigt, und originaliter vorgelegt worden.

5. Er bestreite, daß der Herzog von Bernburg

dringende Vermuthungen für sich habe, daß Appellaten von dem Rechtsstreite Wissenschaft gehabt, und daß seine Mandanten zu beweisen hätten, daß sich die Umstände ganz anders verhielten, als wie sie nach den Vermuthungsregeln vorhanden seyn sollen.

6. Ein Beweis, daß seine Mandanten von dem fraglichen Prozeß nichts gewußt, sey allerdings nicht geführt, ein solcher Beweis aber brauche auch nicht geführt zu werden. Er leugne, daß seine Mandanten selbst in der, der Nullitätsklage beygefügten Druckschrift §. 15. geständen, Wissenschaft von dem fraglichen Rechtsstreite vor der Entscheidung desselben in revisorio gehabt, und widerspräche dem gegenseitigen Anführen: als wollten seine Mandanten nur dessen Lage nicht gekannt, sich auch um dessen Fortgang nicht bekümmert haben.

7. Es werde in Abrede gestellt, daß seine Mandanten auf irgend eine Art sich selbst grober Versehen und grober Fahrlässigkeit angeklagt hätten. Es stehe auch dem Nullitäts-Beklagten keine dringende und gesetzlich qualificirte Vermuthung für seine Behauptung: als sey der Prozeß mit Wissen und Willen der Nullitätsquerulanten durch den, von ihrer Frau Schwiegermutter erwählten Bevollmächtigten in allen Instanzen fortgesetzt, zur Seite.

8. Es werde förmlich in Abrede gestellt, daß die Nullitätsquerulanten theils durch ihre Schwie-

ger-

germutter, theils durch ihre Gemahlinnen davon benachrichtigt, daß des Herzogs von Bernburg D. die Schenkungsurkunde vom 7. Novbr. 1812. über das Vorwerk Zeitz nebst dem Dorfe Welleben, so wie über die Gaterslebenschen Seeländereyen, als nichtig angefochten, und daß dem J. H. Heyer die Führung dieses Prozesses übertragen worden.

Ueber den desfalls deferirten Eid glaube er sich um deshalb nicht erklären zu müssen, weil die darin artikulirten Facta irrelevant seyen

9. Wenn appellantischer Seits bemerkt werde, daß die Fortsetzung des Prozesses durch den Justizrath Heyer seinen Mandanten durch deren Agenten bekannt gemacht worden, so verlange er vor allen Dingen deren nahmhafte Benennung.

10. Er bestreite, daß die geschenkten Güter res litigiosae gewesen, und als Heyrathsgut nicht hätten inferirt werden können; die aus dem Gegentheile vom Appellanten gezogene Folgerung falle sonach von selbst weg.

11. Er stelle ferner in Abrede, daß nach den Grundsätzen des Privatfürstenrechts der Fürstl. Gemahl kein Recht auf die Benutzung der Paraphernalgüter habe, und daß er nur das, in den Ehepacten genau zu bestimmende Heyrathsgut, zu benutzen berechtigt.

12. Er bestreite weiter den Satz, daß der Erzherzog von Oestreich nicht ex patria potestate Nutznießer der Güter seiner Kinder sey.

13. Er stelle in Abrede, daß die Fürstin von Anh. Bernburg-Schaumburg die Aufsicht über das Vermögen der beyden ältesten Prinzessinnen Töchter nach deren Verheyrathung, so wie die Verwaltung behalten. Was die deshalb appellantischer Seits verlangte Anerkennung der mit der Vorstellung vom 29sten März 1820 überreichten Dokumente anlange, so könne er sich darüber nicht erklären, verlange vielmehr, daß ihm dieselben abschriftlich communicirt und in originali vorgelegt würden.

14. Er leugne weiter, daß durch die Fürstin von Anhalt-Bernburg-Schaumburg die Fortsetzung des Prozesses mit Wissen und Genehmigung der Nullitätsquerulanten geschehen. Der deshalb appellantischer Seits deferirte Eid sey irrelevant, und werde daher die Erklärung auf selbigen vor jetzt abgelehnt.

15. Er stelle weiter in Abrede, daß durch die Durchlauchtige Schwiegermutter seinen Mandanten Nachricht von dem Inhalte der beyden ersten Erkenntnisse und von dem dagegen eingewendeten Rechtsmittel mitgetheilt worden.

Wegen des deshalb deferirten Eides werde das kurz vorher Gesagte wiederholt, und desfallsige Erklärung abgelehnt.

16. Wenn endlich noch vom Appellanten darüber der Eid deferirt werde: daß Appellaten ihre Schwiegermutter um weitere Betreibung und Fortsetzung des Prozesses ausdrücklich ersucht

haben, so glaube er, daß es deshalb keiner Erklärung bedürfe, weil nach Inhalt des Urtheils des Königl. Geh. Ober-Tribunals nur schriftliche Vollmachten verlangt würden, und sonach der deferirte Eid als irrelevant sich darstelle. Eventualiter behalte er sich aber die desfallsige Erklärung bevor, und bitte einen geräumigen Termin dazu anzusetzen.

Diesemnach trage er dahin an:

> daß sententia a qua, in so weit sie nicht durch die Appellation seiner Mandanten abgeändert werden würde, bestätigt werde.

Namens des Appellanten erschien J. C. Dr. Caspari, und erwiederte auf die ihm vorgehaltene Vernehmlassung der Appellaten Folgendes:

ad. 1. u. 2. beziehe er sich auf seinen Appellationsbericht, und bleibe bey denen darin enthaltenen Behauptungen.

ad. 3. wisse er nicht, ob seinem Mandanten die Anzeige der Verheyrathung der beyden ältesten Prinzessinnen gemacht worden, wenn dies aber auch geschehen sey, so wären solche unerheblich; weil die Anzeige dem hiesigen Anwalde hätte geschehen müssen.

ad. 4. Was die Thatsachen anlange, welche er in der Vorstellung vom 29sten März 1820 angeführt, so müßten sich Appellaten darüber erklären, weil es deren eigne, und deren Agenten propria facta seyen; sollte die Vorlegung der Dokumente in originali von Gerichtswegen verfügt werden, so würde er sich solche von seinem Mandanten kommen lassen; gegen Mittheilung der Abschriften an den Gegentheil habe er nichts einzuwenden.

ad 5. beziehe er sich lediglich auf seinen Appellationsbericht.

ad 6. behalte er sich die weitere Ausführung in deductione bevor;

ad 7. würde in der Deduction weiter erörtert werden.

ad 8. müßten sich Appellaten über den deferirten Eid bestimmt erklären, weil alles, was hier appellatischer Seits angeführt worden, nur von dem Falle zu verstehen, wo der Prozeß eröffnet worden, nicht aber von dem Falle, wo der Prozeß schon im Gange, und wo schon ein Bevollmächtigter bestellt sey.

ad 9. verlange vielmehr er selbst die nahmhafte Benennung der fraglichen Agenten, weil er sie gar nicht kennen könne, zumal ihm die Einsicht der über diesen Prozeß gepflogenen Correspondenz verweigert worden sey; der J. R. Heyer aber doch mit Jemanden über den Gang des Prozesses correspondirt haben müsse.

ad 10. u. 11. bezog er sich auf die künftige Deduction.

ad 12. nahm derselbe ebenfalls Bezug auf die künftige Deduction.

ad 13. beziehe er sich auf seine Bemerkung ad 4.

ad 14. Dieser Umstand sey allerdings von Erheblichkeit, und müßten Gegner sich darüber bestimmterklären, ob sie den deferirten Eid acceptiren oder referiren wollten, indem sonst die gesetzlichen Bestimmungen eintreten müßten.

ad 15. wiederhole er die nemliche Erklärung wie ad 4.

ad 16. bemerke er, daß schriftliche Vollmachten nur bei Anfang des Prozesses erforderlich seyen, und er deshalb bestimmte Erklärung der Gegner verlange, ob sie den deferirten Eid annehmen oder zurückschieben wollten.

Er trage solchemnäch darauf an:

sententia a qua zu reformiren.

Appellatischer Mandatar entgegnete hierauf Folgendes:

ad 3. Wenn die Vermählung der beyden Prinzessinnen Hermine und Adelheid dem Herzog angezeigt worden, so habe es einer Anzeige an den hiesigen Anwalt desselben so wenig, als an den ehemaligen Anwalt der Fürstin bedurft.

ad 4. reservire er seine Erklärung, so wie auch über die noch übrigen Punkte, in einem, zur Fortsetzung der Instruction anzuberaumenden Termine, indem jetzt die Zeit bereits längst verflossen.

Da appellantischer Mandatar gegen Anberaumung eines anderweiten Termins zur Fortsetzung der Instruction nichts einzuwenden fand, so wurde ein anderweiter Termin auf den neunten dieses Monats und Jahrs zur Fortsetzung der Instruction verabredet, worauf gegenwärtiges Protocoll geschlossen, vorgelesen, genehmigt, und von den Mandatarien beyder Theile unterschrieben wurde, welche noch vor der Unterschrift um Abschrift der heutigen Verhandlung, vor dem 9ten dieses Monats, baten.

(gez.) Caspari.
(gez.) Rosentreter.
a. u. s.
(gez.) Scheller.

Geschehen Halberstadt den 9ten Novbr. 1821.

Herzog von Anhalt-Bernburg Nullitätsquerulat und Appellant gegen Erzherzog Joseph von Oesterreich und Erbherzog von Holstein-Oldenburg Nullitätsquerulanten und Appellaten.

Im heutigen, zur Fortsetzung der Instruction des Appellatorii nebenrubrizirter Sache anberaumten Termine erschien, Namens der hohen Appellaten, der Domsyndikus Rosentreter und Namens des hohen Appellanten der J. C. Dr. Caspari.

Ersterer fuhr in seiner Beantwortung der Gegnerischen Bemerkungen und Behauptungen folgendermaßen fort:

ad 4. Er müsse bey dem, was er über diesen Punkt bereits gesagt habe, bestehen, könne sich auf die, der qu. Vorstellung beygelegten Dokumente durchaus nicht erklären, bis ihm Abschriften davon ertheilt, und die Originale vorgelegt worden seyen.

ad 5. 6. u. 7. Würde er in der Deduction das Gegentheil der Appellantischen Behauptungen ausführen, und erweisen.

ad 8. Er wiederhole, was er über diesen Punkt bereits angeführt habe. Ueber den deferirten Eid könne er sich jetzt nicht erklären, weil er desfallsige Instruction seiner Mandanten noch erwarte; er reservire sich aber seine, diesen Eid betreffende Erklärung, bis nach Regulirung des status causae et controversiae; es müßten übrigens sowohl beim Anfange, als im Fortgange des Prozesses, schriftliche Vollmachten vorhanden seyn, wenn die Verhandlungen gültig seyn sollten.

ad 9. Er leugne das ganze diesen Punkt betreffende Factum; ihm seyen keine Agenten seiner Mandanten bekannt, und wenn Gegner deren erwähne, so müsse derselbe sie auch nennen.

ad 10 11. u. 12. Würden seine Deduction das Gegentheil der appellantischen Behauptungen darthun.

ad 13. Er wiederhole hier, was er über diesen Punkt bereits in der Vernehmlassung auf den Appellationsbericht angeführt habe.

ad 14. Wegen des, über diesen Punkt deferirten Eides, behalte er sich seine Erklärung bis nach Regulirung des status causae et controversiae bevor, und wolle er im Allgemeinen nur bemerken, daß er diesen Eid für irrelevant halte.

ad 15. wiederhole er das, was er darüber bereits erklärt habe, und beziehe sich übrigens auf das so eben ad 14. Erwähnte.

ad 16. wiederhole er, was er über diesen Umstand bereits angeführt habe. Eventualiter aber reservire er sich seine Erklärung über den deferirten Eid bis nach regulirtem status causae et controversiae.

Appellantischer Mandatar erwiederte hierauf, daß er im Allgemeinen bey seinen frühern Angaben und Behauptungen bestehe, übrigens aber die qu. Originaldokumente in einem anderweitigen Instructions-Termine vorzulegen bereit sey, gegen Reservirung der Gegnerischen Erklärungen auf die Eidesdelationen bis nach regulirtem status causae et controversiae nichts zu erinnern finde, jedoch aus bereits entwickelten Gründen ausdrücklich darauf bestehe, daß ihm, in dem oder vor dem zur Vorlegung obenerwähnter Original-Dokumente anzuberaumenden anderweiten Instructionstermine, die Correspondenz des J. R. Heyer, mit der Fürstin und deren Agenten, vorgelegt und mitgetheilt werde, weil nicht eher zur Regulirung des status causae et controversiae geschritten werden, und er dann erst die Agenten nahmhaft angeben könne.

Appellatischer Mandatar versetzte hierauf, daß er ebenfalls aus denen von ihm bereits angeführten Gründen, der Vorlegung und Mittheilung der Heyerschen Correspondenz an den Appellanten förmlich widersprechen müsse, und einer desfallsigen Entscheidung des Gerichts entgegen sehe.

Vorgelesen, genehmigt und unterschrieben.

Rosentreter. Caspari.

a. u. s.

Scheller.

Geschehen Halberstadt den 30sten Nvbr. 1820.

Herzog von Anhalt-Bernburg gegen Erzherzog von Oesterreich und Erbherzog von Holstein-Oldenburg.

Im heutigen, zur Instruction des Appellatorii seitwärts rubrizirter Sache anberaumten Termine, erschien Namens des Appellanten, der J. C. Dr. Caspari, Namens der Appellaten aber der J. C. Domsyndikus Rosentreter.

Ersterer trug vor, wie er außer Stande sey, heute die, auf seine Vorstellung v. 29sten März d. J. (Fol. 115. actor. primae instantiae) bezughabende Original-Dokumente zu produziren; indem er erst Abschrift der, bey den Acten hieselbst befindlichen vidimirten Copia der Vernehmung des Torfinspectors Pabst vom 26sten Februar d. J. haben müsse, damit er bestimmen könne, welche Vernehmung es sey, die produzirt werden solle, und weil der Torfinspector Pabst sich weigere, seine Original-Instruction aus den Händen zu geben. Er müsse sonach, da der Abschluß der Instruction von Production dieser Dokumente abhinge, darauf antragen, ihm eine Abschrift der vidimirten Copia der Vernehmung des Torfinspectors Pabst zum erwähnten Zweck zu ertheilen, und die Herzoglich Anhaltische Landesregierung zu Bernburg wegen Edition der Original-Instruction des Torfinspectors Pabst, gegen welche letztere er ebenfalls auf Edition antrage, zu requiriren, sodann aber einen neuen Termin zur Fortsetzung der Instruction anzuberaumen.

Mandatar der Appellaten erwiederte hierauf, daß es dieser Weiterungen gar nicht bedürfe, indem es überhaupt auf die in der Vorstellung vom 29sten März d. J. angeführten Facta, und auf die derselben beygefügten Dokumente, welche Facta und Dokumente übrigens im Allgemeinen von ihm in Abrede gestellt würden, nicht ankomme, indem alle jene facta aliena seyen, wodurch seine hohen Mandanten nicht gebunden würden. Er müsse sich daher dem heutigen Antrage des Gegnerischen Mandatars förmlich widersetzen.

Mandatar der Appellanten inhärirte seinem heutigen Antrage wegen Erheblichkeit der, in der Vorstellung vom 29sten März d. J. angeführten Thatsachen, und deren Beläge sich auf seine frühern desfallsigen Ausführungen beziehen.

Beyde Theile waren diesemnach mit Instruenten darin einverstanden, daß die Instruction der Sache vor Erledigung des heute zur Sprache gekommenen Incidentpunkts nicht abgeschlossen werden könne, und baten: die Acten zur Abfassung eines Resoluts vorzulegen. *)

Vorgelesen, genehmigt, unterschrieben

Caspari. Rosentreter.

a. u. s.

Scheller.

---

*) Wie der am 8ten Januar d. J. aufgenommene Status causae et controversiae am Schluß zeigt, wurde die Entscheidung dieses Incidentpunkts durch ein oberlandesgerichtliches Resolut v. 1. Dezbr. 1820 der Entscheidung des Appellationsrichters überlassen, und dadurch vor der Hand beseitigt.

Geschehen Halberstadt den 8ten Januar 1821.

Herzog von Anhalt-Bernburg, Nullitäts-beklagten und Appellanten, wider Erzherzog von Oesterreich et Cons., Nullitäts-kläger und Appellanten.

Im heutigen zur Fortsetzung der Instruction des Appellatorii nebenrubrizirter Sache, und zur Feststellung des Status causae et controversiae anberaumten Termine erschien Mandatar des Appellanten nicht; wohl aber ging von demselben ein vom heutigen Tage datirtes schriftliches Gesuch ein, worin derselbe um Mittheilung des status causae et controversiae cum novo termino nachsucht.

Namens der hohen Appellaten erschien deren Mandatar, Domsyndikus Rosentreter, und erklärte, nachdem ihm das obenerwähnte Gesuch des gegnerischen Mandatars vorgelegt worden, daß er gegen Mittheilung des status causae et controversiae, als worauf es nur noch ankommen könne, so wie gegen Anberaumung eines Termins zur Erklärung über denselben nichts zu erinnern habe. Zugleich übergab Mandatar der Appellaten in Gemäßheit des Dekrets vom 13ten Nvbr. v. J. (Fol. 28. actorum) Vollmacht des Erbherzogs von Oldenburg d. d. 1. Dezbr. 1820, welche, so wie das Gesuch des Mandatars des Appellanten vom heutigen Tage, zu diesem Protocolle genommen wurde.

Vorgelesen, genehmigt und unterschrieben.

Rosentreter. m. p.

a. u. s.

Scheller.

Status causae et controversiae
in Sachen des Herz. v Anhalt-Bernburg, Nullitäts-beklagten und Appellanten, wider den Erzh. v. Oesterreich und Consorten, Nullitätskläger und Appellaten.

Durch das Urtheil des ersten Senats des Königl. Oberlandesgerichts zu Halberstadt, publicirt den 30sten May 1820, ward erkannt, daß das in Sachen S. D. des Herzogs von Anhalt-Bernburg, Kl., wider die verwittwete Fürstin Amalie zu Anhalt-Bernburg-Schaumburg Durchl., als Vormünderin ihrer Prinzessinnen Töchter, Bekl., wegen Gültigkeit der Schenkungsurkunde über das Vorwerk Zeitz, das Dorf Belleben, und die Seeländerey ergangene, und am 23sten July 1819 publizirte Revisionserkenntniß, so wie die demselben vorangegangenen prozessualischen Verhandlungen und Erkenntnisse, und zwar in Rücksicht Sr. Kaiserlichen Hoheit, des Erzherzogs von Oesterreich und Palatin von Ungarn, vom 30sten August 1815 an, in Rücksicht der Erbherzogin von Holstein-Oldenburg und deren Gemahls D. aber vom 24sten July 1817 an, für nicht erfolgt und nichtig zu erklären, die Instruction des gedachten Prozesses von dem Zeitpunkte der Nichtigkeit der Verhandlungen an, fortzusetzen, und der Beklagte in sämmtliche Kosten des Prozesses zu verurtheilen.

Gegen dieses Urtheil legte Bekl. die Appellation ein, setzte seine Beschwerde darin, daß wie geschehen erkannt, und nicht vielmehr die von den Durchl. Nullitätsquerulanten erhobene Nullitätsquerel als gesetzwidrig verworfen, und dieselben in den Kostenersatz und gesetzmäßige Geldbuße verurtheilt worden, und suchte nun Appellant seine Appellation mit Folgendem zu rechtfertigen.

Auf den vorliegenden Prozeß könnten keine andere, als Anhalt-Bernburgische Hausgesetze angewandt werden; die verheyratheten Prinzessinnen blieben der Anhalt-Bernburgischen Familie gehörig, und nach ihrer Verheyrathung den Bernburgischen Hausgesetzen unterworfen; alles was ihr Stammhaus betreffe, könne nie nach den Hausgesetzen ihrer Eheherrn beurtheilt werden, oder gar denselben unterliegen; seinem Mandanten sey nie bekannt gemacht worden, daß die beyden ältesten Prinzessinnen sich während des Laufs des Prozesses verheirathet; wenn solche Bekanntmachung auch geschehen wäre, so habe er nicht nöthig gehabt, die Herren Nullitätsquerulanten zu Ertheilung einer Vollmacht aufzufordern, indem ihm nicht obgelegen, sich nach Veränderungen in der Person der ursprünglichen Beklagten, und nach dem Inhalte der zwischen den Prinzessinnen und deren fürstlichen Gemahlen etwa errichteten Ehepakten und ausländischer Gesetze zu erkundigen; die Durchl. Nullitätsquerulanten hätten Wissenschaft von dem, wegen Annullirung der fürstlichen Schenkung angestellten Prozesse und von dessen Entscheidung in erster und zweyter Instanz gehabt, welches aus denen in der Vorstellung vom 29sten März 1810 (Fol. 115. actorum primae instantiae) ad 1. 2 und 3. angegebenen Thatsachen und deren Belägen so klar hervorgehe, daß das Gegentheil sich kaum als möglich denken lasse; er habe daher die dringendste Vermuthung für sich, und müßten Gegner mithin beweisen, daß sie keine Wissenschaft von dem fraglichen Prozesse gehabt; ein solcher Beweis sey nun aber von denselben nicht geführt, vielmehr gestånden sie selbst, in der, der Nullitätsklage beygefügten Druckschrift §. 15. ihre Wissenschaft von diesem Prozesse ein; hätten Gegner wirklich keine Wissenschaft von dem qu. Prozesse gehabt, sich auch um dessen Lage und Fortgang nicht bekümmert, so klagten sie sich damit selbst großer Versehen und grober Fahrlässigkeit an; für solche müßten dieselben alsdann allein haften, es würde aber so große Fahrlässigkeit nicht präsumirt, und es stehe ihm daher nicht nur eine dringende, sondern auch eine gesetzlich qualifizirte Vermuthung für seine Behauptung zur Seite, daß nemlich mit Wissen und Willen der Gegner der Prozeß durch den, von ihrer Schwiegermutter erwählten Bevollmächtigten in allen Instanzen fortgesetzt worden; die Durchlauchtigsten Nullitätsquerulanten seyen aber auch theils durch ihre Schwiegermutter, theils durch die Gemahlinnen davon benachrichtigt, daß er die Schenkungsurkunde vom 7ten November 1812 als nichtig angefochten, und daß dem J. R. Heyer die Führung des Prozesses für die Geschenknehmerinnen übertragen worden; überdem noch sey die Fortsetzung jenes Prozesses durch den J. R. Heyer den Gegnern durch ihren Agenten, welche mit Letzterm darüber correspondirt, bekannt gemacht worden, und Gegner hätte ihre Zufriedenheit darüber zu erkennen gegeben; die geschenkten Güter seyen zur Zeit der Vermählung der beyden Prinzessinnen res litigiosa gewesen, hätten also als Heyrathsgut nicht inferirt werden können, sondern würden zum Paraphernal-Vermögen gehört haben; nach den Grundsätzen des Privatfürstenrechts habe nun aber der fürstliche Gemahl kein Recht auf Benutzung der Paraphernalien, sondern nur auf das in den Ehepakten genau zu bestimmende Heyrathsgut; Gegner wären daher weder eheliche Nutznießer noch Verwalter der streitigen Gegenstände, auch sey der Erzherzog von Oesterreich nicht ex patria potesta Nutznießer derselben, vielmehr habe die Fürstin von Anhalt-Bernburg-Schaumburg die Aufsicht über das Vermögen der beyden ältesten Prinzessinnen nach deren Verheyrathung, so wie die Verwaltung desselben behalten, und sey dieselbe mithin als Mutter, Großmutter und Vormünderin berechtigt gewesen, ohne Zuziehung ihrer Schwiegersöhne den, wider sie, als Vormünderin erhobenen Prozeß fortzusetzen; diese Fortsetzung sey aber auch mit Wissen und Genehmigung der Nullitätsquerulanten geschehen, und sey durch die Fürstin von Anhalt-Bernburg-Schaumburg den Gegnern Nachricht von den beyden ersten Erkenntnissen, und von den dagegen eingewenderen Rechtsmitteln ertheilt worden, so wie denn Gegner auch ihre Schwiegermutter um weitere Betreibung und Fortsetzung des Prozesses ausdrücklich ersucht hätten.

Die

Die hohen Appellaten stellten alle vorstehenden Behauptungen und daraus gezogenen Folgerungen des Appellanten in Abrede, behaupteten, daß Letzterem allerdings die Verheyrathung der beyden ältesten Prinzessinnen bekannt gemacht worden, gaben zu, daß sie einen Beweis, als hätten sie den über die Schenkungsurkunde geführten Prozeß nicht gewußt, in der That nicht geführt, hielten sich aber zu einer solchen negativen Beweisführung nicht verpflichtet, und behaupteten endlich, daß es auf alle vom Appellanten angeführten facta und deren angeblichen Beweise gar nicht ankommen könne, weil nach klarem Inhalte des Erkenntnisses des Geheimen Ober-Tribunals nur schriftliche Vollmachten verlangt würden. Durch die Dekrete des Königl. hiesigen Oberlandesgerichts vom 13ten November und 1sten Dezember v. J. wurde die vom Appellanten verlangte Edition der Heyerschen Correspondenz und Vorlegung der Instruction des Torfinspectors Pabst, so wie ein ferneres Verfahren über dessen Auslassung im Protokolle vom 26sten Februar 1820, der Entscheidung des Appellationsrichters überlassen; und blieben sonach unter den Partheyen folgende

Streitpunkte:

1. Können auf den vorliegenden Prozeß keine andere, als Anhalt-Bernburgische Hausgesetze angewandt werden?
2. Bleiben die verheyratheten Prinzessinnen der Anhalt-Bernburgischen Familie gehörig, und auch

nach ihrer Verheyrathung den Bernburgischen Hausgesetzen unterworfen?

3. Darf das, was das Stammhaus solcher Prinzessinnen betrift, nie nach den Hausgesetzen ihrer Eheherrn beurtheilt werden, oder denselben unterliegen?

4. Ist dem Bevollmächtigten des Appellanten die Verheyrathung der beyden Prinzessinnen Adelheid und Hermine während des Laufs des Schenkungsprozesses bekannt gemacht worden, und war eine solche Bekanntmachung nöthig?

5. Ist dem Appellanten selbst dergleichen Bekanntmachung geschehen?

6. Mußte derselbe, falls ihm oder seinem Mandatar diese Bekanntmachung geschehen, die Herren Nullitätsquerulanten zur Ertheilung einer Vollmacht auffordern?

7. Haben die hohen Nullitätsquerulanten Wissenschaft von dem, wegen Annullirung der fürstlichen Schenkung angestellten Prozesse, und von dessen Entscheidung in erster und zweyter Instanz gehabt?

8. Hat der Herzog von Bernburg die dringendste Vermuthung für sich, daß die Appellaten Wissenschaft von dem gedachten Rechtsstreite gehabt, und müssen Letztere daher beweisen, daß sie keine Wissenschaft davon gehabt?

9. Gestehen die hohen Appellaten in der, der Nullitätsklage beygefügten gedruckten Denkschrift S. 15. zu, daß sie Wissenschaft von jenem Prozesse gehabt?

10. Steht dem hohen Appellanten nicht nur eine dringende, sondern auch eine gesetzlich qualifizirte Vermuthung für seine Behauptung zur Seite: daß mit Wissen und Willen der Gegner der Prozeß durch den, von ihrer Schwiegermutter erwählten Bevollmächtigten in allen Instanzen fortgesetzt worden?

11. Sind die hohen Appellaten theils durch ihre Schwiegermutter, theils durch ihre Gemahlinnen davon benachrichtigt, daß der hohe Appellant die Schenkungsurkunde vom 7ten November 1812 als nichtig angefochten, und daß dem J. R. Heyer die Führung des Prozesses für die Geschenknehmerinnen übertragen worden?

12. Ist die Fortsetzung jenes Prozesses durch den J. R. Heyer den Gegnern von ihrem Agenten, welche mit Letzterm darüber correspondirt, bekannt gemacht worden, und haben Appellaten ihre Zufriedenheit darüber zu erkennen gegeben?

13. Sind die geschenkten Güter zur Zeit der Vermählung der Prinzessinnen Adelheid und Hermine res litigiosae gewesen, haben sie als Heyrathsgut nicht inferirt werden können, sondern würden sie zum Paraphernalvermögen gehört haben?

14. Hat nach den Grundsätzen des Privatfürstenrechts der fürstliche Gemahl kein Recht auf Benutzung der Paraphernalien, sondern nur auf das in den Ehepakten genau zu bestimmende Heyrathsgut; sind Appellaten eheliche Nutznießer oder Verwalter der streitigen Gegenstände oder nicht?

15. Ist der Erzherzog von Oesterreich ex patria potestate Nutznießer derselben?

16. Hat die Fürstin von Anhalt-Bernburg-Schaumburg die Aufsicht über das Vermögen der beyden ältesten Prinzessinnen nach deren Verheyrathung, so wie die Verwaltung desselben, behalten?

17. Ist dieselbe als Mutter, Großmutter und Vormünderin berechtigt gewesen, ohne Zuziehung ihrer Schwiegersöhne den, wider sie, als Vormünderin, erhobenen Prozeß fortzusetzen?

18. Ist diese Fortsetzung auch mit Wissen und Genehmigung der Appellaten geschehen?

19. Ist von der Fürstin von Anhalt-Bernburg-Schaumburg den Appellaten Nachricht von den beyden ersten Erkenntnissen, und von den dagegen eingewendeten Rechtsmitteln ertheilt worden?

20. Haben hohe Appellaten auch ihre Schwiegermutter um weitere Betreibung und Fortsetzung des Prozesses ausdrücklich ersucht?

21. Kann es überhaupt auf alle diese Streitfragen noch ankommen, oder verlangt nicht vielmehr das Erkenntniß des Königl. Geheimen Ober-Tribunals nur schriftliche Vollmachten.

Halberstadt, den 8ten Januar 1821.

Scheller.
Deput. causae

Geschehen Halberstadt den 24sten Januar 1821

Herzog von Anhalt-Bernburg gegen Erzherzog von Oesterreich und Consorten.

Auf heute stand Termin in Sachen des Herzogs von Anhalt-Bernburg gegen Erzherzog von Oesterreich und Streitgenossen zur Erklärung über den status causae et controversiae vom 8ten d. M. an.

In demselben erschien Namens der Appellanten der J. C. Dr. Caspari, Namens der Appellaten aber der J. C. Domsyndikus Rosentreter. Ersterer erklärte, daß er den entworfenen status causae et controversiae den Acten überall gemäß abgefaßt, vollständig und richtig fände, jedoch die unter No. 9. seines Appellationsberichts enthaltene Streitfrage noch auszuwerfen bitte. Letzterer fand ebenfalls gegen den status causae et controversiae durchaus nichts zu erinnern, und fand gegen Auswerfung des neuen Streitpunkts nichts einzuwenden.

Diesemnach kommt also den im statu causae et controv. enthaltenen Streitpunkten noch der hinzu:

XXII. Sind die geschenkten Güter den Durchl. Nullitätsquerulanten in den, mit denselben errichteten Ehepakten, als Heyrathsgut inferirt worden?

Beyder Theile Mandatarien genehmigten nunmehr den statum causae et controversiae in allen Punkten als richtig.

I. II. III. Mandatar des Appellanten erklärte

sodann, daß er die Streitpunkte I. II. III. als irrelevant fallen lassen wolle.

IV. Mandatar der Appellaten räumte ein, daß dem Bevollmächtigten der Appellanten die Verheirathung der beyden Prinzessinnen Adelheid und Hermine während des Laufs des Schenkungsprozesses durch ein Notifikationsschreiben nicht bekannt gemacht sey.

Mandatar des Appellanten acceptirte diese Erklärung mit dem Zusatze, der Beweisführung über diesen Punkt zu entsagen, verlangte aber ausdrücklich, hier zu bemerken, wie er für nöthig halte, daß noch auszumitteln sey: ob dem J. R. Heyer eine solche Benachrichtigung geschehen, und ob und wann derselbe hiervon dem Königl. Oberlandesgerichte Anzeige gemacht habe. Er bemerke hierbey, daß, falls von demselben eine solche Anzeige dem Königl. Oberlandesgerichte überreicht, solchen dem Mandatar Sr. Herzogl. Durchlaucht von Anhalt = Bernburg nicht communicirt worden sey. Er müsse sonach darauf antragen, daß die Vernehmung des Heyer über diese Umstände verfügt werde.

Mandatar der hohen Appellaten hielt diese Umstände für unerheblich und die Vernehmung des Heyer für irrelevant und unstatthaft.

V. Mandatar der hohen Appellaten bemerkte sodann ad V. der Streitpunkte: Als bey Vermählung der gedachten beyden Prinzessinnen die hergebrachte Prinzeßinsteuer aus dem Anhaltschen

Lande, mithin auch aus dem zum Herzogthum Bernburg gehörigen Ländern gefordert worden, so habe schon dadurch die Vermählung der mehrgedachten beyden Prinzessinnen zur Kenntniß des Appellanten gelangen müssen, welche überdem durch öffentliche Blätter bekannt gemacht worden.

Mandatar des Appellanten versetzte hierauf, diese facta seyen ihm nicht bekannt, er wolle aber in deductione darthun, das sie irrelevant.

VII. Mandatar des Appellanten bemerkte ad VII. der Streitpunkte: den Durchl. Nullitätsquerulanten könnten die Behauptung, von diesem Prozesse keine Wissenschaft gehabt zu haben, nicht zum Vortheil gereichen, indem sie davon Kenntniß haben können und sollen. Eventualiter wolle er über den Streitpunkt VII. den Gegnern den Eid deferiren.

Appellatischer Mandatar räumte das vom Gegner hier Gesagte nicht ein, acceptirte aber eventualiter den deferirten Eid, welcher auf folgende Weise normirt wurde:

ich — schwöre, daß ich von dem, wegen Annullirung der fürstlichen Schenkung angestellten Prozesse und von dessen Entscheidung in erster und zweyter Instanz, keine Kenntniß während des Laufs des Prozesses gehabt habe;

hielt denselben aber für irrelevant.

XI. Appellantischer Mandatar bemerkte ad XI. der Streitpunkte, daß er unter Beziehung auf das ad VII. Gesagte hierüber den Eid deferire.

Appellatischer Mandatar versetzte, den Eid für irrelevant zu halten, denselben aber eventualiter anzunehmen. Eidesformel war diesemnach dahin normirt:

ich — schwöre, daß ich weder durch meine Schwiegermutter, die verwittwete Fürstin von Anhalt-Bernburg-Schaumburg, noch durch meine Gemahlin davon benachrichtigt bin, daß der regierende Herzog von Anhalt-Bernburg die Schenkungsurkunde vom 7ten November 1811 als nichtig angefochten, und daß dem J. R. Heyer die Führung des Prozesses für die Geschenknehmerin übertragen worden.

XII. Appellantischer Mandatar bemerkte zu No. XII. der Streitpunkte. Unter Vorbehalt weiterer Anträge bitte er, eine pflichtmäßige Erklärung des J. R. Heyer darüber zu erfordern, ob und mit welchen Personen er über diese Rechtssache außer der verwittweten Fürstin, seiner Mandantin, correspondirt, ob er diesen die Verhandlungen und Erkenntnisse mitgetheilt, ob er von denselben Briefe und welchen Inhalts rücksichtlich dieses Prozesses erhalten, ob ihm Schriften, diesen Rechtsstreit betreffend, zur Abgebung an ein Königl. Oberlandesgericht und von welchen Personen überschickt worden, imgleichen welche Veranlassung er zu dieser Correspondenz mit andern Personen, als mit der Fürstin gehabt.

Appellatischer Mandatar hielt diese Umstände

für irrelevant, und die Vernehmung des Heyer für unstatthaft.

XVI. Appellantischer Mandatar erklärte ad No. XVI. der Streitpunkte, daß aus denen von ihm bisher übergebenen Schriften die Bejahung dieser Frage hervorgehe, eventualiter aber deferire er darüber den Eid.

Appellatischer Mandatar hielt diese Umstände, so wie den deferirten Eid für irrelevant, acceptirte aber eventualiter den Eid. Die Eidesformel ward dahin normirt:

ich — schwöre, daß, so viel ich weiß, die Frau Fürstin von Anhalt-Bernburg-Schaumburg die Aufsicht über das Vermögen der beyden ältesten Prinzessinnen Hermine und Adelheid nach deren Verheirathung, so wie die Verwaltung desselben nicht behalten.

XVIII. Appellantischer Mandatar deferirte über den Streitpunkt XVIII. den Eid.

Appellatischer Mandatar hielt den Eid für irrelevant, acceptirte denselben aber eventualiter. Der Eid ward dahin normirt:

ich — schwöre, daß die Fortsetzung des über die fürstliche Schenkungsurkunde vom 7ten November 1811 schwebenden Prozesses nicht mit meinem Wissen, und nicht mit meiner Genehmigung geschehen.

XIX. XX. Appellantischer Mandatar deferirte unter Bezugnahme auf das ad VII. Gesagte über den Streitpunkt XIX. und XX. den Eid.

Appellatischer Mandatar hielt denselben für irrelevant, acceptirte denselben aber eventualiter, worauf der Eid dahin normirt wurde:

ich — schwöre, daß mir von der Frau Fürstin von Anhalt-Bernburg-Schaumburg keine Nachricht von den beyden ersten Erkenntnissen aus dem Schenkungsprozesse und von den dagegen eingewandten Rechtsmitteln ertheilt worden, und daß ich meine Frau Schwiegermutter um weitere Betreibung und Fortsetzung des Prozesses nicht ausdrücklich ersucht habe.

Beyder Theile Mandatarien kamen darin überein, daß die Streitpunkte IV. VI. VIII. IX. X. XIII. XIV. XV. XVII. XXI. Rechtsfragen seyen, und zu den Deduktionen gehörten, fanden übrigens gegen vorstehende Normirungen der Eide nichts zu erinnern, waren endlich auch darin einverstanden, daß ein anderweiter Termin zur Erklärung über den Streitpunkt XXII. anzuberaumen, theils weil die Zeit bereits verflossen, theils weil appellatischer Mandatar deshalb erst nähere Information einzuziehen habe.

Vorgelesen, genehmigt und unterschrieben und um Abschrift des Protokolls gebeten.

Rosentreter. **Caspari.**

a. u. s.

Scheller.

Decretum.

Es wird ein fernerweiter Termin zur Erklärung über den status causae et controversiae auf den 17ten Februar d. J. Morgens 10 Uhr anberaumt, wozu unter Abschrift des heutigen Protocolls beyde Theile sub praej. legali per copiam decreti vorgeladen werden.

Halberstadt, den 24sten Januar 1821.

K. P. Oberlandesgericht.

Verhandelt

Halberstadt, den 17ten Februar 1821.

Herzog von Anhalt-Bernburg gegen Erzherzog v. Oesterreich und Consorten.

In Sachen des Herzogs von Anhalt-Bernburg, Appellanten, wider den Erzherzog v. Oesterreich und Streitgenossen, Appellaten, erschienen in dem heutigen zur fernerweiten Erklärung über den statum causae et controversiae anberaumten Termine die Mandatarien beyder Theile, Dr. Caspari und Domsyndikus Rosentreter.

22. Letzterer äußerte zum 22sten Streitpunkte, daß er sich darüber nicht bestimmt erklären könne: ob die geschenkten Güter den Nullitätsquerulanten als Heyrathsgut inferirt seyen, oder nicht, daß übrigens auch das factum illationis vel non illationis der Streitgüter ganz irrelevant sey.

Derselbe trug ferner darauf an: hier noch ausdrücklich zu bemerken, wie er der Meinung sey, daß die Eigenthümerinnen der geschenkten Güter sowohl in einem als andern Falle gerichtlich von ihren Ehegatten hätten vertreten werden müssen, was nicht geschehen, wie ferner nach dem am Ende des Jahres 1817. erfolgten Ableben der Prinzessin Hermine das Eigenthum ihres Antheils an den Streitgütern auf ihre beyden Kinder, die Erzherzogin Hermine und Erzherzog Stephan vererbt sey, welche abermals unter jeder Voraussetzung nur von ihren erzherzoglichen Vater hätten vertreten werden können.

Mandatar der Appellanten, Dr. Caspari, versetzte hierauf, daß, da Gegner auf diesen Streitpunkt sich nicht bestimmt äußerten, dafür angenommen werden müsse, daß die geschenkten Güter nicht inferirt seyen.

In sofern jedoch der Appellationsrichter der Meinung seyn mögte, daß Appellant die negativa erweisen müsse, so trage er auf Edition der Gegnerischen Ehepakten an. Alles, was übrigens von Gegnern hier gesagt worden, gehöre ad deductionem.

Mandatar der Appellaten entgegnete hierauf, daß er unter Vorbehalt der Nichtrelevanz einräume, daß die streitigen geschenkten Güter nicht inferirt seyen, welches Einräumen appellantischer Mandatar acceptirte.

Nachdem auf diese Weise sämmtliche Streitpunkte durchgegangen, wiederholte appellatischer Mandatar seinen Antrag auf Vernehmung des rc. Heyer über die im Termine v. 24sten v. M. angegebenen Punkte, aus der Lage der Sache entspringend und bey der ihm versagten Einsicht officieller Acten, nebst dazu gehörigen Correspondenz, um so gerechtfertigter erscheine, und daß, wenn auch hier dem gegenseitigen Antrage wieder deferirt seyn mögte, er sich nach vorgängiger Benachrichtigung an seinen hohen Mandanten, weitere Anträge vorbehalten müsse.

Appellantischer Mandatar entgegnete, daß auf die Vernehmung des Heyer nichts ankomme, solche unstatthaft sey, und er allen, was gegnerischer Mandatar hier angeführt, förmlich widerspreche.

Es wurde hierauf den beyderseitigen Mandatarien vom Gerichtsdeputirten der Vergleichsvorschlag gemacht:

daß beyde streitende Theile ihrer wechselseitig gegen das Erkenntniß vom 30sten May 1820 eingelegten Appellation entsagen, und die dadurch bis jetzt verursachten Kosten jeder zur Hälfte tragen mögte,

indeß appellantischer Mandatar erklärte, solchen Vergleich nicht annehmen zu wollen. Appellatischer Mandatar aber nahm denselben ad referendum an.

Vorgelesen, genehmigt und unterschrieben.

Rosentreter. Caspari.

a. u. s.

Scheller.

V.

Ueber den Status causae et controversiae und über die Eventualmaxime des Preußischen Prozesses.

Es ist traurig, wenn nach langwierigem und heftigem Streit der zur Urtelssprechung aufgeforderte Richter erst noch fragen muß, worüber haben sich die Leute gezankt?

Es ist seltsam, wenn bänderreiche Acten auf diese Frage die Antwort schuldig bleiben, noch seltsamer, wenn ihr Verstummen zu den gewöhnlichen Prozeßgebrechen gehört, und am allerseltsamsten, wenn sich die Gesetzgebung hineinmischen und befehlen muß, daß nach vollendetem Verfahren jedesmal vor dem Urtheil noch ein besonderes Verfahren instruirt werde, über die Frage: worüber man verfahren habe?

Diese Seltsamkeit findet sich in den Vorschriften des Preußischen Prozesses über den status causae et controversiae.

Es sey indeß fern, ihm darüber einen Vorwurf zu machen. Jene Vorschriften wurzeln in Grundansichten. Ohne diese auszurotten, kann man jene nicht aufheben.

Der Preußische Prozeß ist es auch keineswegs allein, welcher der Frage — worüber wird gestritten? — die doch eigentlich der Streit selbst beantworten sollte, — eine besondere Vorsorge widmet. Als das schriftliche Verfahren in Deutschland herrschend wurde, entstand die artikulirte Klage. Als die Reichsgesetzgebung sich genöthigt fand, die artikulirte Klage abzuschaffen, da traten die Bestimmungen des jüngsten Reichsabschiedes über die Litiscontestation und über die Folgen einer unterbliebenen Einlassung an ihre Stelle.

Allen diesen Vorschriften war die Erfahrung vorangegangen, daß es das unaufhörliche Streben der Partheyen, oder vielmehr ihrer Anwälde sey, nicht den Streitgegenstand aufzuklären, sondern zu verfinstern, nicht den Richter zu informiren, sondern zu verwirren.

Aber die Vorschriften haben nichts gebessert. Weder die artikulirte Klage, noch ihre Abschaffung, weder die einfachen und vernünftigen Bestimmungen des jüngsten Reichsabschiedes, über die kathegorische Einlassung auf das, die Klage begründende Factum, noch die verwickelten und wohlgemeinten Regeln des Preußischen Prozesses über den in der ersten und zweyten Instanz durch richterliche Vorsorge zu bildenden status causae et controversiae haben Verhandlungen unmöglich gemacht, welche den eigentlichen Streitpunkt in das Verlies eines beschriebenen Papierwustes hinein versenken.

Um verstanden zu werden, verlangt der Verfasser weiter nichts, als die aufmerksame Durchlesung des in der Anhalt-Bernburg-Schaumburgschen Nullitätssache aufgenommenen Status causae et controversiae. Wer wird, nachdem er sich durch das Wirrwarr der zwanzig herausgehobenen Streitpunkte durchgearbeitet hat, den angestrengten Fleiß und die Geduld des Instruenten nicht eben so sehr achten als bedauern, aber auch beim einundzwanzigsten Streitpunkt mit einer Art von Entsetzen erfahren, daß die Frage, ob jene zwanzig Streitpunkte auch den eigentlichen status causae et controversiae herausstellen, ebenfalls noch zuletzt für einen wesentlichen Bestandtheil desselben erklärt wird.

Da wird also die Relevanz des status causae et controversiae selbst der Gegenstand eines neuen status causae et controversiae. Es wird streitig, ob der Streitpunkt auch wirklich der Streitpunkt sey.

Feuerbach nennt den status causae et controversiae den glänzenden Theil des Preußischen Prozesses. Es ist nicht gut, wenn Männer, deren Name als Autorität gilt, ein Institut loben, welches sie nicht kennen.

Wer da behauptet, daß die Schwierigkeit, den eigentlichen Streitpunkt zu fixiren, mit den Eigenthümlichkeiten des schriftlichen Verfahrens zusammen hänge, daß nur im Geist dieses Verfahrens

rens die Vorschriften über die artikulirte Klage, über die kathegorische Einlassung auf die nicht artikulirte, über die officielle Aufnahme und richterliche Ausmittelung der Streitpunkte nothwendig, daß sie bey der mündlichen Verhandlung dagegen überflüssig sind, darf fest darauf rechnen, von den Anhängern des schriftlichen Verfahrens ungehört verdammt, von den Anhängern des mündlichen dagegen, mit Mistrauen und Vorurtheil gehört zu werden.

Und doch liegt der Beweis nicht tief. Er findet sich in der Natur der Berührung der gegen einander von Angesicht zu Angesicht redenden Partheyen im Beyseyn des hörenden Richters.

Gewöhnlich stehen beyde durch ihre Anwälde vor dem Tribunal. Sie haben zwar kurze Informationen unter einander schriftlich gewechselt, und vor dem Erscheinen vor Gericht, zur Kenntniß des Richters gebracht. Aber diese schriftliche Informationen sind das Verfahren nicht. Auf sie wird nicht erkannt. Aus ihnen schöpft der Richter seine Meinung und seinen Ausspruch keineswegs. Die Partheyen haben sich dadurch nur unter einander über den Gegenstand des Angriffs und der Vertheidigung verständigt, und den Richter darauf vorbereitet. Sie haben, so zu sagen, den Text zur Musik geliefert Wie die Musik lauten werde, kann man dem Text nur selten ansehen.

Wer zuerst spricht, ist der angreifende Theil, gleichviel, ob er durch die Klage die Verweigerung eines Beklagten, oder durch ein

Rechtsmittel die Meinung des vorigen Richters zum Gegenstand des Angriffs macht. Wer antwortet, ist die vertheidigende Parthey.

Beym Angriff kömmt es darauf an, die Meinung des Richters zu erobern; dazu ist es unumgänglich nöthig, seinen Verstand zu gewinnen, indem man ihn über den Gegenstand und über die Tauglichkeit des Angriffs ins Klare setzt. Den Streitpunkt zu verdunkeln, kann nie dem Interesse des zuerst redenden oder angreifenden Theils zusagen.

Wenn er schweigt, dann hat er seine Ansichten und Vorstellungen lebendig in die Vorstellungen des Richters hinübergebracht. Das Factum war der Boden, auf welchem seine Forderung und ihre Rechtfertigung wurzelt. So wie er seine Rede schließt, ist die gegenüberstehende antwortende oder vertheidigende Parthey aufgefordert, diesen Boden ebenfalls zu betreten.

Was ist nun ihr Interesse? Den von ihrem Gegner gewonnenen Richter selbst zu gewinnen. Wie kann sie das? Ewig nicht dadurch, daß sie, der Einlassung ausweichend, die Betretung des geistigen Kampfplatzes vermeidet oder ihn umschleicht.

Sie muß das im Kopf des Richters so zu sagen vom Feinde besetzte Gebiet selbst wieder einnehmen. Sie muß deshalb alle die Vorstellungen, durch welche der Feind den Richter für sich zu gewinnen suchte, zum Vorwurf der vertheidigenden Antwort oder der Gegenrede machen.

Das kann sie unmöglich anders, als indem sie sich über das jenseitige Factum, über das was sie davon zugiebt und leugnet, erklärt, und diejenige Thatsache nahmhaft macht, auf welche sie ihre Vertheidigung baut.

So tritt aus der Rede und Gegenrede mit psychologischer und logischer Nothwendigkeit, der status causae et controversiae von selbst hervor.

Es liegt eine große Kraft in dem Bewußtseyn, unter den Augen eines, jedem Winkelzug auflauernden Gegners, mit einem Dritten zu reden, dem man Achtung schuldig ist, und von welchem man selbst geachtet zu werden wünscht. Der Redende will weder irrationell noch unredlich erscheinen. Sein gesunder Menschenverstand erröthet vor sich selbst, wenn er auf dem Versuch, dem Richter einen blauen Dunst vorzumalen, wie auf einer bösen That, überrascht wird. Die mislungene Ueberlistung erscheint als Dummheit, und für dumm mag Niemand gelten.

Ausweichungen bleiben freylich denkbar. Aber sie frommen dem Ausweichenden nicht. Denn sie fördern nicht die Klarheit im Zusammenhang seiner Darstellung, mithin noch weniger diejenige, welche er, seines eigenen Interesses wegen, im Kopf des Richters muß hervorzubringen suchen. Aber auch angenommen, es sey dem Ausweichenden nicht um diese Klarheit, sondern nur darum zu thun, die Vorstellung des Richters in Verwirrung zu bringen, und ihn dadurch wegen der Entscheidung in Verlegenheit zu setzen; welche Gerichtsordnung wird es dem Richter verbieten, der Verlegenheit auf der Stelle ein Ende zu machen?

Jedem Rechtsstreit liegt ein Factum zum Grunde, und die Partheyen sind darüber einig oder nicht einig.

Der Richter muß wissen, welche Bestandtheile des Factums widersprochen und unwidersprochen sind. Seine Verlegenheit kann nur daraus entspringen, daß es ihm ungewiß geblieben ist, ob ein bestimmter Bestandtheil des Factums in jener oder in dieser Kathegorie stehe. Die Kunst der Chikane liegt in der Verschleyerung. Diese Verschleyerung kann dem aufmerksamen Richter nicht entgehen. Sie kann der Gegenparthey nicht verborgen bleiben. Die Gerichtsordnung darf ihm nicht das Recht nehmen, den Richter darauf aufmerksam zu machen. Sie muß sie berechtigen, die verschleyernde Parthey durch den Richter zur kathegorischen Erklärung, mithin zur Entschleyerung aufzufordern.

Dieser Aufforderung wird und muß der Richter um so viel nothwendiger folgen, da er dasitzt, um zu urtheilen, und gleich zu urtheilen. Er kann aber nicht urtheilen, wenn ihm der Stoff der Beurtheilung nicht erkennbar, er kann nicht entscheiden, wenn, was entschieden werden soll, ihm nicht klar ist. Der Richter müßte daher schon aus sich, unveranlaßt von der Parthey, fragen. Es gehört kein unermeßlicher Aufwand des Scharfsinns dazu, um zu ermessen, ob die nicht zu verweigernde Antwort der Parthey paßt, oder nicht paßt, ob sie befriedigt, oder abermals ausweicht. Auch kann es für die Gesetzgebung keine unauflösliche Aufgabe seyn, gegen ausweichende Antworten geeignete Rechtsnachtheile auszumitteln.

So folgen aus dem Mechanismus des mündlichen Verfahrens auch die Mittel, in die Dunkelheiten des status causae et controversiae Licht zu bringen, von selbst.

Man beachte es aber wohl. Der Streitpunkt wird dem Richter aufgeklärt, nicht dem Gegner. Er ist die Basis des Urtheils. Das Urtheil wird vom Richter gefordert. Es ist daher auch der Richter, der eines präcisen und scharf gezeichneten Streitpunkts unerläßlich bedarf. Der Richter muß ihn aus den Verträgen der Partheyen bilden. Er kann die Bildung keinem Dritten überlassen. So wie das Urtheil einzig und allein seine geistige Operation ist, so auch die Bildung des ihm zum Grunde liegenden Streitpunkts. Der Streitpunkt ist mit dem Urtheil eine und dieselbe Geistesgeburt.

Findet sich der Streitpunkt in der Verschiedenheit der subjectiven Rechtsansichten der Partheyen über ein unbestrittenes Factum, so hängt das Urtheil ohne weiteres von der subjectiven Ansicht des Richters ab. Die richterliche Subjectivität wird für beyde streitende Theile formelle, objective Wahrheit. Es bedarf hier keiner besondern Bildung des Streitpunkts. Indem das Urtheil den Streitpunkt bestimmt, entscheidet es ihn zugleich, und umgekehrt.

Findet sich der Streitpunkt in widersprochenen Thatsachen, so ist das, was daran wahr ist, entweder im Lauf der Verhandlung dem Richter klar geworden, und dann hindert ihn nichts, auf den aus ihm erkennbaren Thatsachen hervorgehenden Streitpunkt, ein unbedingtes Urtheil zu bauen; oder das Faktische ist dem Richter selbst nicht klar geworden; dann kann er nur bedingt erkennen; er kann sein Urtheil nur von der Nachweisung einer Thatsache abhängig machen. Und indem er diese ihm zu beweisende Thatsache anzeigt, bestimmt er zugleich, welche von den streitenden Partheyen sie beweisen soll.

So entstehen Beweisinterlocute.

Ein Beweisinterlocut ist weiter nichts, als die vom Richter ausgegangene Regulirung des status causae et controversiae in Hinsicht des Factischen.

Es enthält zwar die Entscheidung des Rechtlichen, macht aber die Würksamkeit dieser Entscheidung abhängig von einem Beweis.

Ein Beweisinterlocut ist seiner Natur nach ein der Rechtskraft fähiges Urtheil. Denn es setzt unwiderruflich dreyerley fest: einmal den factischen Streitpunkt; zweytens das so oder anders gestaltete Rechtliche, je nachdem der factische Streitpunkt sich so oder anders löst; drittens die Frage, welcher von den streitenden Theilen die Materialien zur Lösung herbeyzuschaffen schuldig sey, oder wer zu beweisen habe.

Das Beweisinterlocut ist von der Oekonomie desjenigen Civilverfahrens unzertrennlich, in welchem die Herbeyschaffung der Materialien des Urtheils den Partheyen, die Formation des Urtheils selbst dagegen dem Richter überwiesen ist. In der Oekonomie dieses Civilprozesses bleibt der Parthey die Aufsuchung der Mittel überlassen, durch welche sie sich des Beyfalls des Richters glaubt versichern zu können; sie zeigt dem Richter ihre Forderung, ihre Verweigerung, und die Gründe ihrer Forderung und Verweigerung — mögen sie aus Thatsachen oder aus Rechtsansichten bestehen — an; dagegen zeigt umgekehrt der Richter der Parthey an, welche Thatsachen ihm noch nachgewiesen werden müssen, wenn er ihrer Forderung oder ihrer Verweigerung seinen Beyfall schenken soll. Der Richter regulirt das Beweisthema und die Beweislast.

Die Theorie vom Beweisinterlocut steht in keinem Zusammenhang mit der Mündlichkeit oder Schriftlichkeit des Civilverfahrens. Sie steht aber im allergenausten mit der, dem Civilverfahren zum Grunde liegenden Verhandlungs- oder Untersuchungsmaxime. Bricht die Gesetzgebung jener Maxime den Stab, dann kann sie keine Beweisinterlocute dulden. Hält sie sie aufrecht, dann kann sie — ohne Ungerechtigkeit und Inconsequenz — die Beweisinterlocute nicht abschaffen.

Man gehe nun aus dem Element des mündlichen in das Element des schriftlichen Verfahrens mit Beybehaltung der Verhandlungsmaxime hinüber. Es wird sich dann zeigen, wie in diesem Element die Klarheit des status causae et controversiae, als eigenthümliches prozessualisches Institut, seine Basis verliert. Wird er dennoch — wie es die Preuß. Allg. Gerichts-Ordnung gethan hat — beybehalten, und sogar für einen wesentlichen Bestandtheil des Verfahrens erklärt — so ist das ein unglückliches, obgleich wohlgemeintes Streben gegen den Geist der Maxime. Man darf sich dann nicht wundern, wenn fast in jedem Preußischen Prozeß die Bildung des status causae et controversiae der Chikane ein weites Feld öffnet, und die Plage des sie verwünschenden Instruenten wird.

Also zuerst trage man die Bildung des status causae et controversiae aus dem Gebiet des mündlichen in das Gebiet des, auf die Verhandlungsmaxime gebauten schriftlichen Verfahrens hinüber.

Hier trägt der Kläger seine ganze Klage in einem schriftlichen Aufsatz vor. Dies fordert der Geist der Prozeßform. Die Protocollirung der Klage durch eine Gerichtsperson ist gegen jenen Geist. Wo sie dennoch erfolgt, da ist die Gerichtsperson der bloße Instrumentant des Klägers.

Aus der Klage selbst — sey sie mit noch so viel Klarheit und Bestimmtheit abgefaßt — kann ein status causae et controversiae **nie** hervortreten. Man kann es der Klage **nie** ansehen, auf welche Art sie wird bestritten werden, ob durch Leugnung ihres factischen Fundaments, ob durch Entgegenstellung anderer Thatsachen, die sie verschweigt, oder ob durch Bekämpfung der Rechtssätze, durch welche sie gerechtfertigt wird.

Wird die Klage nicht als **in sich selbst unbegründet** vom Richter abgewiesen, so wird sie zur schriftlichen Beantwortuug mitgetheilt. Ein Zeitraum von Tagen, Wochen, Monaten trennt den in ihr niedergelegten Augriff, von der in ihrer Beantwortung enthaltenen Vertheidigung. Diese Vertheidigung wird dem Richter ebenfalls **vollständig**, aber **schriftlich** vorgelegt.

Beym mündlichen Handeln stehen Kläger und Beklagte **zugleich** vor dem Richter. Sie haben einander schon wechselseitig die Gegenstände ihres Vortrags **vor** ihrem Erscheinen vor Gericht **angezeigt**, und den Richter darauf **vorbereitet**. Dieser erwartet jetzt **vollständige Aufklärung**, eine **erschöpfende Diskussion**, und **bestimmte Anträge**. Es hindert ihn, wenn er die mündliche Exposition der Klage und Einrede gehört, und auch noch die Replik und Duplik vernommen hat, nichts, **sogleich** auf das Vorgebrachte ein **unbedingtes** oder durch eine Beweisauflage **bedingtes** Urtheil folgen zu lassen. Der Beklagte kann ein vor allemal einer **bestimmten** Einlassung und der Bildung eines **pertinenten** Streitpunkts nicht ausweichen. Wollte auch der Kläger sich die Abfertigung mit einer evasiven Antwort gefallen lassen so läßt sie sich doch der Richter nicht gefallen Denn um den Beklagten freysprechen oder verurtheilen zu können, bedarf es seiner bestimmten Antwort. Und wollte umgekehrt der geistesfaule Richter sich mit einer Antwort ins Blaue hinein begnügen, so ist doch der Kläger damit nicht zufrieden, der eben deshalb anwesend ist, um die Vertheidigung des Beklagten zu controlliren, und den Richter auf ihre Lücken aufmerksam zu machen. So wird im mündlichen Verfahren durch die Wechselberührung der einander von Angesicht zu Angesicht gegenüberstehenden Partheyen und durch die Anwesenheit des zu Fällung eines verständigen Urtheils ausgerüsteten Richters, der Status causae et controversiae, so zu sagen, herausgepeitscht. Er kann nicht im Dunkeln bleiben. Weder die Parthey noch der Richter können es zugeben, daß man ihn verschleyere, und beyde haben das Mittel in Händen, die Hülle, unter welcher er sich zu verbergen sucht, wegzustreifen.

Ganz anders bey der schriftlichen Verhandlung.

Dem antwortenden Beklagten stehen Gegner und Richter in sehr weiter Entfernung.

Er kann und muß die Klugheitsfrage aufwerfen: ob er den eigentlichen Streitpunkt sogleich reblich und offen zur Schau ausstellen, oder die Entscheidung dadurch vorerst unmöglich machen wolle, daß er ihn umschleicht.

Es gehört nicht grade ein prozessualisches Schurkengewissen dazu, um sich zu einer solchen Umschleichung zu entschließen. Jede Klage ist für den Beklagten ein Uebel. Der Kläger, welcher vielleicht den Buchstaben des Rechts für sich hat, hat das Rechtsgefühl gegen sich; und der Beklagte, den vielleicht der Buchstabe verdammt, findet in seinem Gewissen Gründe, die Schläge des äußern Rechts — so lange es nur gehen will — abzuwenden.

Seitdem es ein schriftliches Verfahren giebt, hat es auch Versuche gegeben, der Einlassung auszuweichen. Und so lange man diese Versuche gekannt hat, haben die Gesetze gegen sie geeifert, und bestimmte schriftliche Erklärungen zu erzwingen gestrebt. Was konnte zur Erreichung dieses Zwecks passender seyn, als die artikulirte Klage, die Vorschrift, daß jeder Einzelne, zur Klage gehörende Thatumstand, in einen Artikel gebracht, jeder Artikel mit wahr anfangen, und der Beklagte schuldig seyn solle, auf jedes wahr durch ein wahr oder unwahr zu antworten. Dennoch war die Zahl der ausweichenden Antworten Legion, und die Reichsgesetzgebung selbst mußte das ganze Institut als unbehülflich und unbrauchbar wieder abschaffen.

Was war nun zweckmäßiger, als die Verordnung des jüngsten Reichsabschiedes, daß die nicht beantwortete Klage für angeleugnet gehalten, der Beklagte seine Einreden verlieren, und der Kläger sofort, zum Beweise der Klage, zugelassen werden sollte. Dennoch gab es Antworten, welchen man weder ein Leugnen noch ein Einräumen ansehen konnte. In vielen deutschen Gerichtshöfen stürzte der Gerichtsgebrauch den jüngsten Reichsabschied auf den Kopf, und verwandelte willkührlich die Strafe des präsumtiven Ableugnens in die Strafe des präsumtiven Gestehens. Aber auch dadurch wurde nichts gebessert. Die Gerichtshöfe ertönten von Beschwerden über schiefe, unverständliche, den Streitpunkt verwirrende Einlassungen. Daß die Krankheit in den Elementen des schriftlichen Verfahrens selbst ihren Sitz habe, ahnte niemand.

Freylich war der instruirende oder die Verhandlung leitende Richter nicht außer Schuld. Hätte er von seiner Befugniß, die ungenügende Einlassnng von Amtswegen zurückzuweisen, ihre Fehler bemerklich zu machen, und dem Beklagten die Abhülfe derselben zu gebieten, mit unerbittlicher Strenge Gebrauch gemacht, so würde der Streitpunkt sich in den Labyrinthen fortgesetzter Schriftenwechsel nicht haben verlieren können. Das that aber der leitende Richter selten. Und die Veranlassungsursache seiner Nachlässigkeit fand sich abermals in der Form der schriftlichen Verhandlung.

Wurde dem das Verfahren leitenden Richter die Einrede-Handlung vorgelegt, dann hatte er die Klage längst vergessen. Er konnte daher nicht wissen, ob die Antwort passe oder nicht passe. Ahnte er auch das Unpassende oder die Umschleichung, so war doch die Ausfertigung eines Mittheilungsbescheides zur

Replik unendlich leichter, als die Prüfung des Verhältnisses der Antwort zur Klage und die Auffassung des aus diesem Verhältniß hervortretenden Streitpunkts. Von dem gegenwärtigen Mittheilungsbescheid bis zu dem künftigen Urtheil war der Weg noch lang. Das Bedürfniß der Formation des Streitpunkts, als der unentbehrlichen Grundlage des Urtheils, machte sich jetzt nicht fühlbar.

Der leitende Richter fuhr deshalb ohne weitere Kopfanstrengung durch einfache Communicetur bis zur Duplik fort. Jetzt mußte freilich geurtheilt werden; aber jetzt erst den Mangel des Streitpunkts zu rügen, wäre nichts anders gewesen, als das Geständniß eines frühern Fehlers. Lieber bedeckte der Richter diesen Fehler durch ein Interlocut, welches — da kein Streitpunkt gebildet war — auch keinen bestimmen konnte, oder aufs gradewohl einen unrichtigen Streitpunkt festsetzte. Als Geburt der Verlegenheit und Geistesarmuth rechnete ein solches Interlocut mit Gewißheit auf eine Appellation; durch sie wurde seinem Urheber auf immer die Verlegenheit erspart, über sein eignes Machwerk weiter nachzudenken.

So sind im Lauf einer vieljährigen Erfahrung dem Verf. gar viele verunglückte Instructionen vorgekommen.

Man wird fragen: ob denn dem Kläger nicht eben so viel und vielleicht mehr noch als dem Richter an der Bildung des Streitpunkts gelegen sey, und ob er kein Recht habe, darauf zu bestehen? Das

Gesetz giebt ihm allerdings diese Befugniß. Er macht sie aber sehr selten geltend; denn er eilt zu Ende.

Bekämpft er das, auf die ausweichende Antwort des Beklagten ergangene Communicetur des ersten Instanzgerichts beym Oberrichter durch eine Beschwerde, dann darf er darauf rechnen, daß diese Beschwerde durch alle Instanzen hindurchlaufen werde. Es kömmt zum Verfahren im Verfahren. Die Entscheidung der Hauptsache wird Jahre lang entfernt. Im glücklichsten Fall wird in der letzten Instanz unwiderruflich verordnet, daß der Beklagte sich auf die Klage besser wie geschehen, einzulassen habe.

Verlangt der Kläger in der Replik, daß der Beklagte durch eine kathegorische Antwort den Streitpunkt bestimmen solle, so duplicirt der Beklagte, das habe er gethan, und der geäffte Kläger kömmt eben so weit.

Lieber läßt es daher der Kläger auf den Richter ankommen, und hofft vom künftigen Urtheil, was er von seinen Remonstrationen nicht hoffen darf.

Der Preußische Gesetzgeber mag Instructionen dieser Art in unzähligen Spiel- und Abarten kennen gelernt haben. Er erkannte mit Recht in der nicht einmal den Streitpunkt enthüllenden Civilverhandlung die Quelle unübersehbarer Uebel. Er glaubte mit Recht, daß die Fortdauer dieser Uebel jede gründliche Reform vereitle. Durch die Allg. Ger.-Ordnung suchte er der Krankheit in der Wurzel beyzukommen. Dieses schien ihm nur durch die Vernichtung der **Grundlage** des ganzen bürgerlichen Prozesses möglich.

Hier finden wir uns nun an der Schwelle des von der **Untersuchungsmaxime** ausgehenden Civilverfahrens.

Der Preußische Gesetzgeber war tief davon ergriffen, daß sich die Partheyen, an der Hand eigennütziger oder schlauer Anwälde ihres naturgemäßen Berufs schlecht entledigt, und in unzähligen Fällen gar keine oder unbrauchbare Urtelsmaterialien, herbeygeschafft hatten. Daß die Politik der Anwälde meistens die Schuld trug, war nicht zu miskennen. Daß aber die Anwälde nichts anders als das seyn können, wozu sie das **schriftliche** Verfahren macht, daß die **Form** dieses Verfahrens zu Umschleichung des Streitpunkts **reizt**, daß ohne Zerstörung dieser Form der Reiz selbst nicht kann zerstort werden — das oder Aehnliches auch nur zu ahnen, war die deutsche Justizgesetzgebung in dem Zeitalter, in welchem die Allgemeine Gerichtsordnung entstand, nicht berufen.

In einem echt cosmopolitischen Justizeifer fiel der Preußische Gesetzgeber auf ein ganz anderes Heilmittel. Weil die aus so vielen Prozessen ihn widrig ansprechende Dunkelheit des Streitpunkts durch die Behandlungsart der Anwälde entstanden war, so sollten die Anwälde gar nichts mehr mit der Aufklärung des Streitpunkts zu thun haben. Die Partheyen sollten ohne Anwälde handeln. Und weil der Laie das nicht kann, weil durch die Eigenthümlichkeit unferer Socialbildung die Gesetzgebung und die Anwendung derselben eine Wissenschaft geworden ist, weil ohne Kenntniß dieser Wissenschaft ein Rechtshandel weder instruirt noch entschieden werden kann, — so sollten die Richter selbst die gelehrten Anwälde der Partheyen seyn; sie sollten selbst die Materialien des Urtheils kunstfertig herbeyschaffen, und Anwalds- und Richterpflichten in sich vereinigen.

Das war allerdings eine sehr große und durchgreifende Reform. Sie hatte aber den doppelten Fehler, daß sie einmal im Richter die Natur des menschlichen Geistes miskannte, und daß sie zweytens nicht in Uebereinstimmung mit ihrer eignen Grundidee durchgeführt werden konnte.

Sie miskannte einmal im Richter die geistige Menschennatur. Der Mensch kann und soll nicht reines Verstandwesen seyn. Er ist auch Gemüthswesen. Seine Verstandesoperationen werden durch Gemüthsaffecte beherrscht und bestimmt. Sollen sie gelingen, so müssen sie mit Liebe verrichtet werden. — Die richterliche Unpartheylichkeit ist — so seltsam dies auch lauten mag — wie jede andere Seelenstimmung — ein Gemüthsaffect. Es ist die Liebe für Billigkeit und Gesetz, und für die aus der Aufrechthaltung desselben ohne Ansehn der Person hervorgehende Ehre und öffentliche Achtung. Wer unpartheyisch richten soll, muß blos richten. — Auch die zur Anwaldsfunction erforderliche Verstandesanstrengung muß, soll sie gelingen, von einem Gemüthsaffect beherrscht werden.

den. Der Anwald muß das Beste des Clienten mit Liebe befördern. Aber Clientenliebe und Liebe für das Recht, welches keinen Clienten kennt, widersprechen sich. Und eben darum sind Richter- und Anwaldsaffect in dem einen und nemlichen Menschengemüth unvereinbar. — Dieses ist schon so oft gegen die Untersuchungsmaxime des Preußischen Civilprozesses gesagt worden, daß es nicht Noth thut, dabey länger zu verweilen.

Bey der nemlichen Untersuchungsmaxime mißkannte aber auch der Preußische Reformator ihr eignes Wesen und sich selbst. Er erkannte nicht, wohin sie ihn führen müsse, wenn er ihr treu bleiben wollte.

Was der Verf. hier sagen will, wird klar werden, wenn er auf die Gegensätze aufmerksam macht, welche aus dem Wesen des, von der Verhandlungsmaxime und des, von der Untersuchungsmaxime beherrschten Civilverfahrens, hervorgehen.

Dort führen die Partheyen ihre Vertheidigung selbst, der Kläger in der Form eines Angriffs oder einer syllogistischen Behauptung, der Beklagte in der Form eines Widerspruchs oder einer syllogistischen Verneinung. Von den Partheyen hängt es ab, was sie fordern oder verweigern, auf welche factische oder rechtliche Grundlage sie behaupten oder verneinen wollen, was sie von der factischen Grundlage einräumen oder bestreiten, durch welche Mittel sie das factisch Geleugnete beweisen wollen, oder den Beweis glauben vernichten zu können.

Hier — wenn der Richter die Materialien der Entscheidung selbst aufsucht — hängt nur das Fordern oder Verweigern von den Partheyen ab. Die Aufsuchung der Gründe der Forderung oder Verweigerung, oder der, die Gründe voraussetzenden Thatsachen und der die Thatsachen unterstützenden Beweise ist Sache des Richters. Unter seiner inquisitorischen Herrschaft können die Partheyen sich keine Thatsachen einräumen, keinen Beweis erlassen, auf kein Beweismittel verzichten. Bey der Pflege der richterlichen Anwaldschaft sind die Partheyen nur die Ministranten oder Informanten des Richters. Die Art und Weise der Benutzung ihrer Information hängt vom Richter ab. Die Parthey kann ihm darüber nichts vorschreiben; sie kann ihm nicht verbieten, eine Thatsache darum nicht zu untersuchen, weil sie sie nicht für relevant hält, sie kann ihm aber auch nicht gebieten, sie darum zu untersuchen, weil sie darauf ihr Heil baut. — Das sind lauter folgerechte Ausflüsse der Untersuchungsmaxime, wenn schon — wie wir gleich sehen werden — der Preußische Reformator sie nicht sanctionirt hat.

Bey dem, von der Verhandlungsmaxime beherrschten Civilverfahren bildet sich der Streitpunkt aus demjenigen, was die Partheyen wechselseitig gefordert und verweigert, behauptet und geleugnet, als Thatsache zugestanden und bestritten haben. Der Streitpunkt ist unzähliger Modifikationen fähig. Mag er einfach oder verwickelt seyn, immer sind seine Conturen scharf, sie sind nur diesem Rechtsstreit eigen.

Bey dem, von der Untersuchungsmaxime ausgehenden Civilverfahren findet sich der ganze Streitpunkt darin, daß der klagende Theil haben, und der beklagte nichts geben will. Bey allem übrigen haben die Partheyen einander nichts zu bestreiten und nichts einzuräumen. Die durch die Untersuchung herausgebrachte Thatsachen dienen als Gründe für die Beurtheilung des Streitpunkts. Der Streitpunkt selbst sind sie nicht.

Bey dem, durch die Verhandlungsmaxime beherrschten Civilverfahren tritt der Streitpunkt erst am Ende des Streits mit vollkommener Klarheit hervor. Erst jetzt weiß der Richter genau, wie die Partheyen den Angriff und die Vertheidigung geführt, von welchen Thatsachen oder von welchen Rechtssätzen sie ihre Forderungen oder Verweigerungen abhängig gemacht haben. Und jetzt erst kann sich der Richter berufen finden, auf den, von den Partheyen ausgehenden, von ihm dagegen erkannten Streitpunkt, ein Urtheil zu bauen. Er achtet dabey auf das, was jede Parthey als Thatsache behauptet hat; er prüft die Relevanz der Thatsache; er sieht zu, ob sie bewiesen ist oder nicht, und fällt hiernach ein bedingtes oder unbedingtes Erkenntniß.

Bey dem von der Untersuchungsmaxime ausgehenden Civilverfahren ist der Streitpunkt gleich mit der Darlegung der Forderung des Klägers und der Erklärung des Beklagten darauf, mithin bey der Eröffnung des Verfahrens, zu Tage gefördert. Wenn man weiß, was der Kläger haben, und der Beklagte nicht geben will, dann weiß man auch, wie der Streitpunkt gestaltet ist. Einen andern kann der Richter, aus den Vorträgen der Partheyen, nicht abstrahiren. Denn alles, was er weiter erfährt, dient ihm blos als Datum zur Formation seines Urtheils über jenen Streitpunkt. Und da dieses alles durch seine Thätigkeit an den Tag gekommen ist, so wäre es seltsam, wenn er in sein eignes Werk Gegensätze oder Streitsätze hineintragen, und darin Widersprüche aufsuchen wollte.

Das verhandelnde Civilverfahren bahnt naturgemäß den Weg zum Beweisinterlocut. Dieses Letztere stellt, wie oben gezeigt wurde, auf der einen Seite die richterliche Exposition des factischen Streitpunkts, auf der andern die rechtliche, durch eine factische Nachweisung bedingte Entscheidung dar. Vor der Erlassung des Beweisinterlocuts haben die Partheyen ausgestritten; jeder Theil hat die Gründe für seine Forderung und Verweigerung vorgelegt; diese Gründe finden sich entweder in, von der einen Seite behaupteten, von der andern geleugneten Thatsachen oder in, von der einen Seite behaupteten, von der andern geleugneten Rechtssätzen. Der Richter ist nicht blos berufen zu urtheilen, ob jene und diese wahr, sondern vor allen Dingen, ob sie relevant sind. Die Parthey kann sich auf unbezweifelt wahre Rechtssätze bezogen haben, die aber dennoch nach der Meinung des Richters ihre Forderung oder Verweigerung nicht begründen; sie kann ihre Rechtfertigung auf Thatsachen bauen, die, wahr oder unwahr, nach der Meinung des Richters ebenfalls nichts entscheiden. Daß der Richter über jene hinausgeht, versteht sich von selbst, aber eben so auch über diese. Denn zu dem, seinem Urtheil unterworfenen, von seiner Reflexion auszumittelnden Streitpunkt, gehören sie nicht. Er bildet ja diesen Streitpunkt seines Urtheils, nicht der Partheyen wegen. Eben deswegen kann er sich bey Thatsachen, die ihm irrelevant scheinen — wenn schon die Parthey darauf Gewicht legt — nicht aufhalten. Ihm thut es blos Noth, Gewißheit über die Thatsachen zu erhalten, von welchen sein Zu- oder Aberkennen abhängt. Hat er sie im Lauf des Streits nicht erhalten, dann ist es naturgemäß, daß er sie fordert. Da das Urtel durch weiter nichts, als durch die Erledigung dieser Forderung aufgehalten wird, so wäre es gegen alle prozessualische Oekonomie, wenn nicht das Hauptnrtel selbst in diese Forderung verwebt würde.

Diesen so naturgemäßen Ansichten ist die Oesterreichische Prozeßgesetzgebung untreu geworden. Obgleich auf die reine Verhandlungsmaxime gebaut, hat sie dennoch die Beweisinterlocute abgeschafft, und die Parthey angewiesen, mit dem Vorschützen der Thatsache, auch den Beweis derselben zu verbinden. Es soll dadurch die ganze Handlung vereinfacht und erleichtert werden. Es ist dem Verfasser nicht bekannt, wie sich diese Prozeßgesetzgebung in der Erfahrung gestaltet. Aus dem Standpunkt der Theorie beurtheilt, kann sie die Civilverhandlung nicht vereinfachen, sondern nur erschweren. Es ist wahr, daß die Abschaffung der Beweisinterlocute auch die Appellation von Beweisinterlocuten vertilgt, und die abgesonderten Instanzverfahren über den zu führenden und den geführten Beweis erspart. Das ist aber auch der ganze Gewinn. Dagegen entsteht nun ein sehr verwickeltes und sehr oft vergebliches und zeilverschwendendes Beweisverfahren. So wie die Parthey sich auf eine Thatsache beruft, muß sie auch sogleich die Mittel ihrer Erhärtung anzeigen, und ein desfallsiges Verfahren einleiten. Sie muß mithin gar mancherley beweisen. Denn ihre Ansichten über die Relevanz der vorgeschützten Thatsachen sind gar leicht nicht die Ansichten des Richters. Weil sie aber das im voraus nicht wissen kann, muß sie irrelevante Beweise führen. Verläßt sie sich darauf, daß der Gegner die Thatsache nicht leugnen oder daß der Richter nichts darauf bauen werde, so läuft sie Gefahr, daß, wegen dem nichtbeygebrachten Beweis desjenigen, was der Richter für relevant hält, ihr gutes Recht zu Grunde gehe. Was folgt daraus? Es folgt, was die Preußischen Juristen die Eventualmaxime nennen. Die Parthey muß oft ins Leere hinein, aufs Gradewohl, weil sie nicht wissen kann, wie der Richter den factischen Streitpunkt bilden, oder welchen Streitpunkt er sei=

nem Urtheil zum Grunde legen werde, alles Mögliche beweisen. Das kostet doch wohl einen größern Zeitaufwand, als die Absonderung des Instanzverfahrens über das zu Beweisende von dem Instanzverfahren über das Bewiesene, eine Gemination, welcher die Prozeßgesetzgebung sehr leicht durch die naturgemäße Verordnung vorbeugen kann, daß der Beweis demjenigen Instanzrichter vorgelegt werden muß, welcher ihn zuletzt rechtskräftig forderte, und daß mithin das Beweisverfahren niemals an die vorige Instanz zurückverwiesen werden darf. — Die Parthey zu unnützen Beweisführungen zu nöthigen, ist weder consequent noch gerecht.

Das von der Untersuchungsmaxime ausgehende Verfahren kann dagegen naturgemäß gar kein Beweisinterlocut kennen. Die Ausmittelung des Rechts der Partheyen ist dem Richter hingegeben. So wie die klagende erklärt hat, was sie glaubt fordern, die beklagte, was sie glaubt verweigern zu können, haben beyde aus sich heraus und selbstständig eigentlich nichts mehr zu handeln. Ob das Partheyrecht von einer Thatsache abhänge, und von welcher, ob es Mittel gebe, die Thatsache aufzuklären, und welche — das alles muß die richterliche Thätigkeit selbstständig erledigen. Für den Richter giebt es keinen andern Streitpunkt, als der des Habenwollens von der einen, und des Nichtgeben oder Nichtthunwollens von der andern Seite. Die Aufklärung dieses Streitpunkts ist Richtergeschäft, und das Urtheil nichts anders, als das vom

Richter selbst ausgemittelte Ergebniß oder Endresultat seiner eignen Vorarbeiten. Unter der Herrschaft der Untersuchungsmaxime sollte daher — würde sie folgerecht gehandhabt — der Parthey nie zugemuthet werden, dem Richter die Beweise dieser oder jener Thatsache vorzulegen. Es ist ja seine Sache, die Beweise da zu suchen und zu holen, wo sie nach seiner Meinung zu finden sind. Noch weniger kann der inquisitionsmäßig verfahrende Richter sein Endurtheil durch den Beweis einer Thatsache zum voraus bedingen. Denn da würde er ja für seine künftige Meinung sich selbst eine Vorschrift ertheilen, oder sich selbst eine Bedingung verschreiben, welche er auch selbst zu lösen hätte. Die Untersuchung schreitet, so wie der dem Geist dieses Civilverfahrens angemessene Streitpunkt gleich nach der ersten Vernehmung des Beklagten hervorgetreten ist — unaufhaltsam und ununterbrochen bis zum unbedingten Endspruch fort. Der Endspruch kann an keine andere Bedingung geknüpft werden, als an eine Eidesleistung, oder an eine Gewissensprüfung, bey welcher das Wahr- oder Nichtwahrseyn der Thatsache, dem nicht sichtbar darzustellenden moralischen Bewußtseyn der Parthey und ihrer Erklärung über dieses Bewußtseyn, überlassen bleiben muß, ohne weitern Spielraum für das richterliche Inquiriren.

Aus dem Entwickelten folgt, daß die im Oesterreichischen Prozeß, im Widerspruch mit seinem eignen Fundamentalprincip, verfügte Abschaffung der Beweisinterlocute, dem Fundamentalprincip des Preußischen Prozesses vollkommen zusagt, und daß umgekehrt die, im österreichischen Prozeß, in Uebereinstimmung mit der, von ihm veranstalteten Aufhebung der Beweisinterlocute, folgerecht eingeführte Eventualmaxime, dem Grundprincip des Preußischen Prozesses nicht zusagt.

Um so viel mehr muß es auffallen, daß der Preußische Gesetzgeber bey der Aufhebung der Beweisinterlocute seinem Fundamentalprincip treu geblieben, bey der Einführung der Eventualmaxime dagegen ihm ungetreu geworden ist.

Wenn der Verfasser die in dieser letzten Hinsicht der Preußischen Prozeßgesetzgebung zum Vorwurf gereichende Inconsequenz mit Klarheit wird nachgewiesen, und wenn er den Entstehungsgrund derselben wird aufgedeckt haben, dann wird ihm auch wohl der Beweis gelingen, daß der Status causae et controversiae des Preußischen Prozesses — nicht der, dem Untersuchuugsprincip angemessene, mit der einfachen Exposition des Haben- und Nichtgebenwollens ausgesprochene, sondern derjenige, dessen Ausstellung A. G. O. I. Tit. 10. verordnet — mit vollem Recht der Gegenstand der Verwünschung des Preußischen Instruenten und im Uhrwerk des Preußischen Civilprozesses ein vollkommen überflüssiges Triebrad ist.

1. Sobald der Preußische Richter über das was gefordert und verweigert wird, Information erlangt hat, ist die Aufsuchung der, der Forderung oder Verweigerung zur Seite stehenden Rechtsgründe seiner Einsicht und die Ausmittelung der

sie begründenden Thatsachen seiner Thätigkeit überlassen. Auf welchen Wegen, durch welche Maaßregeln? — auch das ist seiner Reflexion hingegeben. Er sucht die Beweise, wo sie nach seiner Meinung zu finden sind, und es fehlt ihm nicht die Gewalt, sowohl die Partheyen als jeden Dritten zur Mittheilung der verlangten Kunde zu nöthigen. Dieses alles nun kann nur nach einer klar gefaßten und mit sich selbst übereinstimmenden Ansicht von Zweckbestimmung und Nothwendigkeit geschehen. Die Forderung des Klägers, die Verweigerung des Beklagten steht zu dem Rechtsverhältniß, auf welchem jene oder diese ruht, dieses Rechtsverhältniß steht zu den behaupteten oder geleugneten Thatsachen, aus welchem es hervorgeht, und die Thatsachen zu ihrem Beweis im Zusammenhang der Ursache zur Würkung und des äußerlich Erkennbaren zum äußerlich Erkannten. Ueber diesen Zusammenhang können die subjectiven Ansichten des Klägers, des Beklagten und des Richters sehr von einander abweichen. Aber jede dieser Ansichten kann von sich selbst nicht abweichen, oder sie ist — gar keine Ansicht. Denn in einer mit sich selbst übereinstimmenden Ansicht ist jeder einzelne Bestandtheil derselben ein nothwendiges Glied. Hier ist nichts eventuell. Man kann eben so wenig annehmen, es sey wenigstens nützlich, wenn der Richter auf dieses Factum und auf ein anderes zugleich inquirire, obgleich nur eines nach seiner Meinung die zu untersuchende Forderung begründet, als man annehmen darf, der Richter wisse eigentlich selbst nicht, was er meine und nicht meine. Das Auge des Richters kann nur auf diejenige Thatsache gerichtet seyn, in welcher er den nothwendigen Zusammenhang des Geforderten mit dem rechtlich Zuzuerkennenden wahrnimmt, nur auf diejenige Erforschungsmittel, von deren Gebrauch er die Enthüllung jenes Zusammenhangs rationell erwartet. Wer sieht nun nicht, daß in dieser Stellung des Richterverstandes zur Behandlung des Streitobjects jeder Spielraum für die sogenannte Eventualmaxime verschwindet.

Und in diesem Geist werden auch die richterlichen Befugnisse in der Allgemeinen Gerichtsordnung festgesetzt.

Das Untersuchungsprincip wird an die Spitze gestellt. *)

Nicht die Thatsachen, welche die Partheyen angegeben, sondern diejenige, welche sich als wahr bewährt haben, sollen dem Urtheil zum Grunde gelegt werden. (5)

Der Richter soll nach der Vernehmung beyder Theile die erheblichen von den unerheblichen Thatsachen absondern. (29)

Er soll nur die Erheblichen untersuchen. (20).

Er soll die Untersuchung so lange fortsetzen, bis ihr Grund oder Ungrund völlig ins Licht gesetzt, oder doch alle dazu vorhandene Mittel erschöpft worden sind. (20)

---

*) Einleitung in die Prozeßordnung 5, 12, 14, 17, 20, 29.

Der Richter soll sich selbstthätig von ihrer Wahrheit versichern, nicht blos durch die, von den Partheyen vorgeschlagenen Erforschungsmittel, sondern vielmehr durch diejenige, welche ihm seine eigne Einsicht zeigt. (17)

Die Partheyen dienen dem Richter bey dieser Ausmittelung als Handlanger. Der Richter muß sie vor allem andern ausfragen. Sie müssen deshalb bey der Instruction so viel und so oft es möglich ist, persönlich zugegen seyn (12). Sie sollen die Wahrheit sagen. Vorsätzliche Verstellung oder Verschweigung der Wahrheit soll nachdrücklich gestraft werden. (14)

Soweit die Herrschaft des Untersuchungsprincips in seiner folgerechten Entwickelung.

II. Groß ist die Gewalt, welche es in die Hand des Preußischen Richters niederlegt.

Die Parthey wird nicht durch ihre eigne Handlung, nicht nach ihrer eignen Einsicht, nicht durch die von ihr gewählten Vertheidigungsmittel geschützt. — Das alles hängt vom Richter ab. Ihr Forderungs- oder Verweigerungsrecht wird nicht von ihr selbst, sondern vom Richter vertreten — auch wohl — niedergetreten. Thatsachen, in welchen er ihre Vertheidigung nicht sehen will, werden nicht untersucht. Umstände, über welche sie stillschweigend hinausgehen mögte, werden, ohne daß es der Gegner verlangt, ans Licht gezogen. Beweismittel, welche sie nicht brauchen mögte, werden — wieder ohne daß es der Gegner fordert —

von oben herab — als Erforschungsmittel der Wahrheit geltend gemacht.

III. Dieser vom Preußischen Prozeß erzeugte Richterdespotismus konnte dem Preußischen Gesetzgeber nicht entgehen. Hatte er durch die große Ausdehnung der Richtergewalt die Partheyen gegen die Vervortheilungen und Umtriebe der Anwälde zu schützen gesucht, so glaube er auch jetzt, sie gegen die Bedrückungen der Richtergewalt selbst schützen zu müssen. Hatte er das Verhandlungsprincip, um die Verewigung der Prozesse zu verhüten, aus der Evolution des Civilverfahrens verbannt, so suchte er jetzt, um ihre übereilte oder vorschnelle und willkührliche Beendigung zu verhindern, dem Misbrauch des Untersuchungsprincips andere prozessualische Einrichtungen entgegen zu setzen.

Zu diesem Zweck trennte er die leitende, untersuchende, referirende und decidirende Richterfunction, und suchte den Misbrauch der einen, durch die, aus der Thätigkeit der andern hervorgehende Beschränkung zu verhüten.

Er verstattete der Parthey den Recurs von dem untersuchenden an den decidirenden Richter.

Er stellte den untersuchenden Richter unter die Controlle der Partheyen und der ihnen verstatteten Assistenten. *)

---

*) Wie sich die Preußischen Justizcommissarien nach dem Geist der Allgemeinen Preußischen Gerichtsordnung von den Anwälden des Gemeinen

Aus der Thätigkeit dieser Institute entwickelte sich die Eventualmaxime und dasjenige, was die Preuß. Allg. Gerichts=Ordnung die Festsetzung des aus den sämmtlichen factischen Angaben, Widersprüchen und Ableugnungen der Partheyen und ihrer Assistenten construirten Status causae et controversiae nennt.

Zuletzt wurde noch den Partheyen, um die Umsicht und Aufmerksamkeit des decidirenden Richters zu vermehren, die Rechtsdeduction verstattet.

a. Es sollte der den Prozeß bis zum Schluß der Verhandlung leitende Referent von demjenigen Referenten verschieden seyn, der aus geschlossenen Acten vorträgt, und das abzufassende Endurtheil proponirt. Jener wurde in der Gerichtsordnung Dezernent genannt, dieser Referent im eigentlichen Sinn.

Der Dezernent referirt dem Richtercollegium über jeden im Lauf des Verfahrens vorkommenden Antrag, also über die Anmeldung der Klage, über jeden von der Parthey ausgehenden Wunsch, über ihre Beschwerden gegen den Instruenten, über die Berichte und Anfragen des Instruenten, über die im Lauf der Instruction vom Instruenten aufgeworfenen Zweifel u. s. w.

Der Instruent vernimmt beyde Theile über das Hauptfactum und über die damit in Verbindung

---

Deutschen Prozesses unterscheiden, gehört zu den noch nicht bearbeiteten Aufgaben der Metaphysik des Preußischen Civilprozesses.

stehenden Nebenumstände, nimmt Erklärungen darüber, so wie über die deshalb vorgelegten Urkunden und vorgeschlagenen Beweismittel auf, veranstaltet den Augenschein, das Gutachten von Sachverständigen u. s. w. Bey dieser ganzen Evolution hängt der Instruent von dem, auf Antrag des Dezernenten beschließenden Richtercollegium ab, und den Partheyen steht der Recurs gegen das, was er verfügt, oder zu verfügen versagt, an das Richtercollegium offen.

Nachdem auf den Antrag des Dezernenten das Richtercollegium die Acten für spruchreif erklärt hat, werden sie an ein Spruchcollegium — gewöhnlich eine Abtheilung oder ein Senat des ganzen Gerichtshofs — zur Aburtheilung abgegeben. Das Directorium desselben stellt sie einem Referenten zu, und dieser schlägt das Endurtheil nach Voransendung eines Vortrags aus den geschlossenen Acten vor.

Das Spruchcollegium hat die Befugniß, auf Antrag des Referenten vor der Abfassung des Endurtheils die Vollendung der Instruction zu verordnen.

b. Durch die Einführung eines so complicirten Geschäftsgangs wollte der Preußische Gesetzgeber eine Richterfunction durch die andere, die instruirende durch die decernirende, und beyde durch die referirende controlliren.

Er ließ die vom Instruenten geführte Untersuchungsakten durch die prüfenden Hände des Dezernenten und Referenten hindurchlaufen, überwies beyden die Rüge der Instructionsmängel, und beschränkte durch beyde die Willkühr des Instruenten.

Ich sage durch den Dezernenten und Referenten. Denn der Gerichtshof und das Spruchcollegium unterliegen der geistigen Herrschaft des, aus schriftlichen Verhandlungen schriftlich oder mündlich vortragenden Mitgliedes. Ihre Intelligenz, ihr Geschäftsblick wird, wenn sie ihres Berufs nicht unwerth sind. die Intelligenz und Geschäftsblick der, auf ihren Antrag beschließenden Behörde. Die Referentenherrschaft gehört zu den unbesiegbaren Gebrechen des schriftlichen Verfahrens bey geschlossenen Thüren.

So wird der Instruent im ganzen Lauf der Instruction vom Dezernenten bewacht, und nach der Beendigung derselben vom Referenten gemeistert. Aber nicht von beyden allein. Die mit einer Instruentenverfügung unzufriedene Parthey wendet sich an den Gerichtshof. Der Gerichtshof entscheidet nach Anhörung der Meinung des Dezernenten über die Beschwerde.

In dieser Stellung ist der Instruent ein von oben- und untenher geplagter Functionair. Zwar hat er über die Erheblichkeit oder Nichterheblichkeit eines erbetenen Instructionsacts, einer auszumittelnden Thatsache, über die Relevanz oder Nichtrelevanz eines Beweismittels eine Meinung. Er muß aber, so oft er diese Meinung durch eine Verweigerung geltend macht, sich auf eine Beschwerde gefaßt machen. Die Beschwerde erzeugt einen Stillstand im Verfahren. Sie exponirt den Instruenten einer Verantwortlichkeit. Um sie zu vermeiden, verzichtet er lieber auf jede Meinung, sucht jede Parthey zufrieden

den zu stellen, und dehnt die Instruction auf jede von ihr angeregte Thatsache, — gleichviel, ob sie nach seiner Ansicht relevirt oder nicht relevirt — aus.

c. Damit der Instruent zeige, wie vollständig er sich seines Auftrags entledigt habe, muß er, durch Zusammenstellung aller bey der Instruction von den Partheyen zur Sprache gebrachten factischen Behauptungen, und desjenigen, was jeder Theil in Hinsicht derselben affirmirt und negirt, das Instructionsprotokoll schließen, und die Vollständigkeit der Zusammenstellung durch die Unterschrift der Partheyen oder ihrer bevollmächtigten Assistenten bescheinigen lassen.

Der Preußische Prozeß nennt jene Zusammenstellung die Regulirung des Status causae et controversiae und die Bescheinigung ihrer Vollständigkeit von Seiten der Partheyen die Anerkennung des Status causae et controversiae.

Der Instruent sucht dabey auf der einen Seite den Vorwürfen der Partheyen, auf der andern, den möglichen Rügen des Richtercollegiums, vorzubeugen.

Zur Erreichung dieses doppelten Zwecks kann die Instruction nie zu viel Streitpunkte in den Status causae et controversiae aufnehmen.

Der Instruent hat zwar die Befugniß, die ihm unerheblichen Streitpunkte von denen, die er für erheblich hält, abzusondern. Er kann aber nicht wissen, ob das Richtercollegium, oder vielmehr der Dezernent, und späterhin der Referent, über das Erhebliche und Nichterhebliche seine Ansicht künftig theilen werde. Er kann den Erfolg einer etwa gegen ihn geführten Parthenbeschwerde nicht berechnen. Er enthält sich daher lieber der ganzen Absonderung, dehnt den Status causae et controversiae so weit aus, als es die eine streitende Parthey verlangt, und erklärt allenfalls, nach dem Antrag der andern, die Frage: ob nicht alle als controvers und erheblich herausgehobene Punkte sammt und sonders unerheblich und unwesentlich sind, auch noch für controvers.

d. Aus dieser Stellung des Preußischen Instruenten zu der Richterbehörde und den Partheyen tritt nun die volle Herrschaft der Eventualmaxime des Preußischen Prozesses hervor.

Um eine vollständige Instruction zu liefern, verbreitet sie der Instruent über alles, was vielleicht das entscheidende Richtercollegium für relevant halten könnte — sey auch die Wahrscheinlichkeit oder die Möglichkeit noch so weit entfernt.

Eine nicht so vollständige Instruction könnte dem Instruenten zur Vervollständigung remittirt werden; der Zeitaufwand wäre zweckwidrig, und die Rüge nicht ehrenvoll.

Die Gerichtsordnung verlangt ausdrücklich (Einleitung 7. u. 20.), daß die untersuchende Instruction nicht eher die Hand vom Werk abziehen soll, bis der Grund oder Ungrund jeder erheblichen Thatsache, so weit es möglich oder nöthig ist, erforscht wurde.

Da aber das Meinen des Instruenten über das Erhebliche nichts gilt, da er Beschwerden von unten, und Rügen von oben vermeiden will, so untersucht er recht gründlich Erhebliches und Unerhebliches zugleich, weil er dann nur mit einiger Gewißheit hoffen darf, auch das getroffen zu haben was der decidirende Richter fur erheblich halten wird

Er fordert cathegorische Erklarungen der Partheyen über factische Angaben, auf welche *eventuell* nichts ankommt, er mittelt durch Zeugenverhöre, Augenschein u. s. w. Thatsachen aus, welche *eventuell* gar nichts bedeuten; er erzwingt Erklärungen auf Eideszuschiebungen, welche *vielleicht* der decidirende Richter als *unzulässig* verwirft, u. s. w. Ein *eventuell* irrelevanter Status causae et controversiae zieht *unausweichlich* eine *eventuell* irrelevante Beweisaufnahme nach sich.

IV. Aus dieser Entwickelung stellt sich nun ein nicht zu hebender Widerspruch zwischen dem *Fundamentalprincip* des Preußischen Civilprozesses und den Instituten desselben, oder der *Organisirung des Fundamentalprincips* heraus. Denn

1. Nach dem *Fundamentalprincip* sollen die Materialien des Endurtheils durch *richterliche Untersuchung* ausgemittelt werden. In einer solchen Untersuchung schreitet die Richterverhandlung mit *subjectiver Nothwendigkeit* und *Zweckbestimmung* — von Act zu Act — ohne einem nur eventuell Nothwendigen und Zweckmäßigen Raum zu geben — fort. Durch die *Organisirung* des Fundamentalprincips wird die Untersuchung einem *Instruenten* übertragen, dieser Instruent dem eigentlichen Richter *subordinirt*, und der Beschwerde der Partheyen, oder ihrem Recurs an den Richter

Preis gegeben. Es wird hierdurch der Instruent so gestellt, daß er eine nach allen möglichen Richtungen zu, in die Länge und in die Breite, ohne Zweckbestimmung und Nothwendigkeit laufende Instruction, veranstalten muß.

2. In jedem Prozeß geht der wahre Status causae et controversiae von den Partheyen aus. Er wird vom Richter construirt, aufgefaßt und beurtheilt. In der, vom Preußischen Untersuchungsprincip beherrschten Civilverhandlung findet sich der wahre Status causae et controversiae in dem Habenwollen des Klägers, und in dem Nichtgeben- oder Thunwollen des Beklagten. Die Organisirung des Untersuchungsprincips dagegen erzeugt einen Status causae et controversiae, der sich über alles Mögliche verbreitet, was nur der Zanksucht der Partheyen, als relevant aufzustellen und streitig zu machen, gelüstet.

3. Das Preußische Untersuchungsprincip entfernt aus der Verhandlung jeden überflüssigen Verfahrungsact. Die Organisirung des Princips baut auf die Grundlage eines eventuell irrelevanten Status causae et controversiae, eine eventuell irrelevante Beweisaufnahme, führt mithin zu einer Ueberladung der Instruction mit einer Menge überflüssiger Handlungen.

4. Nach dem Preußischen Untersuchungsprincip soll die Untersuchung von oben herunter gehen. Wegen der durch die Organisirung desselben erzeugten Eventualmaxime, geht sie von unten herauf.

5. Die Würkung des Preußischen Untersuchungsprincips soll die Richterbehörde von den Plackereyen der Anwälde erlösen. Durch die Organisirung desselben wird der Instruent, der nach dem Verlangen der Justizassistenten auf alles Mögliche inquiriren muß, diesen Plackereyen wieder Preis gegeben; es wird der Richterbehörde die Musterung dieser Plackereyen zugemuthet.

6. Die Thätigkeit des Untersuchungsprincips soll die Chikane aus den Preußischen Gerichtshöfen herauswerfen. Die Thätigkeit der Organisirung des Untersuchungsprincips führt sie in voller Macht und Herrlichkeit, obgleich in veränderter Gestalt, wieder herein.

Das sind doch wohl schroffe Widersprüche zwischen dem Princip der Preußischen Prozeßgesetzgebung und dem, aus seinen Vollziehungsmitteln hervorgehenden Prozeßmechanismus.

Die Quelle dieses Widerspruchs ist achtungswürdig. Sie findet sich in dem Streben des Gesetzgebers nach dem Vollkommenen. Aber wie oft war schon dieses Streben der Feind des Guten! Es lassen sich nicht alle Vorzüge vereinigen. Der Preußische Gesetzgeber wollte dreyerley. Es sollte schriftlich gehandelt werden. Den Umtrieben des schriftlichen Verfahrens sollte das Untersuchungsprincip ein Ziel setzen. Den aus dem Untersuchungsprincip hervorgehenden Richterdespotismus sollten Controllen, die Unterordnung der Instruction unter das Richtercollegium und die

Ausmittelung des von den Partheyen gebildeten Status causae et controversiae hemmen. Aber die Hemmung, welche doch ihren Zweck nur sehr unvollkommen erreichte, führte zu neuen Umtrieben.

Würden die Entscheidungsgründe des obersten Preußischen Gerichtshofs künftig eben so gut ein Gegenstand der Publicität, als sie jetzt in das Gerichtsgeheimniß eingehüllt bleiben, so würde sich der Werth oder Unwerth des Preußischen Status causae et controversiae und der darauf gegründeten Beweisaufnahme noch mehr herausstellen. Es würde sich vielleicht zeigen, daß das Richtercollegium in den meisten Fällen auf den Status causae et controversiae keine Rücksicht nimmt und nehmen kann, und daß er eben deswegen auf die Entscheidung wenig Einfluß hat.*)

Sehr gewiß bleibt indessen die richtige Auffassung des Streitpunkts die unerlaßliche Bedingung eines, seinem Zweck entsprechenden Urtheils. Eben so gewiß kann auf Partheyenverhandlungen, welche den Streitpunkt nicht entwickelt haben, kein pertinentes Urtheil gebaut werden. Es gehört deshalb die Frage:

wie ist es zu machen, daß die Verhandlungen den richtigen Streitpunkt zu Tage fördern?

---

*) Die Deductionen haben kein glücklicheres Schicksal. Man lese die, den drey ersten Instanzen gewidmeten Deductionen in der Anhalt-Bernburg-Schaumburgischen Schenkungssache, und sehe dann zu, wie viel von ihrem Inhalt in den Urtheilsgründen erwogen worden ist.

zu den wichtigsten Aufgaben der Prozeßgesetzgebung.

Um ihre Lösung zu finden, fasse man ihren Sinn.

Der Streitpunkt ist die Basis des Urtheils. Die Fassung und Bildung desselben ist Sache desjenigen, der das Urtheil aussprechen soll.

Geschöpft wird der Streitpunkt aus den Anträgen und Vorträgen der Partheyen. Die Materialien zur Bildung desselben werden deshalb dem Richter von außenher gegeben.

Wo es dem Richter obliegt, die Materialien der Entscheidung selbstthätig und nach eigner Einsicht herbeyzuschaffen, da muß er blos wissen, zu welchem Zweck ihn die Partheyen bemüht haben. Dieses sagt ihm der fordernde Antrag des Klägers, der weigernde des Beklagten.

Wo es den Partheyen obliegt, die Materialien der Entscheidung dem Richter selbstthätig und nach eigner Einsicht vorzulegen, da bildet sich der Streitpunkt aus dem, was sie sich wechselseitig als factisch und rechtlich zugestehen und ableugnen.

Nur auf dem Grund und Boden des, von der Verhandlungsmaxime beherrschten, schriftlichen Verfahrens kann sich, wegen dem nicht abzuändernden Mechanismus desselben, der Streitpunkt unter ausweichenden schriftlichen Erklärungen verhüllen, und es kann, um ihn zu Tage zu fördern, ein eignes Verfahren nöthig werden.

Auf dem Grund und Boden des, von der nemlichen Verhandlungsmaxime beherrschten, im

Geist und in der Wahrheit gesetzlich organisirten mündlichen Verfahrens, entwickelt sich, durch den Mechanismus desselben, der Streitpunkt von selbst. Der Beklagte kann ihn weder dem Gegentheil noch dem Richter verhüllen, und beyden kann es, wenn er es dennoch versuchte, — nicht an Mitteln fehlen, den Prozeßdelinquenten in flagranti zu überraschen, seinen Versuch auf der Stelle zu vereiteln und ihn allenfalls zu bestrafen.

Die Klagen über die, zur Verhüllung des Streitpunkts gebrauchten Anwaldskünste wurden immer nur in deutschen Gerichten geführt. Wo mündlich verfahren wird, kennt man sie nicht. Und für die wenigen Fälle, in welchen die Schwierigkeit der Heraushebung des Streitpunkts in der Complicirung des Factums selbst liegt, kennt der französische Prozeß das Interrogatoire sur faits et articles.

VI.

Deduction des Mandatars des querulatischen Theils in Appellatorio.

Durch ein vervielfältigtes, vielfach verzweigtes Verfahren, mit neuem Faltenwurf, zu neuen Verwikkelungen, durch Erkenntnisse, unter sich selbst und mit sich selbst im Widerspruche, durch doppelsinnige, unerklärte Benennungen, bald in diesem, bald in jenem Sinne, ist diese jetzt in zweyter Instanz zu entscheidende Rechtssache, so sehr verwirrt worden, daß sie von allen Seiten ein wahres Chaos darbietet.

Wir empfinden besonders hier das Peinliche unsers Amts, uns in einer fortwährenden Spannung gegen ausgezeichnete Fähigkeiten zu erhalten, von welchen allgemein anerkannte Wahrheiten mit derselben Kraft, wie irrationelle Systeme angegriffen werden.

Wir wollen in dieser Nullitätssache, in welcher das Gesetz selbst uns zwingt, in seinem Namen zu reden, mit der Erzählung der Geschichte dieses Rechtsstreits und des dabey beobachteten Verfahrens, wenn gleich diese Thatsachen schon bekannt sind, den

Anfang machen; wir betrachten dieses als eine um so unerläßlichere Pflicht, da mehrere dieser Thatsachen wichtige Betrachtungen erheischen.

Der apanagirte Fürst, Adolph Friedrich Ludwig, der letzte 70jährige Prinz der Anhalt-Bernburg-Schaumburgischen Nebenlinie, schenkte seinen Großnichten, den sämmtlichen vier minderjährigen Prinzessinnen Töchtern des Fürsten Victor Carl Friedrich, durch eine Schenkungsurkunde vom 7ten November 1812 denjenigen Theil seiner Apanagegüter, welche im damaligen Königreiche Westphalen belegen waren.

Diese Urkunde wurde nach dessen bald darauf erfolgtem Ableben, wodurch die Apanagegüter an die regierende Linie zurückfielen, von S. D. dem regierenden Herzog von Anhalt-Bernburg als nichtig angefochten, mittelst einer dem Königl. Oberlandesgerichte am 5ten März 1815 von uns überreichten Klage gegen die verwittwete Frau Fürstin Amalie zu Anhalt-Bernburg-Schaumburg, als Vormünderin ihrer minderjährigen vier Prinzessinnen Töchter Hermine, Adelheid, Emma und Ida.

Nach erfolgter Vorladung der Frau Verklagtin bestellte dieselbe beym hiesigen Gerichte den Justizrath Heyer zu ihren Bevollmächtigten, welcher auch mit gehöriger Vollmacht versehen wurde.

Nun begann der Rechtsstreit.

Am 30sten August 1815 vermählte sich die älteste Prinzessin Hermine mit Se. K. H. dem Erzherzog von Oesterreich. Weder dem Königl. Oberlandesgericht noch uns ist hiervon eine offizielle Anzeige zugekommen.

Am 10ten Septbr. 1816 wurde der Kläger durch die erste Sentenz des K. Oberlandesgerichts mit der erhobenen Klage abgewiesen.

S. H. Durchl. appellirten gegen diese Sentenz an den zweyten Senat des K. Oberlandesgerichts.

Am 24sten July 1817 erfolgte die Vermählung der zweyten Prinzessin Adelheid mit S. D. dem Erbherzog von Holstein-Oldenburg.

Auch von dieser Vermähluug ist keine officielle Anzeige zu den Acten gekommen.

Am 30sten October 1817 verstarb die Prinzessin Hermine mit Hinterlassung eines Prinzen und einer Prinzessin.

Auch diese neue Veränderung ist den Gerichten und uns völlig verborgen geblieben.

Am 13ten Februar 1818 wurde die Appellationssentenz publicirt. Die dadurch bestätigte erste Sentenz des K. Oberlandesgerichts lautet:

daß die Förmlichkeiten des eingewandten Rechtsmittels zwar für beobachtet anzunehmen, in der Sache selbst aber das Urtheil des ersten Senats des hiesigen Königl. Oberlandesgerichts de publicato den 11ten Septbr. 1816 lediglich zu bestätigen, und Appellant die Kosten dieser Instanz zu tragen, und resp. der Verklagtin zu ersetzen verbunden. Der Verklagtin liegt übrigens ob, sich binnen vier Wochen durch Beybringung ihres tutorii als Vormünderin ihrer Prinzessinnen Töchter zu legitimiren.

Dem K. Oberlandesgericht war hiernach, wie uns, entweder die erfolgten Vermählungen der beyden ältesten Prinzessinnen und das Absterben der Prinzessin Hermine mit Hinterlassung eines Prinzen und einer Prinzessin damals völlig unbekannt, oder das Königl. Oberlandesgericht war der Meinung, daß der Justizrath Heyer die ihm anvertraute Rechtssache so lange zu betreiben berechtigt, bis dessen Bestellung zum Bevollmächtigten förmlich wieder zurückgenommen worden war.

Am 30sten März 1818 wurde gegen diese zweyte Sentenz des K. Oberlandesgerichts das Rechtsmittel der Revision angemeldet.

Am 4ten Juny wurde die Revisionsdeduction überreicht.

Inzwischen hatte der Justizr. Heyer zur Erfüllung der Appellationssentenz ein Attest des Nassauischen Staatsministeriums vom 26sten März 1818 überreicht, nach welchem die Beybringung eines tutorii nicht weiter nothwendig war, indem in diesem Atteste die Bemerkung enthalten ist, daß die verwittwete Frau Fürstin die Vormundschaft über ihre minorennen Prinzessinnen Töchter als natürliche und gesetzliche Vormünderin derselben seit dem 12ten April 1812 geführt, auch dazu nach den Landesgesetzen keines Tutoriums bedurft habe.

Wann die Ueberreichung dieses nicht beym Anfange des Prozesses, sondern erst nach den erfolgten Vermählungen der beyden ältesten

Prinzessinnen ausgestellten Attestes geschehen, und was dabey angeführt worden, ist uns unbekannt, indem das K. Oberlandesgericht die Mittheilung der Eingabe des rc. Heyer deshalb für unnöthig gehalten haben wird, weil die Berichtigung des Legitimationspunkts eine den Gerichten von Amtswegen obliegende Pflicht ist.

So ist uns auch der Inhalt aller Eingaben des rc. Heyer vom 4ten Juny bis November 1818, zu welcher Zeit die Absendung der Acten an das Obertribunal zu Berlin verfügt wurde, völlig unbekannt geblieben, indem das K. Oberlandesgericht deren Mittheilung gleichfalls für unnöthig gehalten hat.

Die Gegendeduction der Revisen, welche hier zu überreichen war, ist hier indeß nicht zu den Acten gegeben.

Nach verschiedenen Stellen erschienener Druckschriften ist sie dem Obertribunale unmittelbar überreicht worden.

Uns ist sie nie zu Gesicht gekommen.

Am 23sten July 1819 wurde das vom Obertribunale abgefaßte und versiegelt hierher geschickte Révisionserkenntniß publicirt.

Die Schenkungsurkunde vom 7ten November 1812 wurde dadurch als ungültig aufgehoben.

In dem Revisionserkenntnisse wurde dem Justizr. Heyer aufgegeben, sich rücksichtlich der inzwischen mit Hinterlassung eines Prinzen und einer Prinzessin verstorbenen Frau Prinzessin Hermine, noch durch

Vollmacht ihres hinterbliebenen Ehegatten, des Erzherzogs von Oesterreich und Palatinus von Ungarn, so wie durch Vollmacht der Prinzessin Adelheid und ihres Gemahls, des Erbgroßherzogs von Holstein-Oldenburg, zu legitimiren.

Durch dieses Revisionserkenntniß erfuhren wir also zuerst, daß die beyden minorennen ältesten Prinzessinnen während des Laufs des Prozesses sich vermählt hatten, und daß die älteste Prinzessin mit Hinterlassung eines Prinzen und einer Prinzessin verstorben war.

Auf welchem Wege das Obertribunal hiervon Kenntniß erhalten, ist uns nicht bekannt geworden.

Wir müssen bezweifeln, daß dasselbe Kunde hiervon durch die eingeschickten Acten erhalten habe, indem sonst das Königl. Oberlandesgericht selbst schon auf Berichtigung dieses Legitimationspunkts ex officio Bedacht genommen haben würde, es sey denn, daß dasselbe, wie hiernach anzunehmen, der Meinung war, daß die geschehene Bestellung eines Bevollmächtigten nicht zurückgenommen werden könne, ohne einen andern Anwald zu beauftragen.

In dieser Auflage an den ꝛc. Heyer „sich noch zuvörderst durch Vollmacht zu legitimiren" haben nun die durchl. Nullitätsquerulanten eine Eröffnung zur Cassation gefunden, indem sie in der dem K. Oberlandesgerichte am 26sten August 1819 überreichten Nullitätsklage darauf antrugen:

„nicht nur die Tribunalssentenz vom 23sten July für kraftlos und nichtig zu erklären, sondern auch diese Nullitätserklärung auf alle Verhandlungen, welche von dem Zeitpunkte an erfolgt, wo sie als Sachbetheiligte und Hauptinteressenten nothwendig gehört werden müssen, auszudehnen."

Dieser Antrag wird auf folgende Sätze gegründet:

Durch die Verheyrathung der Prinzessinnen habe das Tutorium der verwittweten Fürstin seine Würksamkeit verloren, wenn nicht nach Preußischem Rechte, doch nach deutschem Privatfürstenrechte. Vom Augenblick dieser Vermählung an, seyen andere legitimati ad causam an die Stelle der verwittweten Fürstin getreten. Für diese habe demnach J. R. Heyer nicht weiter vor Gericht handeln können. Derselbe habe sich demnach noch durch Vollmacht zu legitimiren. Könne solche nicht herbeygeschafft werden, so sey die erfolgte Verhandlung, nach dem §. 29. Tit. 3. der Prozeßordnung, für nicht geschehen zu halten. Die Beybringung dieser Vollmacht sey aber unmöglich, indem sie hiermit erklärten:

„daß sie solche auszustellen nimmermehr Willens wären."

Was über eine so seltsam überraschende Erklärung zu sagen war, enthält die in der anliegenden Druckschrift vorgelegte „Ausführliche Darstellung" (Deduction erster Instanz). Diese, in welcher nur bekannte, keiner weitern Ausführung bedürfende Wahrheiten aufgestellt sind, — indem damals auch wegen Mangels an Zeit (Seite XIV.) nicht alles erschöpfend vorgetragen werden konnte — fügen wir deshalb dieser Schrift wieder bey, um uns darauf, zur Abkürzung unseres jetzigen Vortrags, zu beziehen.

Wir glaubten schon damals siegereiche Gründe genug zur Verwerfung der Nullitätsklage entwickelt zu haben, in sofern ein Gerichtshof das Recht nicht hat, eine Nullitätsklage nach neuen Prinzipien richterlicher Willkühr zu entscheiden.

Man kann auf sehr verschiedene Weise irren.

Die durchl. Nullitätsquerulanten erstritten eine günstige Sentenz des Inhalts:

daß das Revisionserkenntniß, so wie die demselben vorangegangenen Verhandlungen und Erkenntnisse, und zwar in Rücksicht des Erzherzogs von Oesterreich vom 30sten August 1815, in Rücksicht der Erbherzogin von Holstein=Oldenburg und deren Gemahls aber vom 24sten July 1817 für nicht erfolgt und nichtig zu erklären, die Instruction des Prozesses demnach vom Zeitpunkte der Nichtigkeit der Verhandlungen fortzusetzen, Beklagter auch in sämmtliche Prozeßkosten zu verurtheilen.

Die dagegen am 8ten July 1820 eingereichten Beschwerden betreffen den ganzen Inhalt dieser ersten Sentenz des K. Oberlandesgerichts.

In dem hiernächst eingereichten förmlichen Appellationsberichte, so wie in den darauf angesetzten Instructionsterminen, ist wiederholentlich auf Vorlegung der officiellen Correspondenz des Justizr. Heyer, oder wenigstens auf Vorlegung eines concernirenden Auszugs aus derselben, und event. auf dessen Vernehmung über sämmtliche hierher gehörende Umstände angetragen, um dadurch auf dem sichersten und nächsten Wege zu erforschen und auszumitteln,

mit

mit wem derselbe seiner Pflicht gemäß über die Lage des Prozesses in jeder Instanz correspondirt habe u. s. w.

Indeß blieb die Beurtheilung der Erheblichkeit dieses Antrags auch hier wieder dem Appellationsrichter vorbehalten (S. XI. bis XIV.)

Aus der Instruction ist hier anzuführen:

1. daß die Durchl. Nullitätsquerulanten

   auf die diesseitige Bemerkung, wie ihre Behauptung — weder von dem Prozesse noch von den in erster und zweyter Instanz ergangenen Erkenntnissen irgend eine Wissenschaft gehabt und erhalten zu haben — ihnen nicht zum Vortheile gereichen könne, indem sie davon Kenntniß haben können und sollen.

   beharrlich dabey geblieben sind, von diesem Prozeß keine Kenntniß gehabt zu haben;

2. daß sie den eventualiter ihnen hierüber schon in erster Instanz zugeschobenen Eid angenommen; und

3. daß sie eingeräumt haben, wie die ihren Gemahlinnen geschenkten und bis jetzt noch ungetheilten Güter, deren Verwaltung auch die verwittwete Fürstin Vormünderin bis jetzt behalten hat, ihnen in den Ehepacten nicht inserirt worden sind.

Dieses ist die Geschichte des Rechtsstreits.

Das K. Oberlandesgericht hat hiernach folgende Rechtsfragen zu prüfen und zu entscheiden,

I.

Wurden die Durchl. Nullitätsquerulanten durch die Vermählung mit den beyden ältesten Prinzessinnen „andere“ (neue) Sachbetheiligte, „andere“ (neue) legitimati ad causam.

II.

Bedurfte es, insofern sie als „andere“ legitimati ad causam anzunehmen, zur Gültigkeit der Fortsetzung des Prozesses einer Erneuerung der auf den ursprünglichen Bevollmächtigten ausgestellten Vollmacht? oder blieb

III.

Dieser Veränderungen, so wie des hiernächst erfolgten Todes der ältesten Prinzessin ungeachtet, die im Anfange des Prozesses ausgestellte Vollmacht in Kraft und Würksamkeit?

IV.

Sind hiernach die Bedingungen des vom Gesetzgeber vorhergesehenen Falls vorhanden, oder nicht, wo wegen Vollmachts-Mangels die Anfechtung eines rechtskräftigen Erkenntnisses statt hat?

V.

Wird die Nichtigkeit eines prozessualischen Verfahrens, wegen Vertretung einer Parthey durch einen falschen Bevollmächtigten, für gehoben angesehn, wenn solche erst nach definitiver Entscheidung genugt wird?

VI.

Ist hiernach bey dem mehrjährigen Stillschweigen der, durch einen von Anfang an legitimirten Be vollmächtigten vertretenen, Durchl. Nullitätsquerulanten, insofern sie legitimati ad causam waren, um so mehr anzunehmen, daß sie die durch diesen Bevollmächtigten geschehene Fortsetzung des Prozesses stillschweigend genehmigt haben?

VII.

Ist die Gültigkeit einer prozessualischen Verhandlung mit einem Fremden lediglich nach hiesigen Gesetzen zu beurtheilen?

VIII.

Hat das Tribunalserkenntniß sich selbst für aufgehoben erklärt?

Die Frage

sub I.

läßt sich also zerlegen:

Traten die Durchl. Nullitätsquerulanten durch ihre Vermählung mit den beyden ältesten Prinzessinnen an die Stelle der Durchl. Mutter derselben, der verwittweten Fürstin, und hörte dadurch deren Obsorge über die geschenkten Güter auf?

Wurde Letzterer, durch das Absterben der ältesten Prinzessin, rücksichtlich deren Antheils an diesen Gütern, wenigstens die eingeleitete Administration entzogen?

Es läßt sich darauf nichts anders antworten, als:

Haben Eheleute einen Ehevertrag unter sich errichtet, so gehört dasjenige, was die Frau ihrem Ehemanne, in diesem Vertrage nicht als dos inferirt hat, zu den Paraphernalgütern derselben. Denn bey allen Einverleibungen gilt rechtlich der

Satz: inclusio unius est exclusio alterius, welcher, logisch ausgesprochen, also lautet: wenn ich Eine ausdrücklich einverleibe, so schließe ich dadurch das Andere aus, welches ich nicht ausdrücklich einverleibe: a diversis seu separatis male et nulla fit illatio.

Daß nun in den Ehepacten der Durchl. Nullitätsquerulanten mit ihren Gemahlinnen, die diesen geschenkten Güter nicht als dos constituirt worden sind, ist von ihnen eingeräumt.

Nach Gemeinem Rechte bleibt die Frau absolute Herrin ihrer Paraphernalgüter; das Gesetz 6. C. de revocandis donationibus erlaubt ihr, solche ohne Einwilligung des Mannes zu verschenken. Die Gesetze 8. und 11. C. de pactis conventis räumen ihr das Recht ein, vor Gericht, in Beziehung auf diese Güter, als Klägerin sowohl, als auch als Beklagtin, aufzutreten.

Gleiche Grundsätze enthält die Preußische Prozeßordnung Tit. 1. §. 16., und das Preußische Landrecht Th. II. Tit 1. §. 230.

Ja das Gesetz 8. C. de pactis conventis verbietet dem Ehemanne alle Einmischung wider den Willen seiner Frau. Hac lege decernimus, ut vir in his rebus quae *extra dotem* mulier habet, quas graeci parapherna dicunt, nullam, uxore prohibente, habet communionem, nec aliquam ei necessitatem imponat.

Nach den Grundsätzen des Privatfürstenrechts hat der fürstliche Gemahl gar kein Recht auf die Benutzung und Verwaltung der Paraphernalgüter, indem er nur das in den Ehepacten genau zu bestimmende Heyrathsgut zu benutzen berechtigt ist (Siehe den Appellationsbericht und die sub No. 11. angeführten Staatsrechtslehrer.).

Hinsichts der Paraphernalgüter bleibt hiernach das Vermögen Beyder völlig getrennt. Diese, so wie das ganze Vermögen der Fürstin, wenn kein dos gegeben ist, gehet den fürstlichen Ehegemahl gar nichts an. Wird nun hiernach die Einheit des Lebens, das Consortium omnis vitae Fürstlicher Personen nicht auf das Vermögen bezogen, haben die Durchlauchtigsten Nullitätsquerulanten dazu einräumen müssen, die geschenkten Güter nicht inferirt erhalten zu haben, so war um so strenger von ihnen nachzuweisen, daß ihnen darauf durch besondere Kontraktsverhältnisse ein Recht zustehe, oder ihnen ein dingliches Recht, wie einem Extraneo, daran besonders gegeben worden sey.

Ihren Behauptungen dagegen, daß nach den Gesetzen ihres Landes, durch die Vermählung mit den beyden ältesten Prinzessinnen, das tutorium der Fürstin Mutter aufgehoben worden, wenn gleich die Güter quaest. nicht als dos konstituirt worden, können wir ihnen, abgesehen davon, daß diese Gesetze bey der Entscheidung der Sache ohne Einfluß seyn würden, gleichfalls nicht aufs Wort glauben. Auch hierüber müßten sie ausdrückliche besondere Bestimmungen nachweisen, wenn eine solche Nachweisung relevant wäre.

Ferner: wer ist, wenn durch die Verheyrathung der Prinzessinnen die Vormundschaft der verwittweten Fürstin aufgehoben worden wäre, statt derselben wieder zum Vormunde erwählt?

Haben etwa die Nullitätsquerulanten die Verpflichtungen eines Vormundes vermöge der Ehepacten auf sich? wir wissen es nicht, wir brauchen es auch nicht zu wissen.

Alles dieses würde indeß hier nichts ändern, indem der seines Amts entlassene Vormund dasselbe so lange fortzusetzen nicht nur berechtigt, sondern auch verpflichtet ist, bis die Ausantwortung des Vermögens geschehen.

(Landrecht Th. II. Tit. 18. §. 951.)

Dagegen wissen wir nun aber, daß die verwittwete Fürstin die Administration der ihren Prinzessinnen Töchtern geschenkten Güter behalten hat, *) dieselben mithin auch ferner durch den erwählten gemeinschaftlichen Bevollmächtigten vor Gericht nicht nur zu vertreten berechtigt, sondern auch verpflichtet war.

Zwar hat der Hauptnullitätskläger, der Erzherzog von Oesterreich, das Verfahren auch für den mit seiner Gemahlin erzeugten Sohn, auf welchen der mütterliche Antheil an den geschenkten Gütern

*) Man sehe die, Namens der Frau Vormünderin Mutter, vom Kaiserlich Oesterreichischen Kammerrath Reuter für den Torfinspector Pabst am 20sten Juny 1819 — mithin vier Wochen vor der Publikation des Revisionserkenntnisses — angefertigte Instruction.

durch Erbgangsrecht übergegangen, deshalb aber nichtig angefochten, weil Se. K. H. — so sagen sie — Nutznießer dieses Antheils geworden, als Nutznießer aber nicht gehört worden wären, mithin auch nicht hätten verurtheilt werden können.

Es gehört indeß eine große Ueberredung dazu, zu glauben, daß man im Ernst auf den glücklichen Erfolg einer solchen Prätension gerechnet habe.

Wir haben nämlich eines Theils bereits in dem Appellationsberichte ad 12. gezeigt, wie es nach dem Privatfürstenrechte eine petitio principii an sich ist, wenn der Nullitätskläger ex patria potestate Nießbräucher geworden zu seyn behauptet, indem nach jenem Rechte ein Fürst, als Vater, an den Gütern seiner fürstlichen Kinder keineswegs ein Nießungsrecht hat.

Dann wissen wir von der andern Seite, daß die verwittwete Fürstin auch nach der Vermählung ihrer ältesten Prinzessinnen Töchter deren Vormünderin blieb, und daß selbige die Administration der qu. Güter daher auch forthin behalten hat.*)

Als natürliche und gesetzliche Vormünderin ihres Enkels blieb sie demnach auch gültige Vertreterin desselben vor hiesigen Gerichten.

Hiernächst werden wir noch weiter zeigen, wie

*) Vid. das Attest des Nassauischen Staatsministeriums vom 26sten März 1818, und die weitere Anweisung des Torfinspectors Pabst durch die Fürstin Mutter, als Vormünderin ihrer Prinzessinnen Töchter.

sich auch von einer andern Seite die Betrachtung dieser Sache dahin vereinigt, um diesen Kassationsgrund zu verwerfen.

II. und III.

Bedurfte es, in sofern die Durchl. Nullitätsquerulanten als „andere" (neue) legitimati ad causam anzunehmen sind, zur Gültigkeit der Fortsetzung des Prozesses einer Erneuerung der auf dem ursprünglich Bevollmächtigten ausgestellten Vollmacht?

oder blieb

dieser Veränderungen, so wie des hiernächst erfolgten Todes der ältesten Prinzessin ungeachtet, die im Anfange des Prozesses ausgestellte Vollmacht in Kraft und Würksamkeit?

Mit klaren Worten ist im Preußischen Recht die erste Frage verneinend, und die zweyte Frage demnach bejahend beantwortet, und diese Beantwortung entsprang aus dem innersten Wesen des prozessualischen Verfahrens.

Denn nur im Anfange eines Rechtsstreits ist die Rechtsregel anzuwenden: debes esse non ignarus conditionis ejus cum quo agis.

Sind beyde Theile im Anfange eines Prozesses durch gehörig legitimirte Bevollmächtigte vertreten worden, hat das Gericht den ex officio zu beachtenden Legitimationspunkt als berichtigt angenommen, so ist nunmehr zwischen den Partheyen der contractus judicialis durch die nun anhebende Contestation abgeschlossen.

Nach abgeschlossenem Kontrakte liegt es außer den Grenzen der Pflicht der prozeßführenden Partheyen, sich um mögliche Veränderungen in der Person ihres Gegners zu bekümmern. Oder sollen wir zugeben, daß Zauberkräfte und Verwandlungskünste in die heilige Themis-Officin gehören; daß der Sachwalter sich auch nach Faustischen Beschwörungsformeln umzusehen habe, um im Laufe des Prozesses den vielgestaltigen Gegner auch in den seltsamsten widersprechendsten Erscheinungen zu erkennen und festzuhalten, und jedesmal die Identität des proteusschen Gegners von neuem zu beweisen?

Solcher tausendkünstlerischen Neckerey hat vielmehr das Gesetz den Weg versperrt. — Sind die Schranken eröffnet, die Kampfrichter an ihren erhabenen Plätzen, und die Kämpfenden eingetreten mit guter klarer Ausweisung ihres Kampfrechts, dann beginnt ihr Kampf, und der Eine darf sich weiter nicht auf das berufen, was etwa seiner Parthey außer den Schranken begegnet; noch weniger darf er dem Andern zumuthen, darüber gehörige Nachforschungen anzustellen. — Letzterm ist übrigens solches oft unmöglich. Ad impossibilia non datur obligatio (S. 9. fine).

Ein besonderes Gewicht erhalten diese Betrachtungen, wenn der Prozeß mit einem Fremden, mit einer im entfernten Auslande wohnenden Parthey, oder wenn er mit einem Vormunde geführt wird.

Hat dieser durch gerichtliche Dokumente seine Befugniß zur Vertheidigung des Pflegbefohlnen nachgewiesen, so entspringt hieraus die nothwendige Verpflichtung desselben oder des neuen Vormundes, die andere Parthey von der geschehenen Veränderung in der Person des Pflegbefohlnen, und besonders von dem etwa zu fassenden Beschlusse, den Prozeß durch einen andern Bevollmächtigten fortsetzen zu wollen, sofort zu benachrichtigen, wenigstens doch vor des Rechtsstreits definitiver Entscheidung.

Ist diese Benachrichtigung nicht erfolgt, so muß der neue Vormund, wie hieraus nothwendig von selbst folgt, auch die auf den Grund der nicht zurückgenommenen Vollmacht erfolgten Verhandlungen wider sich gelten lassen.

Diese Vernunftnothwendigkeit hat das Preußische Gesetz ausdrücklich und buchstäblich anerkannt. Diese Anerkennung findet sich in der Prozeßordnung Tit. 3. §. 62. und im Landrecht Th. I. Tit. 13. §. 168. und 187. (S. 6.)

Ob der neue Vormund Kenntniß von diesem Prozeß hatte, oder nicht, ist rücksichtlich der andern Parthey ganz gleichgültig.

Denn wenn derselbe davon wirklich keine Kenntniß hatte, so hat er seine Unwissenheit nur sich selbst zuzuschreiben, indem er unterließ, was er, seiner Pflicht gemäß, nicht hätte unterlassen sollen, nämlich: durch die Vormundschaftsacten von den Rechten, dem Vermögen und den Prozessen, worin sein Pflegbefohlner verwickelt war, sich Kenntniß zu verschaffen.

Darf nun ein Urtel wegen einer vom Kassationskläger selbst herrührenden Contravention nicht kassirt werden, so können die Durchlauchtigsten Nullitätsquerulanten demnach, wenn sie von jenem gegen ihre Gemahlinnen am 5ten März 1815 erhobenen, auch erst am 23sten July 1819 entschiedenen, durch öffentliche Blätter sehr bekannt gewordenen Prozesse (S. 13.) in dieser Zeit von vier Jahren wirklich keine Kenntniß erhalten hätten, aus dieser ihrer pflichtwidrigen Unwissenheit (ignorantia crassa) (S. 12.) sich keinen Kassationsgrund bilden. Denn sonst sähen wir ja eine große Nachlässigkeit und culpose Ignoranz — die um so tadelnswerther ist, je mehr sie mit Macht und Glanz umgeben auftritt — belohnt, auf Unkosten der andern schuldlosen Parthey, welche den Gesetzen gemäß handelte; wir sähen diese Parthey ihrer gesetzlich erstrittenen Rechte beraubt, durch Nachlässigkeit jener Parthey. (S. 8.) Nemo autem ex alterius facto praegravari debet.

Wenn also den Durchl. Nullitätsquerulanten wirklich gar keine Nachricht von diesem celebern Prozesse zugegangen wäre — es fällt schwer, einer solchen Behauptung Glauben beyzumessen; auch wird nur versichert:

sich um die Lage und um die Fortsetzung des Prozesses nicht bekümmert zu haben;

(Siehe die erläuternde, von ihnen zu den Acten gegebene, Denkschrift S. 12. §. 15.)

so mögen sie dieses höchst sorglose saumselige Verfahren ihrer Committenten selbst um so schärfer kritisiren: non idcirco minu officium tutoris, et ejus mandatarii integrum erit, schreibt Godofredus.

Haben ihre Frau Gemahlinnen, oder deren Dieselben repräsentirende Erben, dadurch einen Schaden erlitten, so sind sie es allein, welche dieserhalb verantwortlich sind, denn die Fahrlässigkeit der einen Parthey kann der andern Parthey nicht zum Nachtheile gereichen. Sie allein sind es, welche ihren Gemahlinnen, oder deren Erben, für allen daraus entstandenen Schaden haften.

(Landrecht Th. II. Tit. 18. §. 516.)

Die Verpflichtung des Vormundes concentrirt sich zwischen demselben und dem Pflegbefohlnen selbst, und ihre einzige Wirkung ist, den Vormund gegen den Minderjährigen persönlich verantwortlich zu machen, mithin auch rücksichtlich eines ohne Genehmigung fortgesetzten Prozesses.

Nur zwischen den Durchl. Nullitätsquerulanten und der verwittweten Fürstin könnte hier allenfalls die Frage veranlaßt werden: wer denn eigentlich der nocens sey, cujus peccata nota esse et oportet et expedit.

Aus diesen Gründen, weil nemlich die Partheyen durch den abgeschlossenen contractum judicialem ein jus quaesitum auf ungestörte Rechtsverfolgung, auf den ununterbrochenen Fortschritt des Prozesses erworben haben, verordnet daher auch die Prozeßordnung im dritten Titel §§. 61. 62. und 57., daß wegen ereigneter Veränderungen in der Person des Machtgebers es einer Erneuerung der im Anfange eines Prozesses ausgestellten Vollmacht **nicht** bedürfe; daß selbst der **Tod** des Machtgebers die Fortsetzung des Prozesses mit dem von demselben bestellten Bevollmächtigten **nicht** stören oder hindern, daß demnach solcher als ein ipso jure geschehener Widerruf nicht betrachtet werden könne, ja daß selbst durch einen **der andern Parthey unbekannt gebliebenen** förmlichen und ausdrücklichen Widerruf der im Anfange des Prozesses ausgestellten Vollmacht, die Verhandlungen mit dem Bevollmächtigten **nicht** entkräftet würden (S. 5. und 6.)

Nach dieser Zergliederung der obigen beyden Fragen war es demnach die größte Verwirrung der Begriffe, wenn behauptet wurde, daß die Durchl. Nullitätsquerulanten **unvertreten** und **ungehört** verurtheilt worden wären. Vielleicht hat auf Behauptung (welcher obenein petitio principii zum Grunde liegt, daß dieselben Sachberechtigte gewesen) das Princip der französischen Prozeßordnung, daß mit dem Abschluß einer Instanz die auf den Bevollmächtigten ausgestellte Vollmacht ipso jure ihre verbindliche Kraft verliere, einen unbemerkten Einfluß gehabt.

IV.

Sind hiernach die Bedingungen des vom Gesetzgeber vorhergesehenen Falls, wo wegen Vollmachtsmangels die Anfechtung eines rechtskräftigen

Erkenntnisses statt hat, vorhanden, oder nicht?

Vor der Discussion dieser Frage wollen wir die beyden folgenden Fragen.

V. und VI.

untersuchen, da sich denn jene schon von selbst als völlig erledigt darstellen wird.

Am Schluß werden wir jene gehörig wieder anknüpfen.

Hier haben wir die sowohl in facto als auch in jure unrichtige Voraussetzung angenommen;

als hätten wir uns bona fide, im Vertrauen auf das Gesetz und auf nobile officium judicis mit einem falschen Bevollmächtigten in jenen Rechtsstreit eingelassen.

Nach dieser Voraussetzung ist nun die Frage:

ob ein wegen Vollmachtsmangels ungültiges Urtel durch stillschweigende Genehmigung gültig werde?

welches die Preußische Prozeßordnung ebenfalls mit klaren Worten bejaht.

Fassen wir indeß diesen Gegenstand zuvörderst scientivisch auf.

Nach generellen Principien des gemeinen Rechts, oder was dasselbe ist, nach Begriffen von Gerechtigkeit und Billigkeit aller Zeiten und aller Orten, sind alle Conventionen verbindend.

Nach diesen generellen Principien, nach diesen allgemeinen Begriffen, wird durch eine freywillige Erfüllung eines Erkenntnisses implicite eine Convention mit demjenigen, der dadurch seine Ansprüche geltend gemacht hat, dahin abgeschlossen, daß dagegen ein weiteres Rechtsmittel nicht eingewendet werden solle.

Noch deutlicher, als durch die (oft erzwungene) Erfüllung des Erkenntnisses, offenbart eine Parthey ihre Zufriedenheit mit einem Erkenntnisse durch dessen Vertheidigung gegen weitere Angriffe in neuen Instanzen.

Formell ist hier ihre Beruhigung bey den bisherigen Verhandlungen; ihre einwilligende Zufriedenheit mit den publicirten Erkenntnissen. Denn das diese Genehmigung, characterisirende Factum läßt sich mit der Absicht, solche selbst demnächst angreifen zu wollen, nicht vereinigen, woraus denn die Unzulässigkeit der Anfechtung dieser Entscheidungen von selbst folgt.

Dem Gefühl schon bringt sich die Ungereimtheit auf, diese Parthey mit Nullitätsklagen gegen die von ihr vertheidigten Erkenntnisse zuzulassen.

Eine solche Zulassung würde aus einem doppelten Grunde absurd seyn, weil sie aus einem doppelten Grunde contra bonam fidem wäre, welche bey jedem Rechtsgeschäfte vorauszusetzende Logalität die Partheyen der reedlichen Erfüllung ihrer Verpflichtungen unterwirft.

Folgende treffende exempla confirmationis tacitae unterstützen diese Wahrheit:

Eine ohne der Aeltern Einwilligung geschlossene Ehe ist nichtig.

Haben diese aber Kenntniß hiervon erhalten, haben sie dagegen hierauf keine Vorkehrungen getroffen (si autem parentes hoc scientes non intercessi sunt), so vertritt ihre stillschweigende Einwilligung die nach den Gesetzen zur Schließung der Ehe erforderliche ausdrückliche Einwilligung.

So ist ferner eine jede ohne obervormundschaftliche Genehmigung erfolgte Veräußerung der Pupillen-Grundstücke ipso jure null und nichtig. Ex post facto autem (um ferner mit Voëtius in dessen Commentar Lib. 27. tit. 9. No. 14. zu reden (confirmari possunt, praesertim si minor jam major alienationem ratam habuit,

sive expresse sive tacite; —

daß in solchen Fällen eine stillschweigende Genehmigung hinreichend sey, sagt auch das Preußische Landrecht im 2ten Theile 18ten Titel §. 594.

So ist es auch nach deutscher Jurisprudenz unbestritten, daß Fehler der Form für gehoben angesehen werden, wenn solche nicht im Anfange des Prozesses, oder zu der Zeit, da diese Formalität versäumt wurde, gehörig gerügt worden sind.

Mehr als lächerlich wäre es, sagt Minsinger Cent. 2. C. 6. 2., die Parthey mit einer solchen Rüge nach definitiver Entscheidung der Sache zuzulassen.

(Siehe daselbst zwey Erkenntnisse des Kammergerichts vom 15ten April 1530 und 21sten October 1554.)

Mi-

Wir bedürfen indeß zur Begründung einer an sich evidenten Wahrheit dieser und anderer (S. 10.) Autoritäten nicht, es frägt sich nur, was hieraus für den hier zur Beurtheilung vorliegenden Fall folgt.

Nicht nur hier, sondern auch in verschiedenen, zu den Acten gegebenen Vorstellungen (S 14.) haben wir gezeigt, wie die Voraussetzung unerlaubt sey, daß die Durchlauchtigsten Nullitätsquerulanten keine Kenntniß von jenem celebren Prozeß und von den ihnen günstigen beyden ersten Erkenntnissen gehabt hätten. Hatten sie davon aber Wissenschaft, so muß man nothwendig mit ihrem Stillschweigen die Idee einer, völlige Kraft habenden Genehmigung (approbationem virilem) verbinden.

Denn der Unterschied jener Beyspiele stillschweigender Genehmigung von unserm Rechtsfalle spricht zu unsern Gunsten, und spricht also um so mehr überall den Unwerth der Nullitätsklage aus.

Der dortige Kontract, das dortige Rechtsgeschäft, war ab initio und ipso jure null und nichtig.

In substracto begann der Rechtsstreit mit einem gehörig legitimirten Bevollmächtigten. Von Anfang an war ein gültiger contractus judicialis abgeschlossen.

Dort war das Verfahren innerlich (intrinsecus) nicht nur irregulär, sondern auch gesetzwidrig (lege prohibente).

Hier sind sämmtliche gesetzliche Vorschriften über das gerichtliche Verfahren beobachtet. Hier haben wir einen geregelten gesetzmäßigen Rechtsgang für uns.

Dort entsprang die Nichtigkeit aus Verletzungen wesentlicher Förmlichkeiten.

Die Erneuerung einer Vollmacht ist dagegen eine accidentelle Förmlichkeit, das Unterlassen der Erneuerung eine bloße Irregularität.

Gehörte dort die verletzte Form zum Wesen der Sache, so bedurfte es dort keiner gesetzlichen Nullitätsclausel.

Hier ist eine vernichtende gesetzliche Clausel erforderlich, um die Richter zu autorisiren, einen Act für nichtig zu erklären, wegen einer nicht beobachteten accidentellen Förmlichkeit, einer Irregularität willen.

Dort sind die vorgeschriebenen Förmlichkeiten von der andern Parthey verletzt.

Hier wird eine angeblich nicht beobachtete accidentelle Förmlichkeit von denjenigen gerügt, durch deren eignes factum personale die angebliche Nullität entstanden seyn soll.

Demnach wäre es eine eben so bizarre als monströse Inconsequenz, behaupten zu wollen, daß hier eine stillschweigende Genehmigung nicht, wie dort, mit einer ausdrücklichen Einwilligung gleiche Kraft habe.

Peremtorisch, und für unsern Rechtsfall entscheidend ist es aber, daß der Gesetzgeber diese Wahrheiten förmlich sanctionirt hat, mit klaren unzweydeutigen Worten.

Bemerken wir zuvörderst aufmerksam den Context der Paragraphen 1. 2. No. 5. 10. und 11. des 16. Titels der Prozeßordnung.

Der §. 1. stellt die allgemeine Regel auf, daß **ein rechtskräftiges Urtel unter keinerley Vorwande, er sey, welcher er wolle, auch nicht unter dem Prätext einer dabey vorwaltenden Nullität, wieder umgestoßen, oder davon wieder abgegangen werden könne.**

Die Disposition dieses Gesetzes ist unbestimmt; sie umfaßt in ihrer Allgemeinheit **alle** Fälle, in welchen ein rechtskräftiges Erkenntniß als null und nichtig angefochten werden könnte, mithin auch den Fall, da eine Parthey durch Jemand vertreten worden, der mit keiner förmlichen Vollmacht versehen war, so wie alle andere dahin gehörige Fälle.

Der darauf folgende Paragraph 2 enthält weder eine Derogation noch Modifikation dieser allgemeinen Regel, sondern drückt vielmehr gleichfalls den rechtskräftigen Erkenntnissen den Character der Unanfechtbarkeit auf. Nur einige auf das Wesen der Sache gegründete Ausnahmen von dieser Regel läßt er zu, indeß auch in den vom Gesetzgeber aufgeführten Fällen nur alsdann:

„wenn das Urtel **dergestalt nichtig ist**, daß
„selbiges zu keiner Zeit die Rechtskraft erlangen
„kann"

nur in Fällen einer schreyenden Unrichtigkeit, als wohin gehört, wenn dolus in re ipsa obgewaltet, ingleichen wenn die andere Parthey gar nicht gehört worden, oder was dasselbe ist, wenn für sie ein **falscher** Bevollmächtigter aufgetreten war: sey es nun, daß ihm würklich gar kein Auftrag zugekommen, sey es, daß er solchen von Jemand erhalten, der die Parthey zu vertreten nicht befugt, und dessen Auftrag demnach nichtig war.

Daher ist auch in den folgenden Paragraphen nur von falschen Bevollmächtigten, von solchen die Rede, welche nie, weder im Anfange des Prozesses,

Tit. 3. §. 28. und 29.

noch hiernächst einen Auftrag erhalten hatten.

In solchen Fällen ist das Urtel ratione materiae radikal nichtig, „dergestalt nichtig“ daß es zu keiner Zeit die Rechtskraft erlangen kann.

Aber auch eine solche radikale Nichtigkeit kann durch stillschweigende Genehmigung gehoben werden.

Nach dem §. 2. No. 4. Tit. 16. der Prozeßordnung, wird nämlich ein Erkenntniß, welches deshalb radikal nichtig, weil Jemand, der vor Gericht nothwendig eines Beystandes bedurfte, ohne diesen zugelassen worden ist, dadurch gültig, daß derselbe die gerichtlichen Verhandlungen zu einer Zeit, da er über sein Vermögen frey disponiren konnte, ausdrücklich

oder stillschweigend genehmigt.

In einem solchen Fall soll, nach dem hierbey angezogenen §. 59. Tit. 4. Th. I. des Landrechts

„eine stillschweigende Willenserklärung mit einer „ausdrücklichen gleiche Kraft haben.“

Ferner wird die Nullität eines Erkenntnisses wegen falscher Vollmacht, nach dem §. 2. No. 5. dadurch gehoben, daß diese durch einen Bevollmächtigten vertretene Parthey sich beym Urtel beruhigte.

Diese Beruhigung folgert das Gesetz aus einem vierwöchentlichen Stillschweigen nach geschehener Publikation des Erkenntnisses erster Instanz. Wendet sie dagegen binnen dieser Frist keine Opposition ein, so wird nach der Rechtsregel: omnis ratihabitio ad initium retrotrahitur, et mandato comparatur, das ganze von Anfang an nichtige Verfahren dadurch gültig.

Der Fall, da ein Verfahren erst nach Publikation des Appellationserkenntnisses wegen Vollmachtsmangels als nichtig angefochten würde, schien dem Gesetzgeber zu verwerflich, als daß darüber was zu sagen sey.

Diese Grundsätze legislativer Weisheit über stillschweigende Genehmigung solcher Rechtsgeschäfte, die von Anfang an nichtig waren (S. die Motive derselben S. 8. und 17.) erhalten nun ganz besonders hier neue Kraft, wo die Gemahlinnen der Durchl. Nullitätsquerulanten im Anfange des Prozesses durch einen gehörig legitimirten Bevollmächtigten vertreten worden sind, der derselbe zugleich für deren beyde jüngsten Geschwister, mit welchen sie sich noch in ungetheiltem Besitz, Genuß und Verwaltung des streitigen Objects befanden, auf den Grund erstrittener günstiger Erkenntnisse, fortsetzte.

Hier behaupten zu wollen, daß die Durchlauchtigsten Nullitätsquerulanten diese Fortsetzung des Prozesses vermöge ihres vierjährigen Stillschweigens nicht genehmigt hätten, wäre demnach nicht nur eine inconsequente, paradoxe, sondern auch eine den fürstlichen Purpur höchlichst entweihende Behauptung (S. 17)*).

Prüfen wir nun im Lichte dieser Wahrheit, vor welcher Niemand sein Auge verschließen kann, die vom Gegentheil aus dem Allg. Landr. Th. I. Tit. 13. §. 124 und 125. gegen uns angeführte Gesetzstelle:

„derjenige, welcher auf den Grund einer vermu„theten Vollmacht, Geschäfte für einen andern be„sorgt, ist schuldig, demselben davon, ohne Zeit„verlust, Nachricht zu geben, und seine Genehmi„gung darüber einzuholen."

„Derjenige, welcher mit einem solchen vermu„theten Bevollmächtigten etwas verhandelt, hat „das Recht, denselben zu dieser Benachrichtigung „anzuhalten, oder auch selbst den, dessen Geschäfte „verhandelt worden, zur Erklärung darüber un„mittelbar aufzufordern."

Auf den Grund dieser Gesetzstelle wird nun behauptet, wir wären verpflichtet gewesen, „die Durchl. „Nullitätsquerulanten zur Erneuerung der Vollmacht „aufzufordern, und daß nur dann erst anzunehmen „sey, wie dieselben ihre Genehmigung zur Fortsetzung

---

*) In neueren Schriften hat man daher auch zugegeben, daß die Durchlauchtigsten Nullitätsquerulanten den J. R. Heyer sofort mit Vollmacht versehen haben würden, wenn diesem vor der Publikation des Revisionserkenntnisses aufgegeben worden wäre, sich durch Vollmacht zu legitimiren.

„des Prozesses durch den bisherigen Bevollmächtig-
„ten stillschweigend ertheilt, wenn sie sich hierüber
„nicht erklärt hätten.“

Wenn man seinen Augen nicht traut bey wunderlichem Anblick, so pflegt man dieselben zu reiben. Wir haben die unsrigen vergeblich gerieben, um eine Möglichkeit vernunftgemäßer Anwendung jener Gesetzstelle auf den vorliegenden Fall zu entdecken.

In jenem Gesetze ist von abzuschließenden Kontracts-Geschäften die Rede.

Hier von prozessualischen Verhandlungen.

Dort war demnach die Gesetzstelle im allgemeinen Landrecht aufzusuchen.

Hier ist sedes materiae die Preußische Prozeßordnung.

Dort dreht sich alles um einen Gemeinplatz.

Hier finden wir einen speciellen legi generali derogirenden Ausspruch.

Dort ist die Rede von einem vermutheten Bevollmächtigten.

Hier sind wir, nach geschehener gerichtlicher Vorladung des Gegentheils, nach erfolgtem Abschluß des „judiciellen“ Kontrakts mit einem gehörig legitimirten Bevollmächtigten vor Gericht zur Discussion des streitigen Gegenstandes aufgetreten.

So wird endlich auch dort nur dem vermutheten Bevollmächtigten die Pflicht auferlegt, demjenigen, für welchen er als negotiorum gestor handelte, hiervon ohne Zeitverlust in Kenntniß zu setzen; wogegen dem andern Contrahenten das Recht eingeräumt wird, diesen vermutheten Bevollmächtigten zu dieser Benachrichtigung dem Befinden nach (ex facultate) abzuhalten, oder auch sich dieserhalb an denjenigen selbst zu wenden, dessen Geschäfte ihm unbewußt verhandelt wurden.

Wer nun kann es vernunftgemäß finden, jene Gesetzstelle hier anwenden zu wollen?

Kommt nun dazu noch, wie die Historie dieses berühmten Rechtsstreits ergiebt, daß die sich ereigneten Veränderungen in den persönlichen Verhältnissen der jüngern, so wie das erfolgte Ableben der ältesten Prinzessin uns völlig verborgen gebliebene Thatsachen sind, so fällt die vorgegebene Verpflichtung, daß wir Behufs der Vollmachtsbestätigung, die mit dem Personenstande der Prinzessinnen vorgegangenen Veränderungen hätten zur Anzeige bringen müssen, um so mehr in ihr Nichts zurück. Ob wir jene Veränderungen wissen konnten ist gleichgültig, eben so gleichgültig für unsere Sachwalterpflicht, als die Frage: ob wir allwissend sind oder nicht? Wir mögten es wohl seyn, aber wir brauchen es — Dank den gesetzlichen Vorschriften — in diesem Falle nicht zu seyn.

Kein Gesetz fordert, daß Personen, die gegenseitige prozessualische Streitigkeiten haben, Erkundigungen bey und über einander einziehen, ob Verlobungen, Verheyrathungen oder dergleichen Familienangelegenheiten im Werke sind, oder vollzogen wurden. Das Lächerliche solcher anmaßlichen Nachfragen ist zu klar in die Augen fallend, als daß das Widerrechtliche derselben hier weiter in Rede gestellt zu werden brauchte. Wer wollte sich überall der nutzlosen Mühe unterziehen, Negativen zu beweisen, darum sey es hier genug, die einfache Frage zu wiederholen, welches positive Gesetz, und namentlich welcher Ausspruch des Preußischen Landrechts und der Gerichtsordnung verpflichtet den Theilnehmer eines Prozesses, Behufs der Vollmachten über die etwanigen persönlichen Veränderungen, die während der Dauer des Prozesses bey der Gegenparthey vorgefallen, eine polizeyliche Controlle anzuordnen, und deren Resultate zur gerichtlichen Anzeige zu bringen?

Hieraus gehet nun zugleich hervor (wir nehmen hier die oben ausgeworfene

IVte

Frage wieder auf)

daß der vom Gesetzgeber vorhergesehene Fall, da ein Erkenntniß als nichtig angefochten werden kann, hier nicht vorhanden ist, daß der vorliegende Fall mit jenem, wo für die eine Parthey ein falscher Bevollmächtigter und zwar im Anfange des Prozesses aufgetreten war, nicht die geringste Aehnlichkeit hat, und daß demnach schon nach der Maxime inclusio unius est exclusio alterius von jenem vom Gesetzgeber vorhergesehenen Fall auf einen andern damit durchaus nicht gleichartigen, auch nicht argumentirt werden darf. Wenn aber auch der Sinn dieser nur innerhalb ihres Kreises geltenden Ausnahme von der allgemeinen Regel:

rechtskräftige Erkenntnisse sollen auch unter dem Prätext einer Nullität nicht wieder umgestoßen werden.

als zweifelhaft hätte dargestellt werden können, so wäre dadurch schon die Streitfrage selbst aufgelöset, indem ein Zweifel nicht zu vermuthen wäre, daß der Gesetzgeber der Allgemeingültigkeit einer Regel habe Abbruch thun wollen, und nicht vermuthet werden dürfe, daß aus der Verabsäumung einer gesetzlichen Form die Nichtigkeit einer Handlung folge.

(Landrecht Th. I. Tit. 3. §. 40. und 41.)

Und da hier der Gegenstand der Streitfrage: ob ein rechtskräftiges Erkenntniß zu kassiren, mithin ob legitimo modo erstrittene Rechte zu vernichten sind, so ist solche auch noch von einer andern Seite aufgelöset.

Denn wenn ein Gesetz zweifelhaft ist, wenn beyde Auslegungen gleichen Schein der Wahrscheinlichkeit haben, so darf ein seine Grenzen kennendes Kassations-Tribunal in diesem Falle eine Sentenz deshalb nicht kassiren, weil ihm die eine Auslegung plausibler als die andern vorkommt; in einem solchen Falle muß es derjenigen Auslegung den Vorzug geben, welche mit dem präsumirten (hier in den §§. 1. und 2. No. 2. Tit. 16. der Preußischen Prozeßordnung deutlich ausgesprochenen) Willen des Gesetzgebers am meisten übereinstimmt.

Nun ist aber nicht zu präsumiren, daß der Gesetzgeber gewollt habe, was er nicht wollen konnte, denn ohne Zweifel hat der Gesetzgeber nie und nirgends gewollt, daß Diligentia des Einen des Andern culpam büße, und somit jener in den Graben stürze, welchen dieser bey seinem stolzen Gange nicht gesehen.

Ohne Zweifel hat demnach das Gesetz auch nicht gewollt, daß es in solchen Fällen von der Willkühr der andern Parthey abhange, ob sie den für gute Tage legitimirt gewesenen Bevollmächtigten bey verändertem Himmel hinterher mit weiterer Vollmacht versehen wolle oder nicht.

Das Gesetz sagt vielmehr ausdrücklich: in einem solchen Falle, da anzunehmen, daß die Parthey die prozessualischen Verhandlungen durch ihr Stillschweigen genehmigt habe

muß sie selbst einen falschen Bevollmächtigten mit Vollmacht versehen.

(Prozeßordnung Tit. 16. §. 2. No. 5.)

VII.

Ist die Gültigkeit einer prozessualischen Verhandlung mit einem Fremden lediglich nach hiesigen Gesetzen zu beurtheilen?

Die Form, wovon hier die Rede ist, richtet sich, wie wir wissen, nur nach ausdrücklichen Gesetzen, und muß durch solche sanctionirt seyn. Die Gesetze aber sind nun nicht in allen Ländern gleich, nicht einmal in allen Provinzen eines Landes. Da könnte es denn freylich oft sehr zweifelhaft werden

nach welchen Gesetzen die jedesmalige Form zu beurtheilen sey?

Hierüber läßt sich der Gesetzgeber in den §§. 111. bis

115. Tit. 5. Th. I. des Landrechts aus, und entscheidet zuerst im Allgemeinen für die Gesetze desjenigen Orts, wo der Vertrag geschlossen worden. Aber nicht immer haben beyde Contrahenten einen und den nemlichen Wohnort. Es kann auch wohl kommen, daß ein solcher Contract von mehreren Orten datirt wäre. In diesem Falle sollen die Förmlichkeiten, nach den Gesetzen desjenigen der benannten Oerter beurtheilt werden, nach welchen sie am besten bey vorliegendem Falle beobachtet sind, und also der Vertrag selbst am füglichsten bestehen kann.

(Conf. die Parallelstelle Th. I. Tit. 4. §. 74.)

ferner der §. 115. stellt ad analogiam des sonstigen fori realis die Hauptregel auf:

daß in allen Fällen, wo unbewegliche Sachen deren Eigenthum, Besitz oder Nutzung der Gegenstand des Vertrags sind, wegen der Form die Gesetze des Orts, wo die Sache liegt, beobachtet werden müssen.

Nach dieser vom Gesetzgeber aufgestellten Hauptregel, dem es mehr um materielle, als um formelle Gerechtigkeit zu thun war, und nach der Maxime ubi plus ibi minus muß demnach dieser gesetzliche Grundsatz um so mehr bey der Frage in Anwendung kommen:

nach welchen Gesetzen ein prozessualisches Verfahren zu beurtheilen sey?

Da die Prozeßordnung selbst schon verordnet, daß die Gesetze des gerichtlichen Verfahrens ohne Unterschied für alle diejenigen verpflichtet sind, die in hiesigen Landen als Kläger auftreten, oder auf vorgängige Vorladung als Beklagte erscheinen, indem bloß hierdurch allein schon die Partheyen sich ihren Vorschriften unterwerfen.

Und da nach den Urgesetzen der Contrakte Treu und Glauben die Basis derselben ist, der Richter sich daher durch Billigkeit und guten Glauben leiten lassen muß, übrigens hiesige Unterthanen auch bey Rechtsgeschäften mit Ausländern sich um deren Rechtsfähigkeit nicht bekümmern können, solche auch oft aus ausländischen Statuten, oder wie hier aus Ehepakten zu erforschen nicht im Stande sind, so hat der Gesetzgeber ferner im §. 35. der Einleitung verordnet:

„daß ein Fremder, der in hiesigen Landen Verträge abschließt, in Ansehung seiner Fähigkeit zu handeln, nach denjenigen Gesetzen zu beurtheilen, nach welchen die Handlung am besten bestehen kann."

Da nun nach hiesigen Gesetzen die Vormundschaft durch die Verheyrathung eines Pflegbefohlnen nicht aufgehoben wird, hiernach die Prinzessinnen auch nach ihrer Verheyrathung durch die Kraft des mütterlichen Tutoriums gültig vor hiesigen Gerichten repräsentirt wurden, so können die Durchlaucht. Nullitätsquerulanten auch schon hiernach die mit dem Bevollmächtigten der Frau Fürstin Mutter, auf den Grund eines abgeschlossenen Contractus judicialis, fortgesetzten Rechtsverhandlungen nicht als nichtig anfechten, wenn solche auch nach den Gesetzen des Auslandes für null und nichtig hätten erklärt werden können.

Hierzu kommt nun noch folgende Betrachtung mit neuem Lichte für diese Wahrheit.

Des Prozesses Gegenstand sind Grundstücke, welche der unmittelbaren Jurisdiction des Königl. Oberlandesgerichts untergeordnet sind.

Hinsichts derselben war die verwittwete Frau Fürstin Curator singularis ganz unabhängig vom Vormunde der minderjährigen Prinzessinnen, wenn dieselben einen besondern Vormund in foro domicilii gehabt hätten, nach welchen richtigen, zu keiner Zeit und in keinem Lande bestrittenen Grundsätzen

(Pütters auserlesene Rechtsfälle Th. I. Tenz. 67. No. 8. seq. Leyser med. ad pand. Vol. V. sp. 332. meds.)

das K. Oberlandesgericht auch stets in andern Fällen verfahren hat, indem es für auswärtige Pupillen, welche in hiesigen Landen Güter besitzen, Curatores zur Administration und Führung der diese Güter betreffenden Prozesse bestellte.

Um so mehr wurden demnach die Prinzessinnen, auch nach ihrer Verheyrathung durch ihre fürstliche Mutter vor hiesigen Gerichten gültig vertreten.

VIII.

Hat das Tribunalserkenntniß sich selbst für nichtig erklärt?

Bey der Wendung, die hier der Sache gegeben worden ist, befinden wir uns auf offenem Meere der Willkühr, ohne Compaß der Gesetze

Der Richter, welcher zum Gehorsam gegen die Gesetze verpflichtet wurde, dem es also nicht erlaubt ist, seine Art zu sehen, der des Gesetzes zu substituiren, ist besonders bey der Prüfung einer Nullitätsklage ein Sklav desselben (S. 1. u. 2.)

Hiermit wollen wir keineswegs dem Gegner einräumen, Wahrheiten hier oder dort demonstrirt zu haben.

Seite 15 haben wir schon gezeigt, wie erzwungen dessen mit sich selbst im Widerspruch stehende, nur durch unpassende Stellungen zu erklärende, Argumentation sey.

Da nun aber in dieser Argumentation die starke Seite der Nullitätsklage darin besteht, daß behauptet wird:

„alle Untersuchungen über die Richtigkeit des Verfahrens sind überflüssig. Das Revisionserkenntniß selbst trägt seine Nullität im Munde.“

und auf diesen Satz sich alles reducirt, so wollen wir solchen hier aus seinen Grundsätzen entwickeln, und nun die Folgen desselben ganz zu überschauen, werfen wir hier die Gegenfrage auf:

ob wir das Tribunalserkenntniß nach den Gesetzen, oder ob wir diese nach dem Tribunalsurtel

mit andern Worten:

ob wir den Winkel nach den Graden, oder ob wir die Grade nach dem Winkel zu prüfen haben?

Zuvörderst wollen wir in einige Details eingehen, damit jene Argumentation in ihrem gehörigen Lichte erscheine.

Welchen Gegenstand hatte der vom Revisionsrichter definitiv entschiedene Rechtsstreit? Keinen andern, als die Schenkungsurkunde vom 7ten November

1812. Es kam darauf an, zu wissen, ob solche gültig sey oder nicht. In zwey Instanzen wurde sie für gültig erklärt. Der Revisionsrichter erkannte, daß solche materiell nichtig sey.

Jener Rechtsstreit hatte demnach die oben aufgeworfenen Fragen gar nicht zum Gegenstande.

Hatte nun aber derselbe die Frage gar nicht zum Gegenstande, sind solche demnach auch der Beurtheilung des Revisionsrichters nicht unterworfen worden, so hat derselbe auch darüber auch nicht erkennen können, mithin hat er darüber auch nicht erkennen wollen, wie unser Herr Gegner selbst in deductione erster Instanz mit den Worten anerkennt:

„ein nicht verhandelter Gegenstand kann auch nicht
„als entschieden betrachtet werden."

Dazu tritt, daß in jenen Acten von allen zur Prüfung dieser Fragen erforderlichen factischen Vorfragen gar nichts vorkommt, und daß solche demnach auch in dieser Hinsicht kein Gegenstand des Revisionserkenntnisses seyn konnten. Haben wir doch selbst erst in diesem Prozesse, und zwar erst nach regulirtem Status causae et controversiae, in dem am 13ten März 1820 angestandenen Schlußtermine erfahren: wann die beyden ältesten Prinzessinnen sich vermählt haben, und wann die älteste Prinzessin mit Tode abgegangen ist; haben wir doch erst in appellatorio, in termino den 17ten v. M., durch die verlangte Vorlegung der Ehepakten, das Zugeständniß erzwingen müssen, daß den Durchlauchtigsten Nullitätsquerulanten kein dos durch die geschenkten

Güter

Güter constituirt worden, und daß sie mithin ad causam gar nicht legitimirt waren.

Zu glauben ist demnach nicht, daß es der Wille des mit allen diesen Umständen unbekannten Revisionsrichters gewesen sey, die Grenzen seiner Gewalt zu überschreiten. Aus der Auflage an den Justizr. Heyer, sich durch Vollmacht auch von Seiten der Durchlauchtigsten Nullitätsquerulanten zu legitimiren, konnte demnach nur die Eröffnung zu einem besondern Verfahren zwischen diesen und dem Justizr. Heyer über deren Verbindlichkeit zur Ausstellung dieser Vollmacht folgen. Mit der Contestation über diese Verbindlichkeit haben wir, nachdem der Prozeß auf den Grund eines judiciellen Contracts in allen Instanzen entschieden worden, nichts zu schaffen.

Das Interesse der prozeßführenden Partheyen wäre ja sonst auch, möglichen Colludirens wegen, nie gesichert.

Aus jener Auflage an den rc. Heyer einen Grund zur Cassation dieses Revisionserkenntnisses und der vorhergegangenen Verhandlungen hernehmen zu wollen, wäre demnach nicht etwa ein falsches Raisonnement, eine außer der Sphäre richterlicher Befugniß liegende falsche Deutung, eine der Gesetze wegen deklamirende Interpretation, sondern eine die gesetzliche Ordnung, und mit ihr die Rechtspflege umkehrende und umstoßende richterliche Willkühr (credo), wogegen der Titel 16. der Prozeßordnung „über die Würkungen eines rechtskräftigen Erkenntnisses" geschrieben wurde.

Nur aus diesem Titel ist ein Ausspruch auf Cassation eines Erkenntnisses herzunehmen; nur dort, nicht außer demselben, ist das Gesetz zu einem solchen Ausspruch anzutreffen. Denn die Handlung soll ja an der Norm, nicht die Norm an der Handlung geprüft, der Winkel an den Graden, nicht der Grad an den Winkeln gemessen werden.

Wir haben uns daher oft gefragt, ob unsere Herren Gegner im Ernst alle ihre Hülfsmittel vor Einem ꝛc. Oberlandesgericht entfaltet hätten, um die richterliche Gewalt zu monströsen Abschweifungen einzuladen. Wir haben indeß nicht einen Augenblick angestanden zu denken, daß es der dem höchsten Gerichtshof schuldigen Achtung, daß es der Würde desselben zuwider sey, den Ausführungen unserer Herren Gegner Schritt vor Schritt zu folgen. Wir haben geglaubt, die Autorität eines definitiven rechtskräftigen Urtels dadurch zu verletzen; denn verletzt ist sie wirklich, wenn man dasjenige, was dadurch unwiderruflich entschieden worden, als eine Controverse behandelt.

Wir sind demnach der Meinung:

daß die erhobene Nullitätsklage zu verwerfen, mit Verurtheilung der Durchl. Nullitätsquerulanten in die gesetzmäßige Geldbuße.

Halberstadt, den 22sten März 1821.

(gez.) Caspari.

Anlage ad No. VI.

(Ausführliche Darstellung in Sachen Sr. des regierenden Herzogs v. Anhalt-Bernburg Durchl. wider Sr. des Erzherz. Joseph v. Oesterreich, Palatinus von Ungarn K. H. und des Erbherz. v. Holstein-Oldenburg und dessen Gemahlin, geborne Prinzessin v. Anhalt-Bernburg-Schaumburg D. D.

Nebst einem Vorberichte von Dr. Georg Ludwig Caspari, Justizcommissarius bey dem Königl. Oberlandesgericht zu Halberstadt.)

Vorbericht.

Si de veritate scandalum sumitur, utilius permittitur nasci scandalum quam veritas relinquatur.

St. Augustin.

Der Fürst Victor Amadeus von Anhalt-Bernburg führte durch den Vertrag vom 13ten Februar 1709 mit seinen beyden Söhnen — Carl Friedrich, dem damaligen Erbprinzen, und dem Prinzen Lebrecht — das Recht der Erstgeburt in seiner Durchl. Familie ein.

Vermöge jenes Primogeniturvertrages, wodurch „sämmtliche", sowohl Lehen- als Allodial-Güter

„zu unveräußerlichen Stammgütern seines Hauses,
„auf die Dauer des fürstlichen Mannsstamms, be-
„stimmt" wurden,

sollte der Erbprinz Carl Friedrich, nach Ableben seines Vaters, das ganze Fürstenthum, jetzige Herzogthum Anhalt-Bernburg, mit allen Regalien, Hoheitsrechten u. s. w. erhalten, jedoch dergestalt, daß dem

Prinzen Lebrecht für sich und seine männliche Nachkommenschaft eine gewisse Apanage, größtentheils durch Grundstücke, angewiesen wurde, und zwar 1. durch das zum Fürstenthum gehörige Amt Hoym, jedoch ohne die, der regierenden Linie vorbehaltene, Landeshoheit, und 2) durch das, unter Preußischer Hoheit belegene Vorwerk Zeitz nebst dem Dorfe Belleben.

Dieser Apanage legte hiernächst der Fürst Victor Amadeus, durch ein am 18ten Januar 1714 errichtetes Testament, annoch 38 Hufen 15 Morgen im Fürstenthume Halberstadt belegene Seeländereyen bey, welche derselbe mit allen Hoheitsrechten, und unter der Garantie „gegen alle An- und Zusprüche", von S. M. dem Könige Friedrich I. am 26sten August 1709 erkauft hatte.

Die Vollstreckung dieses Testaments übernahm König Friedrich Wilhelm I. auf des Testators Ersuchen, der in diesem seinen letzten Willen ausdrücklich auf die Dispositionen des Primogeniturvertrages verweiset, nach welchen

„jede Verpfändung und Veräußerung der, beyden „Linien angewiesenen Güter wiederholentlich für „null und nichtig erklärt wird, diese auch dieser„halb einander zur Gewährleistung verpflichtet „worden sind,"

und worin §. 10.

„der regierenden Linie und deren männliche Des„cendenz, auf den Fall des Abgangs des Manns„stammes der apanagirten Linie, die Succession

„in allen derselben angewiesenen Gütern und Auf-
„künften und dagegen der apanagirten Linie, auf
„den Fall der Erlöschung des Mannsstamms in der
„regierenden Linie, gleichfalls das Successionsrecht
„nach Ordnung der Primogenitur vorbehalten"
wurde *)

Eine neue Bestätigung erhielt dieser Primogeniturvertrag durch einen zwischen beyden Linien unterm 24sten Juny 1722 errichteten Vergleich, worin es unter andern heißt, daß es bey dem Inhalt des Primogeniturvertrages und des Testaments, nach welchem

„zur Conservirung des Fürstlich Bernburgischen
„Antheils Lüstre, und der beyderseitigen Fürst-
„lichen Posterität beständigen Aufnehmens, die

---

*) Der Prinz Lebrecht erhielt also sämmtliche jene Güter, keineswegs als Fideicommiss-Güter, sondern lediglich nur als Paragium für sich und seine männlichen Nachkommen — Die Absicht des Vaters war: durch Ueberweisung jener Güter, anstatt jährlicher Zahlungen, dem Prinzen und dessen männlichen Nachkommen die völlige Unabhängigkeit von der regierenden Linie zu sichern, und unbeschadet dem künftigen Glanze des Durchl. Hauses, gleich im Voraus einem untergeordneten Verhältnisse zwischen den bis dahin gleich berechtigten Brüdern zuvorzukommen. — Der Vertrag vom 13ten Februar sowohl, als das Testament vom 18ten Januar 1714 beurkunden diese Absicht auf jeder Seite, mit jedem Worte. — Die Absicht eines Vertrages aber ist die Seele desselben, welche durch keinen „Code" von aussenher rechtskräftig verändert werden kann.

„beyden Linien angewiesenen Güter inalienabel
„seyn sollen"

sein unabänderliches Verbleiben habe.

Gleichergestalt ist dieser Primogeniturvertrag, so wie das Testament, in allen nachherigen Contracten, zwischen beyden Linien als Grundgesetz des Durchl. Hauses stets anerkannt worden.

Der letzte Zweig der apanagirten Linie, der Fürst Friedrich Adolph Ludwig, war, als eheloser 70jähriger Greis, nach dem am 22sten April 1812 ohne männliche Descendenz und nur mit Hinterlassung von vier Prinzessinnen Töchtern erfolgten Ableben seines Neffen, des Fürsten Victor Carl Friedrich, zur Succession gelangt.

Bald darauf, am 25sten Dezember d. J. erfolgte auch dessen Tod, wodurch demnach die Güter der apanagirten Linie, den Fürstlichen Hausverträgen gemäß und Kraft derselben, an Se. des regierenden Herzogs von Anhalt-Bernburg D. zurückfielen, und auch von Höchstderselben ohne allen Widerspruch in Besitz genommen wurden, mit Ausnahme derjenigen Apanagegüter, welche im ehemaligen Königreiche Westphalen belegen waren; mit Ausnahme also des Vorwerks Zeitz, des Dorfs Belleben und der Seeländereyen.

Diesen Theil der Apanagegüter hatte nämlich der nie verehelicht gewesene, damals 70jährige Fürst Friedrich Adolph Ludwig, den vier Prinzessinnen Töchtern des kurz vor ihm verstorbenen Fürsten Victor Carl Friedrich, mittelst einer Schenkungsurkunde vom 7ten November 1812 unter Vorbehalt des lebenslänglichen Genusses, eigenthümlich überlassen.

Die Gründe, aus welchen dieser Fürst sich für berechtigt hielt, diesen Theil der Apanagegüter als sein freyes Eigenthum zu verschenken, sind in der Schenkungsurkunde dahin angegeben: weil von dem Westphälischen Staatsrathe in zwey vom Könige von Westphalen bestätigten Gutachten, auf den Grund des Art. 896. des Code Napoleon alle im Königreiche Westphalen belegene Fideicommisse und Lehen für aufgehoben erklärt worden seyen.

Der Geschenkgeber hatte sich auf diesen Grund einreden lassen, daß durch das am 12ten April 1812 erfolgte Ableben des Fürsten Victor Carl Friedrich, diejenigen Staatsgüter der apanagirten Linie, welche zufällig im Königreich Westphalen belegen, ihre Eigenschaft als Apanage-Güter des Hauses Anhalt-Bernburg verloren hätten, und sein freyes unabhängiges Eigenthum geworden wären.

Diese Schenkungsurkunde wurde, wie natürlich,*) von Sr. des Herzogs von Anhalt-Bernburg D. — dessen Bevollmächtigter zu seyn ich die Ehre habe, —

*) Ich verstehe hier unter „natürlich" Vernunft- und Rechtgemäß, und finde in diesem Sinne den §. 7. einer der Druckschriften des Gegentheils, wo von „Gewaltstreichen, Rache" u. s. w. geredet wird, höchst unnatürlich. Seltsamer Weise wird daselbst auf ein Anhaltisches Hausgesetz von 1635 spöttisch Bezug genommen, ohne auf den „natürlichen" Gedanken zu verfallen, daß solcherley Hausgesetze durch den spätern Primogeniturvertrag eo ipso annullirt wurden.

als nichtig angefochten, durch eine dem hiesigen K. Oberlandesgerichte unterm 5ten März 1815 überreichte und gegen die verwittwete Fürstin Amalie zu Anhalt-Bernburg-Schaumburg, als Vormünderin ihrer minderjährigen vier Prinzessinnen Töchter, gerichtete Klage.

Die Grundzüge zur Beurtheilung dieser Angelegenheit aus meinem Standpunkte, stelle ich hier aus den von mir amtlich eingereichten Schriften, in folgenden Sätzen summarisch auf.

1) Nach der repräsentativen Constitution des Königreichs Westphalen waren die Gesetzentwürfe des Staatsraths, der in Ausübung seiner Attributen nur eine berathende Stimme hatte, der ständischen Commission jedesmal zur Berathschlagung vorzulegen. Der König war mithin nicht befugt, eine einseitig gesetzgebende Gewalt auszuüben. Jenem, vom Könige von Westphalen zwar bestätigtem, den Ständen zur Prüfung aber nicht vorgelegtem Staatsrathsgutachten konnte demnach auch die Kraft eines Gesetzes um so weniger beygelegt werden, da es, in sofern dadurch wohlerworbene und garantirte Rechte lebender Fideicommis- und Lehen-Erben verletzt wurden, einen offenbaren Machtspruch enthielt. Machtsprüche bewirken aber auch in unserer Verfassung, nach welcher der gesetzgebende Souverain die Rechte der Einzelnen zu schonen hat, weder Rechte noch Verbindlichkeiten. *)

*) Diese Grundsätze findet man, in ihr gehöriges Lich gestellt, in einer von mir im Juny 1816

2) Erwägt man ferner, was bereits oben über die Natur und Bestimmung der verschenkten Güter, und deren Rückfall an die regierende Linie aus den betreffenden Urkunden, beygebracht worden ist, und wie, ohne Einwilligung jener, die apanagirte Linie niemals das Eigenthum der Paragial-Güter erlangen konnte, so erkennt man leicht, daß solche gar keine Aehnlichkeit mit jenen Fideikommiß-Gütern haben, deren Aufhebung der Westphälische Staatsrath zum allgemeinen Wohl für nothwendig erachtete.

Auf jene Gutachten mag sich demnach der Durchl. Geschenkgeber nicht beziehen. Ausdehnend sind

---

— mithin vor der Bekanntmachung der neuen „K. Preuß. Verordnung vom 11ten März 1818 über die Lehen und Fideikommisse in den jenseits der Elbe belegenen Provinzen" — erschienenen Schrift; „Historisch-juridische Kritik des Westphälischen Staatsraths-Gutachtens vom 9ten Januar 1808 und des Königl. Dekrets vom 28sten März 1809, betreffend die Aufhebung der im ehemaligen Königreiche Westphalen belegenen Fideikommisse und Lehen, rücksichtlich der dadurch beeinträchtigten Fideikommiß- und Lehen-Erben."

Ich fand mich damals veranlaßt, diese Schrift zur unmittelbaren Kenntniß S. M. des Königs zu bringen, und ward darauf durch ein Schreiben S. D. des Fürsten Staatskanzlers, auf die erfreulichste Weise belebt, zur fernern Führung des obschwebenden Rechtsstreits auf dem von mir eingeschlagenen Wege, und nach den von mir zum Grunde gelegten Principien, ohne mich weder durch die höchst unruhigen Bewegungen des Gegentheils, noch durch die eben so wunderliche, als anmaßlich vorgebrachte Gelehr-

sie auf diese Stammgüter eines souverainen Fürsten nicht anzuwenden.

3) Die Garantie dieser Fürstlich Anhalt-Bernburgschen Haus- und Familien-Verträge hatte überdem das Preußische Staats-Oberhaupt ausdrücklich und landesherrlich übernommen.

In dessen Rechte und Verbindlichkeiten war der König von Westphalen durch den Tilsiter Frieden getreten, worin derselbe ausdrücklich sich verpflichtete: „alle und jede vom Könige von Preußen, als Besitzer der abgetretenen Länder (worin die verschenkten Güter belegen) übernommene Verbindlichkeiten, ohne Ausnahme, zu erfüllen."

---

samkeit von einer andern Seite her, im Mindesten stören zu lassen. — Gedachtes höchstes Schreiben theile ich hier um so lieber mit, weil es ein neues Zeugniß giebt von der Humanität, mit welcher die höchste Staatsbehörde jede auch geringe Bestrebung zu beleben und jeden guten Willen anzuerkennen weiß.

„Ew. ꝛc benachrichtige ich, daß des Königs „Majestät Ihr Schreiben vom 1sten July v. J. „mit Ihrer Kritik zweyer Gutachten des Westphälischen Staatsraths, an mich zu übersenden „geruhet haben."

„Ich ehre eben so sehr den Fleiß, den Sie „auf die Erörterung einer für das Interesse „der dortigen Land-Eigenthümer so wesentlichen „Angelegenheit verwendet, als die Kenntniß, „welche Sie in der Untersuchung derselben entwickelt haben, und gebe ihnen mit Vergnügen „meine Zufriedenheit hierüber zu erkennen."

Berlin, den 9ten Januar 1817.

(gez.) Hardenberg.

Der König von Westphalen war demnach auch verpflichtet, jene landesherrlich garantirten Fürstlich Anhalt-Bernburgischen Haus- und Familien-Verträge zu achten und aufrecht zu erhalten.

Auch würde, wenn auf frey eingegangenen Verträgen beruhende, vom Staatsoberhaupte bestätigte und verbürgte, Rechte von dem Nachfolger in der Regierung, durch ein Hinwegsetzen über die ersten Grundsätze des Staatsrechts, einseitig verletzt werden könnten, allen künftigen Verträgen ihre Kraft entzogen werden, indem dieselbe Befugniß, Vertragsrechte für ungültig zu erklären, jedem folgenden Nachfolger in der Regierung wieder zustehen würde.

Nirgends ist aber auch ersichtlich, daß von dem Könige von Westphalen Eingriffe in die Successionsrechte des souverainen Herzogs von Anhalt-Bernburg, rücksichtlich der im Königreiche Westphalen zufällig belegenen Stammgüter desselben, geschehen wären.*)

*) Woher nun — sage ich in der Revisionsdeduction — jene Starrsucht, die Gutachten des Westphälischen Staatsraths und den Code Napoleon, der, wenn er enthielte, was der Gegentheil behauptet, seine eigenen, an der Spitze dieses Gesetzbuchs stehenden Grundsätze, über die Zurückwürkung eines Gesetzes, so wie die ersten Principien des Rechts und der Billigkeit gröblich verletzen würde, gegen den wörtlichen Inhalt da ausdehnend anwenden zu wollen, wo wir über empörende Ungerechtigkeiten westphälischer Verfügungen, wodurch Rechte aus alten ehrwürdigen Verhältnissen und feyer-

4) Hier nun aber ist besonders einleuchtend: daß, nach den Haus- und Familien Verträgen der Durchl. Familie von Anhalt-Bernburg, die verschenkten Güter wahre Fürstlich Anhalt-Bernburgsche Staats- und Stammgüter und an sich nicht nur, sondern auch nach jenen Familienverträgen, unveräußerlich sind; daß demnach das Successionsrecht S. H. D. von Anhalt-Bernburg auf die sämmtlichen Apanagegüter, mochten sie zufällig im ehemaligen Königreiche von Westphalen liegen oder nicht, keinesweges nach den Civilgesetzen des Territorialherrn, sondern nach den Haus- und Familien-Verträgen des auswärtigen regierenden Fürsten zu beurtheilen; und daß hiernach der Geschenkgeber in jeder Hinsicht etwas sehr Ungültiges that, wenn er einen Theil dieser Apanagegüter verschenkte.*)

---

lich beschwornen Verträgen der Unterthanen für ungültig erklärt wurden, uns laut zu beschweren haben?"

*) Eine Unkunde dieser, nach dem Staatsrechte und besonders nach dem Privatrechte deutscher Fürsten feststehenden, Grundsätze wäre sehr leicht durch das Aufschlagen der in den von mir eingereichten Deductionen angeführten Schriften aller denkenden Staatsrechtslehrer zu heben gewesen.

Hierbey ist zu bemerken, daß die Haus- und Familienverträge, so wie die übrigen Dokumente, deren oben erwähnt worden, in erster Instanz im Original zur Anerkennung vorgelegt worden sind, daß diese Dokumente anerkannt wurden, und daß darüber in der gegenseitigen Deduction

Gesunder Blick fand also hier nichts Schwieriges zu beurtheilen. Alles hing leicht und natürlich

---

erster Instanz unter andern folgende Erklärung enthalten ist:

„man hat angenommen, daß die verschenkten „Güter Anhalt-Bernburgisches Stammgut „sind, daß der Fürst Victor Amadeus in „der Primogenitur-Verordnung de 1709 und „im Testament de 1714 ex pacto et providentia dem souverainen Herzog und seiner „männlichen Nachkommenschaft, diese Güter „nach Primogeniturrecht zugedacht habe, und „daß der Fürst Friedrich Adolph Ludwig verbunden gewesen, keine Handlung gegen die Fideicommismäßige Eigenschaft der „verschenkten Güter vorzunehmen, wären sol„che nicht im Gebiete des damaligen Königreichs Westphalen belegen gewesen."

Es sey erlaubt, hierüber noch folgendes aus der von mir eingereichten Revisionsdeduction kürzlich anzuführen:

„Einleuchtend ist es hiernach — man müßte „denn so weit gehen, behaupten zu wollen, „daß das Recht, ein dominium publicum zu „besitzen, kein Recht der Souveränität sey — „daß selbst in dem Falle, da der Geschenkgeber sich mit seinen übrigen Besitzungen den „Civilgesetzen des Königreichs Westphalen „förmlich unterworfen hätte, eine solche Unter„werfung rücksichtlich der qu. Güter, die er „als apanagirter Fürst besaß, deren causa „possessionis nicht verändert werden konnte, „und die nicht allein ein Staatsgut, sondern „auch Hinsichts des Zurückfalls an die Staats„Stammgüter, ein domaine engagé war, ein „Widerspruch gegen die Qualität derselben „gewesen wäre."

zusammen, die Entscheidung verstand sich von selbst.

„Solche also den Civilgesetzen über Succes„sion zu unterwerfen, hieße das pro et contra, „das Ja und Nein zu gleicher Zeit zulassen; „es hieße, den rechtlichen Grund jeder Rechts„verfassung aufhebend, die Behauptung aufstel„len, daß der ehemalige König von Westphalen „wohl berechtigt gewesen, die Familien-Verträge „souverainer Fürsten, anstatt solche zu respecti„ven, abzuändern oder zu vernichten.“

„Bis jetzt ist es aber keinem Rechtsgelehrten, „weder in Teutschland noch in Frankreich, ein„gefallen zu behaupten, daß die Civilgesetze über „Succession auch für auswärtige Souverains, „welche in diesem fremden Staate Besitzungen „haben, verpflichtend waren, vielmehr ist bis „jetzt der Grundsatz als unbestritten überall an„genommen worden, daß die Eigenschaft als „Souverain unvereinbar sey, mit der Unterwer„fung unter die Civilgesetze eines andern Landes.

„Und dennoch hat Ein hiesiges Hochlöbliches „Oberlandesgericht Sr. Herzogl. Durchlaucht „Höchstihre durch fürstliche Familien-Verträge „und Urkunden begründeten Rechte auf die ver„schenkten Güter aberkennen können.“

„Was würden unsere Prinzen und alle aus„wärtige Fürsten, welche Besitzungen im Aus„lande haben, deren jura überall und besonders „in Preußen nicht nur respectirt, vielmehr in „Schutz genommen werden, zu diesem Ein„griff in ihre Haus- und Familien„Verträge sagen?“

Diese und andere Entwickelungen, welche ich für nützlich hielt, hat ein sonst wohl achtbarer alter Schriftgelehrter für unglückliche Nachahmung eines französischen Plaidoyer erklärt. Sind denn aber

In dieser Gewißheit schrieb ich an Se. Herzogl. Durchlaucht am 17ten Juli 1816:

„Das von Ew. ꝛc. auf mich gesetzte Vertrauen „würde ich verrathen zu haben glauben, wenn kein „glänzender Sieg erfolgte.“

Aus diesen in den beyden ersten Instanzen nicht beachteten Gründen*) entschied daher Ein Geheimes Obertribunal dahin:

„daß Sententiae a quibus vom 11ten September „1816 und 16ten Februar 1818 dahin zu ändern: „daß des Klägers D. nicht, wie geschehen, mit der „angestellten Klage abzuweisen, vielmehr die von „dem verstorbenen Fürsten Friedrich Adolph „Ludwig zu Anhalt-Bernburg-Schaumburg, zu „Gunsten der vier Prinzessinnen Töchter, der Frau „Beklagtin D. am 7ten November 1815 errichtete „Schenkungsurkunde über das Vorwerk Zeitz, das „Dorf Belleben und die Gaterslebenschen Seeländereyen, wie hiermit geschieht, als ungültig auf-

---

hier der Sachen nicht mehr als der Worte! Soll man sich eine solche Erklärung aus einer Schwäche des Alters, oder aus einer Spekulation auf eine fraudulosam interversionem des ehrwürdigen Schriftgelehrten erklären?

*) Bekanntlich werden die Gründe des Revisionserkenntnisses nicht mitgetheilt. Nur die reinste Ueberzeugung, eine gerechte Sache vertheidigt zu haben, worauf doch am Ende Alles ankommt, berechtigt mich zu der Aeußerung, daß Ein Geh. Obertribunal aus jenen von mir angeführten Gründen erkannt habe.

„zuheben, und die Frau Beklagtin D. gehalten, „diese Grundstücke und Ländereyen nebst allen seit „dem 25sten Dezmbr. 1812, als dem Todestage des „anmaßlichen Geschenkgebers, daraus gezogenen, „in separato zu berechnenden Nutzungen, an des „Klägers D., und zwar die Grundstücke und Län„dereyen binnen vier Wochen, bey Vermeidung der „Hülfe, herauszugeben."

In Gemäßheit dieses am 23sten July 1819 allhier publizirten Revisionserkenntnisses *) trug-ich am 3ten September 1819 auf dessen Vollstreckung an.

Durch eine Resolution vom 7ten ejusd. erfuhr ich indeß, daß eine Nullitätsklage angestellt sey, „die nachgesuchte Execution daher so lange ausge„setzt bleiben müsse, bis über die vorgeschützte „Nullität rechtlich entschieden sey."

Welche Bewandtniß es mit dieser Nullitätsklage **) habe, ergiebt die zu deren Widerlegung dem Königl. Ober=

*) Ich erlaube mir hier nicht eine Nachahmung der von meinem Gegner dem hiesigen K. Oberlandesgerichte für die beyden ihm günstigen Erkenntnisse erster und zweyter Instanz in öffentlichen Druckschriften dargebrachten Huldigungen.

**) Der Inhalt derselben ist dem Publikum durch eine zum Ueberreden geschriebene Druckschrift des Gegentheils bekannt geworden, welche mich erinnerte an die Worte des Phädros zum Sokrates:
„Soviel mehr habe ich immer gehört, lieber „Sokrates, es sey nicht nöthig, dem, der ein „Redner werden wolle, was wahrhaft gerecht „sey, zu lernen, sondern nur was der Volksmenge,

Oberlandesgericht von mir am 18ten April d. J. überreichte und hier im Druck vorgelegte Deduction.

Sie war nur für die Richter geschrieben; mir zugekommene Aufforderungen aber zu deren Druck, die ich vor einigen Tagen erhielt, hatte ich als Befehle anzusehen.

Auch schienen verschiedene mit einigem Geräusch herausgegebene Schriften über denselben Gegenstand die Publicität dieser meiner Deduction nothwendig zu machen, und das um so mehr, da eine neuerlichst ohne Namen erschienene Schrift das Ansehen giebt, als sey nur erst durch anderweites, gelehrtes und rechtskundiges Einschreiten der von mir eingeschlagene Weg zur Führung des obschwebenden höchst wichtigen Rechtsstreits, zu Gunsten des Durchl. Klägers gewandt, und von anders woher der Sieg vorläufig, gleichsam noch glücklicherweise vor dem Thorschlusse, auf Höchstdessen Seite herüber erkämpft worden. — Die Wahrheit ist: daß ich mich aus keiner der mir über den obschwebenden Rechtsstreit früher oder später zugekommenen anderweiten Schriften irgend einer neuen, wichtigen oder entscheidenden Idee zur bessern Führung der mir übertragenen Angelegenheit, zu erfreuen gehabt habe. — Meine Acten enthalten triftiges Zeugniß, daß ich Alles mit

„menge, welche zu entscheiden hat, so scheint; „eben so auch nicht, was wahrhaft gut sey oder „schön, sondern nur was so scheinen werde; denn „hierauf gründe sich das Ueberreden, nicht auf „der Sache wahre Beschaffenheit."

von außenher Gelieferte, jederzeit und ohne Ausnahme, aus meinen Darstellungen, als fremdartig, entfernt gehalten habe, und vielleicht finde ich mich späterhin veranlaßt, Einiges und Anderes, die nicht unmerkwürdige Geschichte dieses Rechtsstreits betreffend, durch eine ausführlichere actenmäßige Darstellung öffentlich bekannt zu machen.

Für das Publikum dürfte freylich diese und jene Ausführung ohne näheres Interesse seyn, indessen mußte diese Deduction so vorgelegt werden, wie sie dem K. Oberlandesgerichte überreicht worden ist.

Nur als amtliche Deduction ist sie demnach zu beurtheilen, worin regelmäßig der Grund zu einer richtigen Widerlegung der künstlich erfundenen Nullitätsklage zu legen war. — Ich nehme deshalb die Nachsicht der geehrten Leser in, wie mir scheint, gerechten und billigen Anspruch.

Einen practischen Werth aber wird meine Arbeit für Manchen haben, in so fern sie über diese nur von Wenigen genau gekannte Rechtssache von großer Celebrität das gehörige Licht verbreitet, sowohl überhaupt, als insbesondere über die innere absolute **Wirkungslosigkeit** der ganzen Nullitätsklage.

Zum Schluß habe ich — auf die Verwunderung des aufmerksamen Lesers über mein Stillschweigen, rücksichtlich der Privatacten des J. R. Heyer, zu meiner Rechtfertigung, und damit Unwissenheit, Unkunde, oder gar eigennützige Absichten mir kein Unrecht über dieses Stillschweigen zuschieben — noch folgendes zu sagen.

Am 5ten Novbr. 1819, gleich nach der Insinuation der Nullitätsklage, trug ich darauf an:

„daß dem J. N. Heyer aufgegeben werde, seine
„Manualacten zu überreichen, und daß mir solche
„zur Einsicht

„vor dem Termine zur Instruction der Nul-
„litätsklage

„vorgelegt würden, indem sich in denselben Haupt-
„momente zu deren Widerlegung finden müßten,
„übrigens auch die Vorlegung dieser Privatacten
„schon ex officio nach den Vorschriften der Pro-
„zeßordnung hätte verfügt werden sollen."

Am 22sten Novmbr. erhielt ich hierauf eine Resolution vom 9ten ejusd.

„Er — (d. h. ich) könne seine Anträge in dem
„anstehenden Termine, zu dessen Aufhebung
„kein Grund vorhanden, vorbringen, da eine Ver-
„handlung durch Schriften der Anwälde, statt der
„Einlassung in den anstehenden Terminen, den
„Vorschriften der Prozeßordnung nicht angemessen
„sey."

Am 24sten Novbr. 1819 wiederholte ich im Instructionstermine obigen Antrag auf Vorlegung der Privatacten des Justizr. Heyer.

Hierauf wurde nun dessen Vorladung zu einem neuen Termine verfügt.

Vor diesem Termine erschien von Seiten desselben und der Durchl. Nullitätsquerulanten eine förmliche Protestation gegen die Vorlegung der Privatacten.

Solche war sehr leicht zu beseitigen, da der Justizcommissär verpflichtet ist, mit seiner Parthey über die Lage des Prozesses von Zeit zu Zeit zu correspondiren, und derselbe die Erkenntnisse mit vorschriftsmäßiger Belehrung mitzutheilen hat.

Dem ꝛc. Heyer wurde daher auch eröffnet, daß er sich nicht weigern könne, seine Manualacten zu ediren.

In dem dazu angesetzten Termine wurden mir nun zwar solche vorgelegt, allein — versiegelt — wie sie vom Gegentheil überreicht worden waren.

Was darüber zu sagen war, stellte ich hierauf, mit Beziehung auf den §. 99. Tit. 10. der Prozeßordnung, mit möglichster Mäßigung gehörig vor.

Sind übrigens auch die versiegelt eingereichten Acten vollständig und ächt vorgelegt worden? Darf man von der Gewissenhaftigkeit des Gegners abhangen?

Hierauf erhielt ich folgende Resolution:

„Die versiegelt überreichten Papiere wären dem „Deputato und Dezernenten zur Durchsicht vorgelegt; von dem Erfolge solle ich demnächst benachrichtigt werden.“

Diese Benachrichtigung erfolgte indeß nicht durch eine Verfügung, wie nach den Vorschriften der Prozeßordnung zu erwarten war, sondern ohne weiteres durch folgende blos mündlich zu Protokoll gegebene Erklärung des Deputirten, in einem am 15ten März d. J. angestandenen Termine:

„daß in den Acten nichts gefunden sey, was für „die Entscheidung von Einfluß seyn könne.“

Zugleich wurde den Mandatarien durch eine Verfügung vom 17ten März aufgegeben, die Deductionen binnen 3 Wochen einzureichen.

Dagegen stellte ich von neuem vor, wie es eine in der Natur der Sache liegende vernünftige Erwartung gewesen, den Streit über der Durchl. Nullitätsquerulanten Wissenschaft von dem Appellationserkenntnisse und von dem dagegen eingewendeten Rechtsmittel, durch Einsicht der Privatacten, entschieden zu sehen; daß solche doch wenigstens darüber Auskunft geben müßten: mit wem J. N. Heyer correspondirt, in welchem Verhältnisse diese Personen mit den Nullitätsquerulanten und zu der verwittweten Fürstin gestanden, welche Antworten eingegangen u. s. w. und daß daher des Deputirten Eröffnungen im Schlußtermine durchaus nicht genügend wären.

Hierauf erhielt ich folgende Resolution:

„es bleibt dem erkennenden Spruchcollegio vorbe„halten, darüber zu urtheilen, ob und was in „diesen Papieren enthalten seyn mögte, was auf „die Entscheidung der Sache Einfluß hat. Hier„durch sind die Gerechtsame des Suplikanten völ„lig gesichert (?) und ein Mehreres zu verfügen „ist den Gesetzen gemäß nicht zulässig."

So der Beurtheilung Anderer überantwortet, ohne solche hiernächst, wie nothwendig, selbst wieder beurtheilen zu können, überreichte ich am 29sten März eine neue Vorstellung, worin ich zugleich verschiedene Thatsachen aufstellte, mit dem Antrage, daß, da hieraus der Nullitätsquerulanten Wissenschaft von dem Appellationserkenntnisse und von den weitern Verhandlungen zur völligen Evidenz hervorgehe, ein Termin zur Erklärung über diese Thatsachen anzusetzen sey.

Hierauf erhielt ich am 10ten April c. eine Verfügung vom 5ten ejusdem folgenden Inhalts:

„beschlossen: daß es dem Ermessen des erkennenden „Richters überlassen bleiben soll, die Erheblichkeit „der vorgetragenen neuen Umstände zu beurtheilen, „weshalb es bey der Verfügung vom 17ten März c. „sein Bewenden behält."

Um nicht präcludirt zu werden, hatte ich nun die hier im Druck mitgetheilte Deduction, ohne die zu edirenden Privatacten des rc. Heyer eingesehen zu haben, nach deren Einsicht auch nur eine Conclusion meiner Seits denkbar war, binnen einigen Tagen zu entwerfen und zu überreichen.

Wenn der geehrte Leser, nach unbefangenem Lesen dieses treuen Vorberichts und der nachfolgenden Deduction, meine gewisse Ueberzeugung eines endlich besten, befriedigenden Erfolgs meiner juridischen Ansichten und amtlichen Bemühungen nicht anders als gerechtfertigt und wohlbegründet fände, und demgemäß meinen einfach-ruhigen Gang durch alle die wunderlichen Irrgänge dieses eben so wichtigen als merkwürdigen Rechtsstreits, seinen Beyfall nicht versagen könnte, so wäre die mir liebste Absicht beim Druck dieser wenigen Bogen vollkommen erreicht.

Halberstadt, am 27sten May 1820.

(gez.) Dr. G. L. Caspari.

Ausführliche Darstellung.

Durch die unterm 3ten Septbr. v. J. von Seiten der Durchl. Querulanten eingereichte Nullitäts-klage, ist K. H. Oberlandesgericht folgende Frage vorgelegt:

darf das Erkenntniß des Geh. Obertribunals v. 23sten July v. J. und können die frühern Verhandlungen, seit der Vermählung der beyden ältesten Prinzessinnen Hermine und Adelheid von Anh.-Bernb.-Schaumburg mit den jetzigen Durchl. Nullitätsquerulanten, als nichtig deshalb angegriffen werden, weil der J. R. Heyer — welcher Höchstdero Gemahlinnen in jenem Peozesse vertrat — von Ihnen nicht bevollmächtigt worden, Sie auch, wie Sie sagen, die von demselben für Sie eingereichten Schriften weder gelesen, noch auch irgend genehmigt hätten?

Bey keiner Sache ist wohl dem Richter die Unterscheidungskraft weniger nöthig, als bey der Prüfung einer Nullitätsklage, indem Nullitäten nicht das Innere, das Wissenschaftliche der Streitsache, sondern nur das Aeußere, die Formalität, betreffen, welche Letztere vom Gesetz klar ausgesprochen worden ist, ohne als Realität mehrseitiger Deutung unterworfen zu seyn.

Was daher nicht bereits gesetzlich als Nullität bezeichnet worden ist, kann richterlich nie zur Nullität erklärt werden, selbst auch dann nicht, wenn es juridisch als solche demonstrirt werden könnte.

Nichtigkeiten können also nicht supplirt werden, sie sind vielmehr strictissimae interpretationis, und der Richter darf hierrach eine Verhandlung, deren Nichtigkeit das Gesetz nicht förmlich ausgesprochen hat, auch nicht für nichtig erklären, indem er sonst, zum Gesetzgeber sich erhebend, dessen Rechte usurpirte.

Man theilt sie ein in absolute und relative, und da diese nur das Privatinteresse der Partheyen betreffen, so können sie demnach nur von derjenigen Parthey, zu deren Gunsten sie das Gesetz einführte, gerügt werden, so wie sie dagegen für gehoben angesehen werden, wenn die vorgefallene nichtige Handlung von der dabey interessirten Parthey ausdrücklich oder stillschweigend genehmigt worden ist.

Um so mehr erscheint daher das für angestellte Nullitätsklagen competente Gericht als unmittelbares Organ des Gesetzes.

Dieses hat nun über den vorliegenden Fall, da ein Revisionserkenntniß als nichtig angefochten wird, folgende Grundsätze aufgestellt:

„Ein rechtskräftiges Urtel kann unter keinerley Vorwande, es sey, welcher er wolle, auch nicht unter dem Prätext einer dabey vorwaltenden Nullität wieder umgestoßen werden.“

Bey Revisionserkenntnissen muß es lediglich sein Bewenden behalten, wogegen keine weitere Instanz oder anderes Rechtsmittel statt findet“

Dieses sind die Worte des §. 1. Tit. 16. u. §. 24 Tit. 15. der Prozeßordnung.

Da nun eine Nullitätsklage, wodurch ein Revisionserkenntniß als nichtig angefochten wird, ein neues Rechtsmittel ist, so ist nach obigen Gesetzstellen anzunehmen, daß solches dadurch verboten worden.

Auch wird die Annahme, daß dieses der Sinn des Gesetzes sey, durch den §. 22. Tit. 15. der Prozeßordnung bestätigt, nach welchem bey Erkenntnissen des Obertribunals deshalb keine Gründe über die Entscheidung gegeben werden, „um diejenige Parthey, „welche sie erstritten, für immer wider fernere „Anfechtungen des Gegners und derjenigen, die in „dessen Stelle getreten, zu sichern.“

Wo sollte auch endlich die Untersuchung aufhören? Wo wäre noch größere Garantie gegen behauptete Irrthümer?

Fand nun aber das K. H. Oberlandesgericht keinen Anstand, die erhobene Nullitätsklage anzunehmen, wogegen also weitere rechtliche Zweifel darüber, ob auch Revisionserkenntnisse als nichtig angegriffen werden können? hier nicht an ihrer Stelle ständen, so komme ich nun zur Prüfung der in der erhobenen Nullitätsklage aufgestellten Gründe.

Das Gesetz, welches durch seine Erklärung: „wie „Ruhe und Ordnung in der bürgerlichen Gesellschaft „nicht gestatte, daß die Prozesse verewigt, und daß „daher die von dem Richter, nach gesetzmäßiger Un„tersuchung, anerkannten und festgesetzten Rechte der „Partheyen unter keinem Vorwande weiter anzu„fechten,“ — den rechtskräftigen Erkenntnissen den

Character der Unanfechtbarkeit aufdrückte, hat von dieser Regel sechs Ausnahmen zugelassen.

Diese Fälle, da ein rechtskräftiges Erkenntniß der Gerichtshöfe erster und zweyter Instanz als nichtig anzufechten, sind, 1) wenn solches entweder ex falsa causa entsprungen, oder 2) contra clarem legem erlassen ist, 3) wenn der erkennende Richter nicht competent war; 4) wenn die eine Parthey unfähig war, vor Gericht zu handeln; 5) wenn gegen Jemand, dem die erlassene Citation nicht insinuirt worden, in contumaciam erkannt worden, und 6) wenn eine Parthey durch Jemand vertreten worden, welcher entweder gar nicht bevollmächtigt gewesen, oder eine falsche Vollmacht beygebracht hatte.

Prozeßordnung Tit. 16. §. 2. No. 5.
Conf. Tit. 3. §. 29.

Nur in diesen Fällen findet demnach eine Nullitätsklage statt.

Nach des Gegentheils Behauptung soll hier nun der sub No. 6. bemerkte Fall vorhanden seyn, indem der J. N. Heyer von den Durchl. Nullitätsquerulanten keine Vollmacht beygebracht habe, eine solche Beybringung auch nicht möglich sey, da sie nimmermehr Willens, ihn mit Vollmacht zu versehen.

Dagegen ergeben nun aber die Acten des definitiv entschiedenen Rechtsstreits zwischen Sr. des regierenden Herzogs von Anh. Bernburg und Ihro der Fürstin zu Anh. = Bernb. = Schaumburg D. D., Letzterer als Vormünderin Ihrer minorennen vier

Prinzessinnen Töchtern, Hermine, Adelheid, Emma und Ida, daß Höchstdieselbe, gegen welche die am 8ten May 1815 eingereichte Klage zu erheben war, durch einen gehörig legitimirten Bevollmächtigten vertreten worden ist, indem der Justizr. Heyer, welcher als deren Mandatarius sich meldete, sich nicht nur durch eine auf ihn ausgestellte Vollmacht gehörig ad processum legitimirt, sondern auch durch ein Attest des Herzogl. Nassauischen Staatsministeriums nachgewiesen hat, daß Höchst-Sie, als der Prinzessinnen Mutter, die Vormundschaft über dieselben, als mütterliche und gesetzliche Vormünderin, seit dem 12ten April 1812 geführt, hierzu auch, nach den Landesgesetzen, keines Tutorii bedurft habe.

Der Gegentheil hat daher auch, nach Einsicht dieser Acten, einräumen müssen, daß der rc. Heyer wirklich und legitime zum Prozeß bevollmächtigt war.

Der im Gesetz aufgestellte Fall, da ein rechtskräftiges Erkenntniß als nichtig angefochten werden kann, nämlich:

> wenn derjenige, welcher eine Parthey vertrat, entweder gar nicht bevollmächtigt war, oder eine falsche Vollmacht beygebracht hatte,

ist hier also nicht vorhanden.

Die Argumentation dagegen, „daß die verwittwete Frau Fürstin nicht ihre eigenen persönlichen, „sondern ihrer Pflegbefohlnen Rechte vertheidigt, daß „mit der Vermählung derselben das tutorium seine „Wirksamkeit verloren, daß dadurch andere legitimati

„ad causam an deren Stelle getreten, daß aber diese „nie weder selbst, noch durch einen Andern vor Ge„richt gehandelt," verschwindet sofort, so scheinbar sie auch auf den ersten Blick seyn mag, wenn wir sie mit obigem facto, und den Rechtsprincipien unserer Prozeßordnung zusammenstellen.

A. Das Factum ist, wie gedacht, die von Seiten der verwittweten Frau Fürstin geschehene Bestellung des Justizr. Heyer zum Bevollmächtigten ihrer minderjährigen Prinzessinnen Töchter, zu welcher Handlung die Vollmachtsausstellerin berechtigt und verpflichtet war.

Und da zu dessen Legitimation weiter nichts erforderlich war, als die durch die Durchl. Fürstin geschehene Bevollmächtigung desselben bey des Rechtsstreits Eröffnung, welche allein der Gesetzgeber im Auge hatte, wie die Hindeutung des §. 29. Tit. 3. (wo von Beybringung der Vollmachten beym Anfange eines Rechtsstreits die Rede ist) auf den §. 2. No. 5 Tit. 16. lehrt, in welcher Parallelstelle demnach eine neue Bestätigung der gegebenen Erklärung des Sinnes dieses Gesetzes liegt, und man also nicht behaupten kann, daß demungeachtet die Handlungen des rc. Heyer als solche zu betrachten:

die von einem Agenten vorgenommen worden, der entweder gar nicht bevollmächtigt gewesen, oder eine falsche Vollmacht beygebracht habe, —

so ist hier offenbar der Fall nicht vorhanden, wovon der §. 2. No. 5 Tit. 16. der Prozeßordnung spricht, und da es nicht erlaubt ist, bey Strafgesetzen von einem Falle, ausdehnend auf einen andern Fall zu schließen,

so stehet schon hiernach die erhobene Nullitätsklage in förmlicher Opposition mit der textmäßigen Vorschrift des Gesetzes.

B. Nach den Rechtsprincipien über diese Materie ist so viel gewiß,

1. daß der Bevollmächtigte einer Parthey schuldig ist, die ihm anvertraute Rechtssache so lange zu betreiben, bis dessen Bestellung zum Bevollmächtigten förmlich wieder zurückgenommen worden ist;
   (Prozeßordnung Tit. 3. §. 31. Westphälische Prozeßordnung Art. 32. Landrecht Th. I. Tit. 13. §. 166.)
2. daß die für Vormünder ausgestellten Vollmachten keiner Erneuerung bedürfen, wenn sich auch, während des Laufs des Prozesses, mit den vertretenen Personen eine Veränderung ereignete;
   (Prozeßordnung Tit. 3. §. 53. u. 61.)
3. daß zwar durch den Tod des Bevollmächtigten die auf ihn ausgestellte Vollmacht zur Führung eines Prozesses ihre Kraft verliert, quia personae industria decta creditur, quae in heredes cum bonis non transmittitur, daß dagegen aber solche durch den Tod des Machtgebers, — (indem dann jene ratio legis nicht eintritt) — nicht aufgehoben wird, der Bevollmächtigte vielmehr in diesem Falle schuldig

ist, den fernern Betrieb der Sache so lange zu besorgen, bis ein anderer Bevollmächtigter ernannt worden;

(Prozeßordnung Tit. 3. §. 59. Westphälische Prozeßordnung Art. 32. Absch. 2. Landrecht Th. I. Tit. 13. §. 192.)

und

4. daß daher auch ein Widerruf der zur Führung eines Prozesses ausgestellten Vollmacht von Seiten des Machtgebers, dessen Erben oder der an dessen Stelle getretenen neuen Legitimirten ad causam, nur erst von dem Zeitpunkte an rechtliche Wirkung hat, da solcher den Gerichten angezeigt worden ist.

(Prozeßordnung Tit. 3. §. 62. und die daselbst aus dem Landrechte angeführten Gesetzstellen.)

Ist eine solche Anzeige nicht geschehen, so bleiben die weitern Verhandlungen mit dem Bevollmächtigten gültig, wenn auch deren Abschluß erst nach dem Widerrufe, welcher aber dem Dritten nicht bekannt geworden, erfolgt wäre.

(Landr. I. Tit. 13. §. 168.)

Im Interesse der andern Parthey wird demnach mit der Instruction des Prozesses, wenn der Widerruf nicht zugleich die Bestellung eines neuen Bevollmächtigten enthält, fortgefahren, und die hierauf erfolgten Verhandlungen sind eben so gültig, als wenn kein Widerruf erfolgt wäre.

Der Lauf der Gerechtigkeit durfte nicht gelähmt werden.

Wenn nun in substracto ein Widerruf der dem Justizr. Heyer ertheilten Vollmacht von Seiten der Durchl. Nullitätsquerulanten nicht geschehen ist, welche, bey ihrer Vermählung mit den Prinzessinnen, den Rechtsstreit in der Lage übernehmen mußten, worin solcher sich damals befand, und wenn hiernach der Justizr. Heyer nicht nur berechtigt, sondern auch, nach obigen gesetzlichen Vorschriften, verpflichtet war, sich der weitern Betreibung des Prozesses zu unterziehen, mithin sich einer Entschädigungsklage ausgesetzt haben würde, wenn er die ihm ertheilte Instruction nicht befolgt hätte, so kann aus dem von Seiten der Durchl. Nullitätsquerulanten beobachteten Stillschweigen um so weniger ein Rechtsgrund für die erhobene Nullitätsquerel zu entnehmen seyn.

Des weisen Gesetzgebers umsichtige Vorsicht, zur Vermeidung der Verzögerungen der Rechtshändel, und um vor Misbrauch zu sichern, ist noch weiter gegangen. Indem nämlich derselbe die Fälle voraus sah, da Jemand vor Gericht durch einen nicht bevollmächtigten Justizkommissair vertreten wurde, so ist auch hier, um so viel wie möglich für die Sicherheit der prozeßführenden Partheyen zu sorgen, die Chikane — von der ein geachteter Schriftsteller sagt, daß sie wegen ihrer Allgemeinheit in ihren schädlichen Folgen ein weit größeres Uebel sey, als der Aberglaube — durch folgende gesetzliche Vorschriften gehörig gezügelt worden:

a. Wenn ein zum Betriebe eines Prozesses sich

melbender Justizcommissair eine Vollmacht, deren Nachbringung angelobt wurde, nicht beybringen kann, so ist er der andern Parthey allen Schaden und Kosten zu ersetzen schuldig.

(Prozeßordnung Tit. 3. §. 29)

Der Gegentheil wird hier wohl nicht bezweifeln: daß unsere Prozeßordnung ein Gesetz für die prozeßführenden Partheyen sey.

b. Diese Parthey kann die Verhandlungen aber alsdann nicht mehr anfechten, wenn anzunehmen ist, daß sie solche hiernächst genehmigt habe.

(Prozeßordnung Tit. 3. §. 29.)

c. Diese Genehmigung kann auch durch Handlungen, mithin stillschweigend, erklärt werden.

(Landrecht I. 13. §. 143.)

d. In einem solchen Falle hat daher auch eine stillschweigende Willenserklärung mit einer ausdrücklichen gleiche Kraft.

(Landrecht Th. I. Tit. 4. §. 59.)

e. Gleiche Grundsätze stellt der

§. 2. No. 4. Tit 16. der Prozeßordnung

auf, nach welchem ein an sich nichtiges Urtel wider einen ohne gerichtlichen Beistand zugelassenen Pflegbefohlnen gültig wird, wenn dieser die Verhandlungen zu einer Zeit, da er den Rechten gemäß über seine Person und Vermögen frey verfügen konnte, ausdrücklich oder stillschweigend genehmigt.

f. Die

f. Dieselben Grundsätze über stillschweigende Genehmigung sind aufgestellt im

§. 594. Tit. 18. Th. 2. des Landr.

g. Gleiche Grundsätze finden wir in der

Westphäl. Prozeßordnung Art. 124 u. 670.

Die Gründe dieser gesetzlichen Vorschriften — nach welchen Nullitäten durch das Stillschweigen der Parthey, welche sie rügen konnte, gehoben werden — sind 1) weil anzunehmen ist, daß selbige dadurch auf solche Rüge Verzicht geleistet habe, und 2) weil es lächerlich wäre, zuzulassen, daß eine Parthey sich Gründe der Nichtigkeit verschaffe, um der andern Parthey hinterlistige Schlingen zu legen. Niemand kann also eine durch ihn selbst, per factum proprium. veranlaßte Nullität rügen. Hinterlist kann keine Rechte geben. Wer einen Irrthum verschuldet, kann daraus keine Rechte erwerben. In allen Fällen also, wo malignitas, oder mala fides, oder incuria, und nicht vielmehr impossibilitas dem Stillschweigen zum Grunde lag, da ist die Nullitätsklage, wäre sie auch sonst begründet, zu verwerfen, indem nur Unmöglichkeit, vorgefallene Nullitäten in einem Rechtshandel zu rügen, der einzige Grund ist, welchen das Gesetz bey demjenigen voraussetzt, welcher aus einer Nullität argumentirt.

Einleuchtend ist es hiernach, daß, wenn der J. R. Heyer auch wirklich mit keiner Vollmacht versehen gewesen, diese Nichtigkeit dennoch für gehoben anzusehen wäre, da solche von den Durchlauchtigsten

Nullitätsquerulanten im Laufe des Prozesses, während noch res integra war, nicht gerügt worden ist.

Wenn dagegen hier nun der Fall vorhanden ist, daß der Justizrath Heyer sich beim Anfange des Rechtsstreits durch eine förmliche Vollmacht gehörig legitimirt hat, so hieß es die ersten Rechtsprincipien, die Gesetze, die Entscheidungen der Gerichtshöfe und die Doctrin aller Rechtslehrer vor die Stirn stoßen, wenn man behaupten wollte, daß das von Seiten der Durchl. Nullitätsquerulanten, während des Laufs des Prozesses (mithin seit mehreren Jahren nicht nur, sondern auch bis zu dessen definitiver Entscheidung) beobachtete Stillschweigen (sey es ex incuria, sey es ex dolo) zu deren Gunsten, und zum Nachtheil der andern durchaus unschuldigen Parthey, die Nichtigkeit des ganzen Verfahrens zur Folge habe.

Die Rechtsprincipien, die Gesetze, die Rechtslehrer, und die Entscheidungen der Gerichtshöfe sagen uns nämlich, wie wir gesehen haben, wenn sogar die Nullität des Verfahrens eines unbevollmächtigten Justizcommissarius, durch das von Seiten der vertretenen Parthey beobachtete Stillschweigen, für gehoben anzusehen, so muß dieser Entscheidungsgrund nothwendig hier um so mehr eintreten, da die Durchl. Nullitätsquerulanten, deren Gemahlinnen durch einen wirklich Bevollmächtigten vertreten worden waren, und deren Mitinteressenten durch denselben bis zur definitiven Entscheidung vertreten worden sind, eine um so höhere Pflicht hiernach auf sich hatten, gegen ihre weitere Vertretung durch den

J. R. Heyer förmlich zu protestiren, falls sie es für rathsam gehalten hätten, statt desselben, welcher für sie zwey günstige Erkenntnisse erstritten — wodurch die Gesinnung gegen denselben nicht geändert werden konnte, einen andern Anwalt zu bestellen.

Wenn nun aber ein solcher Widerruf, mit Bestellung eines andern Bevollmächtigten, nicht erfolgt ist, und wenn daher auch die andere Parthey, falls selbige Wissenschaft von der Vermählung der beyden ältesten Prinzessinnen gehabt, glauben konnte und glauben mußte, daß die von der verwitweten Fürstin geschehene Bestellung des rc Heyer zum Bevollmächtigten, den Beyfall der Durchl. Nullitätsquerulanten habe, so ist hiernach auch die auf denselben ausgestellte Vollmacht in Kraft und Wirksamkeit geblieben.

Für prozeßführende Partheyen würde ja auch keine Sicherheit mehr vorhanden seyn, wenn eine Misbilligung der Handlung des Bevollmächtigten, nach mehrjährigem Stillschweigen und nach der Publikation des Revisionserkenntnisses, annoch erlaubt wäre.

Der Mittel beraubt, eine prozeßführende Parthey in den Fällen, da zum Beyspiel die andere Parthey abwesend, oder im Auslande wohnte, vor Schaden zu bewahren, und zu hüten, indem Veränderungen in der Person der andern Parthey (um deren Verhältnisse und Rechte man sich nur beim Anfange des Prozesses zu bekümmern verbunden, nach deren Veränderungen aber man nachher zu fragen nicht schuldig ist, Nachforschungen hierüber auch oft gar nicht statt finden, und oft unmöglich sind) unbekannt blieben, würden wir dieser schuldlosen Parthey die Versehen, Nachlässigkeiten und malam fidem der andern Parthey aufgebürdet sehen, wenn deren Mangel an Aufmerksamkeit, deren Folgen sie allein zu tragen hat, und wenn mala fides derselben (wodurch nie Befugnisse erworben werden können) einen Grund zur Vernichtung eines rechtskräftigen Erkenntnisses gegen die andere schuldlose redliche Parthey abgeben könnte. Oder sollten Vernunft und positives Recht den Satz: „damnum quod quis culpa sua sentit, sentire non videtur," nicht auch für prozeßführende Partheyen aufgestellt haben?

Will man erläuternde Beyspiele? Hier sind sie:

Eine anerkannte Regel ist: „res inter alios judicata, aliis non potest praejudicare" welche Rechtsregel „tamen quandam distinctionem habet." Denn diese res judicata gereicht alsdann einem Dritten zum Nachtheil, wenn die Instruction und Entscheidung gegen eine, diesem Dritten nachfolgende Parthey abgewartet wurde, „scientibus sententia, quae inter alios data est obest, cum quis de ea re cujus actio vel defensio sibi competit, sequenti agere patiatur. Wenn, z. B. ein Creditor gestattet, daß sein Debitor einen Anspruch an das ihm zur Hypothek gesetzte Grundstück vor Gericht bestreitet; wenn ein Ehemann es zuläßt, daß sein Schwiegervater, oder seine Frau, einen Prozeß über das Eigenthum eines ihm inferirten Grundstücks führt: wenn der

Acquirent eines Grundstücks es, ohne seine Intervention, geschehen läßt, daß der Verkäufer einen Rechtsstreit über das ihm verkaufte Grundstück führt. Veluti si creditor experiri passus sit debitorem de proprietate pignoris, aut maritus socerum vel uxorem de proprietate rei indotem acceptae, aut possessor venditorem de proprietate rei emtae, et haec ita ex multis constitutionibus intelligenda sunt. Illa ratio est, sagt ferner das Gesetz, weil, wenn ich die Vertheidigung meines Eigenthums in solchen Fällen dem Beklagten oder Kläger überlasse, meine Kenntniß von dem Prozeß gegen mich, die exceptionem rei judicatae begründet, indem der Richter auf den Grund meiner stillschweigenden Einwilligung erkennt. Is vero, qui priorem dominum defendere causam patitur, ideo propter scientiam rei, quamvis inter alios, judicatae, summovetur, quia ex voluntate ejus de jure quod ex persona agentis habuit, judicatum est.

Indem nun in diesen Fällen res inter alios judicata dritten Personen präjudicirt, so folgt hieraus nothwendig von selbst, daß die Durchl. Nullitätsquerulanten durch das Erkenntniß des Geh. Obertribunals um so mehr gebunden sind, weil von der einen Seite die verwittwete Frau Fürstin, als natürliche und gesetzliche Vormünderin ihrer Prinzessinnen Töchter, den Justizr. Heyer zu deren Bevollmächtigten zu einer Zeit bestellt hat, da selbige zu dieser Bestellung, nach beygebrachten gerichtlichen Attesten, wohl berechtigt, der ꝛc. Heyer mithin auch autorisirt war, in Gemäßheit dieser Vollmacht, als eines fortdauernd Gültigen, die vier Prinzessinnen in jenem Prozesse zu vertreten: und, auf der andern Seite die beyden ältesten Prinzessinnen, zur Zeit der Vermählung derselben mit den Durchl. Nullitätsquerulanten, von der Existenz jenes wichtigen Prozesses, dessen Object der Werth einer Million ist, werden unterrichtet gewesen seyn.

Ein erkünstelter Widerspruch gegen die Handlungen des rc. Heyer, nach definitiver Entscheidung des Rechtsstreits, ist daher mit Erfolg jetzt nicht mehr möglich, wenn auch — wie gegen die hiesigen Landesgesetze behauptet, aber nicht bewiesen worden ist, — durch die Vermählung der beyden ältesten Prinzessinnen, die Vormundschaft der verwittweten Frau Fürstin aufgehoben worden wäre.

(Landrecht Th. 2. Tit. 18. §. 736. und Tit. 2. §. 229.)

Demnach wäre keine Rechtsnothwendigkeit vorhanden, das Tribunalserkenntniß, aus den von den Durchl. Nullitätsquerulanten angeführten Gründen, zu cassiren, vielmehr würde eine solche Vernichtung als ein kühnes Attentat gegen den klaren Buchstaben des Gesetzes, demnächst wiederum zu cassiren seyn.

Demnach sind hier nur noch die beyden Fragen zu erörtern:

1) ob die Durchl Nullitätsquerulanten gar keine Kenntniß von der durch das Tribunalserkenntniß v. 23sten July v. J. definitiv entschiedenen Rechtssache gehabt haben? und

2. ob, wenn dieses der Fall, ihre Unwissenheit einem Dritten schaden, dieser dadurch leiden darf?

Diese beyden Fragen werfe ich deswegen erst hier auf, weil sie ihre Erledigung hier am besten finden, und so werde hier die zweite Frage vor der ersten näher untersucht.

Unwissenheit in Thatsachen ist entweder verzeihlich, wahrscheinlich, oder ihr liegt ein grobes Versehen (ignorantia crassa) zum Grunde, „Grobe Unwissenheit" wird sie genannt, sowohl rücksichtlich notorischer Thatsachen, als auch rücksichtlich persönlicher facta. Eine solche Unwissenheit entschuldigt nach den Gesetzen nicht. „Sed facti ignorantia cuique non nocet, si non ei summa negligentia objiciatur. Quid enim si omnes in civitate sciant, quod ille solus ignorat? et recte Labeo definit scientiam neque curiosissimi neque negligentissimi hominis accipiendum: verum ejus qui eam rem diligenter inquirendo notam habere possit. — L. 9. §. 2. D. de juris et facti ignorantia."

(Landrecht Th. I. Tit. 7. §. 13. und Tit. 3. §. 18.)

„Icti Tubing. Vol. II. cons. 123. No. 6. Mevius P. III. dec. 5. No. 5., wo es heißt: ignorantia non debet proficere his, quibus imputari potest negligentia."

Wenn nun, diese Grundsätze auf den vorliegenden Rechtsfall angewendet, der Gegentheil behauptet hat: daß durch die Vermählung der Prinzessinnen die

Vormundschaft der verwittweten Frau Fürstin aufgehoben worden sey, so hatten die Durchl. Nullitätsquerulanten eine um so größere Pflicht auf sich, für das Vermögen der Prinzessinnen, mithin auch, da dazu die von dem anmaßlichen Geschenkgeber ihnen geschenkten Besitzungen gehörten, für deren Administration zu sorgen, da ihnen alsdann nicht unbekannt bleiben konnte, daß S. H. D. zu Bernburg diese Schenkung unter andern Gründen, auch deshalb als nichtig angefochten hatten, weil der Geschenkgeber diese zu den Staatsstammgütern des regierenden Fürstlichen Hauses gehörigen, mithin an sich unveräußerlichen, Güter nur als apanagirter Fürst, unter der Clausel des Rückfalls an das regierende Haus auf den Fall des Absterbens ohne männliche Nachkommen, im Besitz und Genuß gehabt, er mithin solche ihrem Eigenthümer dadurch, daß er sie verschenkte, nicht entziehen konnte.

Wir gehen auf die Gründe der Ungültigkeit jener Schenkung hier deshalb zurück, um den Werth der Nullitätsklage, wenn sie statt hätte, auch Hinsichts deren Wirkungslosigkeit anzudeuten, und zugleich, um diejenigen zur Besinnung zu bringen, welche das Revisionserkenntniß einer Uebereilung, — veranlaßt, wie seltsamer Weise behauptet worden, durch eine, erst nach bereits geschehener Berathschlagung*) des Geheimen Obertribunals, auf den Grund

*) Für den Laien sind folgende Stellen der Preuß. Prozeßordnung hier anzuführen: „In der dritten Instanz müssen allemal ein Referent und

der Acten und meiner eingereichten Deductionen erschienene unvollendete auch sonst, sogar vom Gegenanwald selbst, unschicklich befundene Schrift „über die Gerechtsame Sr. H. D.", — zuschreiben wollen.

Der Unwissenheit der Durchl. Nullitätsquerulanten läge also — wenn sie wirklich von jenem Prozesse, der überall große Aufmerksamkeit erregte, und wovon, vor dessen definitiver Entscheidung in revisorio in verschiedenen öffentlichen Blättern verkündigt wurde, daß den Prinzessinnen das Eigen-

---

Correferent bestellt werden. Wenn von diesen auf die Abänderung zweyer übereinstimmender Erkenntnisse angetragen, und solcher Antrag von dem Collegio erheblich befunden wird, so müssen die Acten zwey andern Mitgliedern des Collegii, zur nachmaligen Relation und Correlation; wobey sich dieselben der vorigen Relation und Correlation nicht bedienen dürfen, zugestellt, nach deren Vorlesung aber das Urtel schlechterdings nach der Mehrheit der Stimmen abgefaßt werden. Sind für die Bestätigung und für die Abänderung der beyden vorigen Urtel gleich viel Stimmen vorhanden, so sind die vorigen Urtel zu bestätigen, wenn auch gleich der Präsident oder Chef des Collegii der entgegengesetzten Meinung gewesen wäre.

§. 7. Tit. 15. der Prozeßordnung

Auf neue Thatsachen oder neue Beweismittel, welche in den beyden ersten Instanzen gar nicht vorgekommen sind, darf der Revisionsrichter keine Entscheidung gründen.

§. 10. eod.

Nun sollen aber neue Dokumente in revisorio „eingeschwärzt" seyn.

thum jener Besitzungen zuerkannt worden — nicht nur eigenes grobes Versehen, sondern auch Pflichtwidrigkeit zum Grunde.

Nun sagt aber das Gesetz „lata culpa dolo aequiparatur. Hinc qui ignorare affectat, quod facile scire possit, jure meritoque pro sciente habetur.

(L. 5. D. de reb. cred. L. 7. §. 2. D. pro emto. L. 15. Cod. de resind. vend. Landrecht Th. 1. Tit 3. §. 19.)

Rücksichtlich Sr. Herzogl D. wäre es demnach ganz gleichgültig, ob die Durchl. Nullitätsquerulanten Wissenschaft von jenem Rechtsstreite gehabt haben oder nicht, wohin die bekannte Rechtsregel deutet: scire, et scire posse, in jure est idem.

Nun haben aber auch die Durchl. Nullitätsquerulanten keineswegs versichert, von jenem Rechtsstreite keine Kenntniß gehabt zu haben (für welche von ihnen zu beweisende Behauptung, da solche eine rechtszerstörende Einrede seyn würde, indem es sich nicht wohl denken läßt, daß sie von ihrem Agenten keine Nachricht von jenem Prozeß erhalten, man auch keine Argumente hat anführen können. Vielmehr wird von ihnen nur die Behauptung aufgestellt:

daß sie die Lage dieses Rechtsstreits nicht gekannt, sich um dessen Fortgang nicht bekümmert, und daß sie sich darum auch nicht bekümmern können."

Hatten sie nun aber hiernach allerdings Kenntniß von jenem Rechtsstreite; war es hiernach ihre Pflicht, einen andern Bevollmächtigten zu bestellen, wenn der von der verwittweten Frau Fürstin erwählte

Bevollmächtigte solchen nicht fortsetzen sollte, und blieben sie, da von ihnen kein andrer Bevollmächtigter bestellt worden ist, also auch Parthey, durch das dem J. N. Heyer anvertraute Ministerium, so ist der vom Gegentheil aufgestellte Nullitätsgrund dermaßen der gesunden Vernunft zuwider, daß man ihn nur allein „fixen Ideen" zuschreiben kann.

Uebrigens steht auch der Durchl. Nullitätsquerulanten Behauptung, daß sie jene Rechtssache ihren Gang gehen lassen, ohne sich darum zu bekümmern, im geraden Widerspruch mit der, dem Hochl. Oberlandesgerichte unterm 29sten v. M. vorgelegten, von dem Oesterreichischen Kammerrath Reuter am 20sten Juny 1819 Namens der verwittweten Fürstin entworfenen Instruction, Inhalts welcher die Fürstin

als Bevollmächtigte Dero Enkels, des Erzherzogs Stephan und der Erzherzogin Hermine, so wie der Prinzessinnen Töchter, der Frau Erbgroßherzogin Adelheid von Holstein-Oldenburg, auch als Vormünderin ihrer beyden noch minderjährigen Prinzessinnen Töchter Emma und Ida

dem Torfinspector Pabst die früher von dem J. N. Heyer besorgten Erhebungen übertragen hat.

Daher man es als bekannt voraussetzen kann, daß sie sich allerdings um diese Rechtssache bekümmert haben, durch welche Voraussetzung zugleich die von der verwittweten Fürstin geschehene Bestellung des ꝛc. Heyer zum Bevollmächtigten, und die stillschweigende Bestätigung desselben von Seiten der Nullitätsquerulanten in Ehren bleibt.

Ich komme nunmehr endlich zu den letzten, vom Gegentheil aus dem Revisionserkenntnisse selbst entnommenen willkührlichsten und grundlosesten Behauptungen, wodurch die Nullitätsklage hat motivirt werden sollen.

Indem nemlich in diesem Revisionserkenntnisse

„dem ꝛc. Heyer aufgegeben ist, sich rücksichtlich der inzwischen mit Hinterlassung eines Sohnes verstorbenen Prinzessin Hermine, noch durch Vollmacht ihres verstorbenen Ehegatten, des Erzherzogs von Oesterreich und Palatinus v. Ungarn, so wie durch Vollmacht der Prinzessin Adelheid und ihres Gemahls, des Erbgroßherzogs von Holstein-Oldenburg, zu legitimiren,"

so hat man die Nullitätsklage durch ein proprium factum durch die abgegebene Erklärung begründen wollen:

„daß man nimmermehr Willens, diese Vollmacht auszustellen"

aus welcher Erklärung, so vermeint man, folgere, daß dieses Tribunalserkenntniß nichtig sey.

Wer sieht hier nicht, wie erzwungen, wie gewaltsam diese Conclusion ist? Wer sieht hier nicht, daß dadurch nicht nur das Tribunalserkenntniß mit sich selbst, sondern daß dadurch auch das Gesetz mit sich selbst im Widerspruch gesetzt wird!

1. Erzwungen ist diese Conclusion: denn daraus, daß von Seiten einer prozeßführenden Parthey, nach definitiver Entscheidung, die Erklärung abgegeben wird, daß sie der darin enthaltenen Auflage ih-

ren Bevollmächtigten durch förmliche Vollmacht ad acta zu legitimiren, nachzukommen nicht willens sey, folgt noch nicht nothwendig von selbst, daß das definitive Erkenntniß und die früheren Verhandlungen, zum Nachtheil der andern Parthey, für nichtig zu erklären seyen.

2. In Contradiction mit sich selbst wird durch diese Conclusion das Revisionserkenntniß gesetzt. Denn, wenn die Wirksamkeit dieses definitiven Erkenntnisses, wodurch Sr. H. D. zu Bernburg das Eigenthum der verschenkten Besitzungen zuerkannt wurde, annoch davon abgehangen, ob der ꝛc. Heyer, welcher sich beim Anfange des Prozesses durch Vollmacht gehörig legitimirt hatte, solche nun auch von den Durchl. Nullitätsquerulanten herbeyschaffen könne, so würde deren Beybringung vor der Publikation dieses Erkenntnisses verfügt worden seyn. Den guten Willen derselben aber hat man die Wirkung dieses Revisionserkenntnisses nicht unterwerfen wollen. Ihrer Willkühr hat dasselbe warlich nicht preisgegeben werden sollen.

Nach dem §. 2. No. 5. Abs. 4. sind sie vielmehr den ꝛc. Heyer mit gehöriger Vollmacht zu versehen verbunden.

Denn wenn durch diese Gesetzstelle bestimmt werden sollte, daß selbst in dem Falle, da eine Parthey durch einen falschen Bevollmächtigten vertreten worden, dessen Bestätigung alsdann anzunehmen ist, wenn dessen Handlungen stillschweigend genehmigt worden, mithin die andere Parthey glauben konnte, daß sie mit einem bestellten Bevollmächtigten vor Gericht handele, der demnach

„mit gehöriger Vollmacht zu versehen"

so kann es nach der oben ausgesprochenen Absicht des Gesetzgebers hier, wo die andere Parthey beim Anfange des Prozesses mit einem wirklich bestellten Bevollmächtigten handelte, nach dem Satz ubi plus, ubi minus nicht mehr darauf ankommen, ob die Nullitätsquerulanten die mit diesem Bevollmächtigten fortgesetzten Verhandlungen durch Ausstellung einer Vollmacht förmlich genehmigen wollen, oder nicht.

So ist, z. B. zur Gültigkeit eines Eheversprechens die Einwilligung des leiblichen Vaters wesentlich erforderlich. Ohne erhebliche Gründe kann er solche aber nicht versagen. Sie wird daher, wenn er die Rechtmäßigkeit der Weigerung nicht darthun kann, durch die Gerichte ersetzt.

Zugleich ergiebt dieser Paragraph 2. Tit. 16. der Prozeßordnung, daß das Gesetz aus Achtung für bonam fidem der prozeßführenden Partheyen, nur eine vierwöchentliche Frist zur Anfechtung eines durch einen falschen Bevollmächtigten ausgewirkten Erkenntnisses bewilligt. Da nun von den Durchl. Nullitätsquerulanten das Appellationserkenntniß in jener Rechtssache durch die von ihnen bestellten Agenten angenommen worden; sie aber dagegen binnen der gesetzlichen Frist auf keine Wiedereinsetzung in den vorigen Stand angetragen haben, so können auch die früheren und nachherigen Verhandlungen um so weniger für nichterschienen erklärt werden, da ihnen keine Nichtigkeit, wie bey dem im gedachten §. 2. Tit. 16. der Prozeßordnung erwähnten Fall, zum Grunde liegt.

Wer sieht hier ferner nicht, wohin das diesen Grundsätzen entgegenstehende System des Gegners führen würde! Wäre es erlaubt, Revisionserkenntnisse, die keine Verletzung der, bey Strafe der Nichtigkeit, vorgeschriebenen (substantiellen. Förmlichkeiten enthalten, als nichtig anzufechten, so würden die rechtskräftigen Erkenntnisse wegen jeder accidentellen Irregularität, wegen jeder Auslassung eines Namens, des Wohnorts u. s. w. als nichtig angefochten werden können.

In solchen Fällen des Irrthums u. s. w. sind Declarationsgesuche einzureichen. Einleitungen dagegen, welche auf Verdrehungen oder Vereitelungen rechtskräftiger Erkenntnisse abzwecken, verbietet das Gesetz.

S. §. 27. Tit. 15. und §. 1. Tit. 14. der Prozeßordnung.

Was sagt uns ferner Vernunft und natürliche Billigkeit über diese Erklärung des Gegentheils: nimmermehr Willens zu seyn, die bisherigen Verhandlungen zu genehmigen?! Sie sagt uns: solche Erklärungen wirken weiter nichts, als daß sie ein factum fraudis beweisen. Denn auf so tadelnswerthe, sträfliche Weise handeln, heißt: fraudulose Arrière-Gedanken verbergen; es heißt, sich eine Hinterthür reserviren, um Verhandlungen anzufechten, denen man mit der Miene der Genehmigung zusah, es heißt, die andere Parthey, womit man vor Gericht handelte, hintergehen; es heißt, wir nehmen keinen Anstand, es zu sagen, in diese Verhandlungen das Gift doli et malae fidei mischen.

Besonders aber enthält jene erzwungene Conclusion und offenbare falsche Interpretation des Revisionserkenntnisses ein Attentat gegen klare gesetzliche Vorschriften. Denn die (oben angeführten) Gesetze, die unzertrennlichen Begleiter der Gerechtigkeit, die nie mit demjenigen im Widerspruch stehen dürfen, was gerecht, was vernünftig ist, sagen uns: alle Verhandlungen, alle Verträge sind bonae fidei; kein gerichtliches Verfahren kann für nichtig erklärt werden, wenn das Gesetz selbst nicht die Nichtigkeit ausdrücklich verfügt hat, und im Zweifel gilt überhaupt die Regel, nicht die Ausnahme.

Da nun, um mit einem Ausspruche des Montesquieu zu schließen, der Richter sich in monarchischen Staaten an den Buchstaben des Gesetzes, wo es sich bestimmt ausdrückt, hält, weil Ehre, Gut und Leben nicht von richterlicher Hermeneutik abhangen dürfen, so trage ich ganz gehorsamst darauf an:

daß die erhobene, auf keinem Gesetze beruhende Nullitätsklage als ungegründet verworfen, und die Durchl. Nullitätsquerulanten daher in den Kostenersatz und in die gesetzmäßige Geldbuße verurtheilt werden.

Halberstadt den 18ten April 1820.

(gez.) Dr. Caspari.

VII.

VII.

Gegendeduction in Appellatorio.

§. 1.

Bey Erlassung eines Haupterkenntnisses muß der Richter vor der Entscheidung der Hauptsache, von Amtswegen die Frage prüfen und entscheiden: ob der rechte Kläger gegen den rechten Beklagten gehandelt habe, und ob jener oder dieser gehörig sey vertreten worden?

Besteht die klagende oder beklagte Parthey aus mehreren Betheiligten, ist mithin jene oder diese eine Collectivparthey, so liegt es dem Richter ob, amtlich zu untersuchen, ob alle dazu gehörende Interessenten aufgetreten, ob mithin die Collectivparthey vollständig gehört worden ist.

§. 2.

In jeder Instanz muß der Richter vor der Fassung des Urtheils diese Untersuchung neu anstellen. Sie erstreckt sich immer über die doppelte Frage: ist die gehörige Parthey (gleichviel ob aus einem oder aus vielen Individuen bestehend) würklich zur Verhandlung zugezogen, und hat sich ihr Anwald

landesgerichts in seinen Urtheilen vom 10ten September 1816 und 13ten Februar 1818 die Sache an.

In dem zuletzt genannten Urtheil widmete das hohe Spruchcollegium dem Legitimationspunkt noch eine besondere Aufmerksamkeit. Es verlangte, daß die Fürstin Vormünderin sich durch ein tutorium legitimiren solle. Diese Auflage erfüllend, brachte J. R. Heyer in der Revisionsinstanz ein Zeugniß des Herzogl. Nassauischen Staatsministeriums, des Inhalts bey, daß die Fürstin Mutter als natürliche und gesetzliche Vormünderin nach den Landesgesetzen keines weitern Tutoriums bedürfe.

§. 5.

Notorisch hatten indessen zwey zur beklagten Collectivparthey gehörende minderjährige pflegbefohlne Prinzessinnen, sich im Lauf des Rechtsstreits mit einem Prinzen aus dem Durchlauchtigsten Erzhause Oesterreich und mit dem Erbherzog von Holstein-Oldenburg Durchl. vermählt. Diese Vermählungen waren weltkundige Ereignisse. Sie waren dem Richtercollegium nicht unbekannt. Sie waren in allen öffentlichen Blättern zu lesen. Indessen glaubten die beyden Senate des Königl. Oberlandesgerichts nicht, daß sie auf die legitimatio ad causam des beklagten Theils Einfluß hätten.

§. 6.

Der Revisionsrichter hatte eine andere Ansicht. Er reformirte sowohl in Hinsicht des Legitimationspunkts als in Hinsicht der Haupt-

landesgerichts in seinen Urtheilen vom 10ten September 1816 und 13ten Februar 1818 die Sache an.

In dem zuletzt genannten Urtheil widmete das hohe Spruchcollegium dem Legitimationspunkt noch eine besondere Aufmerksamkeit. Es verlangte, daß die Fürstin Vormünderin sich durch ein tutorium legitimiren solle. Diese Auflage erfüllend, brachte J. R. Heyer in der Revisionsinstanz ein Zeugniß des Herzogl. Nassauischen Staatsministeriums, des Inhalts bey, daß die Fürstin Mutter als natürliche und gesetzliche Vormünderin nach den Landesgesetzen keines weitern Tutoriums bedürfe.

§. 5.

Notorisch hatten indessen zwey zur beklagten Collectivparthey gehörende minderjährige pflegbefohlne Prinzessinnen, sich im Lauf des Rechtsstreits mit einem Prinzen aus dem Durchlauchtigsten Erzhause Oesterreich und mit dem Erbherzog von Holstein-Oldenburg Durchl. vermählt. Diese Vermählungen waren weltkundige Ereignisse. Sie waren dem Richtercollegium nicht unbekannt. Sie waren in allen öffentlichen Blättern zu lesen. Indessen glaubten die beyden Senate des Königl. Oberlandesgerichts nicht, daß sie auf die legitimatio ad causam des beklagten Theils Einfluß hätten.

§. 6.

Der Revisionsrichter hatte eine andere Ansicht. Er reformirte sowohl in Hinsicht des Legitimationspunkts als in Hinsicht der Hauptsache die beyden vorigen Erkenntnisse. So wie er rücksichtlich der letzten, die von den beyden vorigen Sentenzen für gültig erkannte Schenkung für ungültig erklärte, so erkannte er rücksichtlich des ersten die von den beyden ersten Urtheilen für genügend gehaltene legitimatio ad causam et processum für ungenügend mit den Worten:

daß zuvörderst dem ꝛc. Heyer obliege, rücksichtlich der inzwischen mit Hinterlassung eines Sohnes verstorbenen Frau Prinzessin Hermine sich noch durch Vollmacht ihres hinterbliebenen Ehegatten, des Erzherzogs von Oesterreich und Palatins von Ungarn K. K. H., so wie durch Vollmacht der Frau Prinzessin Adelheid und ihres Gemahls, des Erbherzogs von Holstein-Oldenburg D. zu legitimiren.

§. 7.

Es sagt der Verfasser der Appellationsdeduction Seite 173.:

die Berichtigung des Legitimationspunkts sey eine den Gerichten von Amtswegen obliegende Pflicht.

Daran hat er Recht. *)

---

*) Im Eifer für seinen hohen Mandanten — behauptet S. 208. der Verfasser der Appellationsdeduction grade das Gegentheil, und widerspricht sich selbst. Er sagt: der Revisionsrichter hätte sich nur um die Hauptsache bekümmern, den Legitimationspunkt dagegen — unberücksichtigt lassen sollen; es sey ja nicht darüber gehandelt worden; ein nicht verhandel-

Eben deshalb mußte der Revisionsrichter von Amtswegen darnach forschen, ob die beym Anfang des Prozesses in Anspruch genommene Sachbetheiligten im Lauf desselben sich nicht durch Vermählungen und Sterbefälle verändert hatten. Sie wurden bey der Erhebung der Klage, weil Ihnen sämmtlich damals das jus standi in judicium fehlte — vormundschaftlich repräsentirt. Der Revisionsrichter mußte officiell forschen, ob diese vormundschaftliche Repräsentations- oder Vertretungsbefugniß noch in Hinsicht aller fortdauere, oder sich in Hinsicht einiger abgeändert habe, ausmitteln, auf wen sie übergegangen sey u. s. w.

Die im Revisionsurtheil niedergelegten Resultate dieser Nachforschungen liegen vor uns. Sie sind grade so wie das Urtel in der Hauptsache, ein höchster Richterspruch, nur mit dem Unterschied,

ter Gegenstand könne auch nicht als entschieden betrachtet werden; in den Akten sey nichts darüber vorgekommen; der Richter habe ihn nicht entscheiden können, daher auch nicht entscheiden wollen. Welcher Lehre des gegenseitigen Mandatarius soll man glauben? Derjenigen, welche er S. 173., oder derjenigen, welche er S. 208. vorträgt? Unstreitig ist wohl die erste die richtige. In Hinsicht der streitigen Forderungen kann nur über diejenige gültig erkannt werden, über welche die Partheyen gültig gehandelt haben. In Hinsicht der Competenz zum Streit muß dagegen in jeder Instanz der Richter, was ihm rechtlich scheint, bestimmen, ohne erst einen Antrag oder eine Aufforderung abzuwarten.

daß sie — nämlich die Legitimationsberichtigung — die Präliminarbedingung der Gültigkeit des Ausspruchs in der Hauptsache sind. Das liegt in der Natur des Prozesses. Denn die Gültigkeit des Verfahrens und Urtheils hängt von der Sachlegitimation der Partheyen und der Prozeßlegitimation ihres Anwaldes ab. Das verordnet auch das Revisionsurtheil. Denn es sagt: daß zuvörderst Justizr. Heyer die Vollmacht der nahmhaft gemachten Litisconsorten beybringen solle, und sodann die Formalien des Prozesses für berichtigt zu halten wären. Es ist hiernach vollkommen überflüssig, zu fragen, aus welchen Gründen der Revisionsrichter sich zu dem bewogen fand, was er verordnete. Ein hoher Senat kann sich darauf eben so wenig einlassen, als auf die Gründe des Revisionsurtheils in der Hauptsache. Was in einem letzten Instanzurtheil geschrieben steht, steht darin geschrieben. Sagt man: es sey doch seltsam, daß ein solches Urtheil sich selbst vernichte, oder die Gründe seiner Richtigkeit selbst im Munde führe, — eine Ansicht, welche, wie unten gezeigt werden wird, in einem Sinn richtig, in einem andern dagegen sehr unrichtig ist — so ist daran eben so wenig etwas Auffallendes, als im Gemeinen Prozeß ein rechtskräftiges Interlocut auffällt, welches den Ausgang der Sache, im Voraus bestimmend, ihn dennoch von einem zu führenden Beweis oder im Preußischen Prozeß ein Endurtheil, welches ihn von einem abzulegenden Eide abhängig macht.

§. 8.

Von dem Hauptgesichtspunkt ausgehend:

Präliminarvorschrift des Revisionsurtheils in Hinsicht der fehlenden Sachlegitimation — aus welcher die fehlende Prozeßlegitimation von selbst folgt, — muß als res judicata befolgt, und ihre Zweckmäßigkeit kann nicht noch einmal richterlich untersucht werden,

wäre es eben so unnütz als ermüdend, dem Verfasser der gegenseitigen Deduction Schritt vor Schritt in alle Labyrinthe der nicht selten von ihrem Gegenstand unglaublich abschweifenden Untersuchung der acht Fragen zu folgen, welche er aufzustellen und in seinem Sinn zu beantworten für gut gefunden hat.

Er hat darüber gar vieles gesagt, was nicht zur Sache gehört.

Es soll jede Frage wiederholt, und möglichst kurz im Geist der Wahrheit und mit logischer Ordnung aufgelößt werden.

§. 9.

Erste Frage. Ob die Durchlauchtigsten Nullitätsquerulanten — des Erzherzogs Palatin K. K. H. und des Erbherzogs von Holstein-Oldenburg D. — durch die Vermählung der beyden Prinzessinnen neue Sachbetheiligte — legitimati ad causam — geworden sind?

Dafür erkennt sie das vom obersten Gerichtshof der Preußischen Monarchie ergangene Revisionsurtheil. Wie könnte das Königl. Oberlandesgericht oder ein Genat dieses hohen Collegiums sie nicht dafür erkennen? Ob das Geh. Ober-Tribunal die jetzigen hohen Nullitätsquerulanten wegen der ihnen zukommenden ehelichen Voigtey, oder weil es sie für eheliche Nutznießer der Streitgüter, oder weil es sie für die gesetzlichen gerichtlichen Vertreter ihrer Gemahlinnen, die selbst minderjährig, durch die Vermählung kein jus standi in judicium erlangen konnten, hielt, oder weil es glaubte, daß ihre Gemahlinnen unter jeder Voraussetzung des gerichtlichen Beystandes ihrer fürstlichen Ehegatten bedürften — das alles ist vollkommen gleichgültig. Es steht so geschrieben und gewiß aus guten Gründen.

In Hinsicht des Erzherzogs Palatin K. K. H. deutet das Geh Ober-Tribunal auf den Grund höchstdessen Sachbetheiligung mit den Worten hin:

> rücksichtlich der inzwischen mit Hinterlassung eines Sohnes verstorbenen Frau Prinzessin Hermine.

Es war mithin das hohe Tribunal der Meinung, daß der, der höchstseeligen Prinzessin gehörende Antheil der Streitgüter, auf ihre eigne Kinder — denn sie gebahr ihrem Gemahl ein Zwillingspaar — (der Ausdruck Sohn ist ein Irrthum der Ausfertigung) vererbt sey, daß diese jetzt fünfjährige Gütereigenthümer ihr Eigenthum nicht hätten vertheidigen können, daß das Recht und die Verbindlichkeit, die Erzherzoglichen Kinder gerichtlich zu vertreten, gesetzlich ihrem Durchlauchtigsten Vater obliege, und daß der Letzte — wie die Acten zeigten — nie sey gehört worden, also noch müsse gehört werden.

§. 10.

Zweyte Frage. Ob es, in so fern sie als andere legitimati ad causam anzunehmen, zur Gültigkeit der Fortsetzung des Prozesses einer Erneuerung der auf den ursprünglich Bevollmächtigten ausgestellten Vollmacht bedurft hatte?

Darüber hat das Revisionsurtheil ebenfalls entschieden.

Hätte das Geheime Ober-Tribunal zur Gültigkeit des fortgesetzten prozessualischen Verfahrens nicht die vorgängige Beybringung der fraglichen Vollmachten für nöthig gehalten, so würde es dieselbe nicht verordnet haben. Da es sie aber gerade deswegen rechtskräftig verordnet hat, weil es sie für nöthig hielt, so verwandelt sich die weitere Untersuchung der Frage, ob sie auch würklich nöthig gewesen sey, in eine müßige Spekulation.

Uebrigens ist eine, von einigen neu hinzugekommenen Sachbetheiligten auszustellende Vollmacht, keine Vollmachtserneuerung.

§. 11.

Dritte Frage. Ob dieser Veränderung, so wie des hiernächst erfolgten Todes der ältesten Prinzessin Hermine ungeachtet, die im Anfang des Prozesses ausgestellte Vollmacht in Kraft und Wirksamkeit geblieben sey?

So wie die Frage gestellt wird, muß sie unter einer Voraussetzung mit Ja, unter der andern mit Nein beantwortet werden.

Im Civilprozeß — sowohl im Preußischen als Gemeinen Deutschen und Französischen — giebt es nur eine klagende und eine beklagte Parthey. Mitbeklagte, Mitsachbetheiligte, Litisconsorten gehören zu jener oder dieser, und bilden zusammen nur eine und dieselbe prozessualische Person. Als Beklagte müssen sie collectiv in Anspruch genommen werden, oder der Kläger muß ausdrücklich erklären, daß er den Antheil des Streitguts, welcher auf den von ihm nicht mitverklagten Sachbetheiligten fälle, nicht verlange (A. G. O I. 5. §. 4. No. 7. und 8.). Die einmal constituirte Parthey bleibt Collectivparthey, mögen schon einzelne ihrer Mitglieder ab- und andere an ihre Stelle treten.

Haben nun alle Litisconsorten eine Vollmacht auf einen gemeinschaftlichen Anwald ausgestellt, oder hat dieses ein, alle etwa minderjährige Litisconsorten gesetzlich vertretender Vormund gethan, so wird dadurch, daß durch einen Sterbefall oder durch ein anderes Ereigniß ein Litisconsorte aus der Collectivparthey austritt, und andere Sachbetheiligte an seine Stelle treten, die erste Vollmacht an und für sich nicht ungültig. Es ist nur nöthig, daß der neue Sachbetheiligte das Verhandelte genehmige oder nachbringe, was er zur Vertheidigung noch für nöthig hält. Zu einem abgesonderten Verfahren kann er wegen der Untheilbarkeit der Partheyrolle, und weil der Civilprozeß nur eine klagende oder beklagte Parthey kennt, nicht zugelassen werden. Erfolgt die Genehmigung der ganzen Verhandlung oder die nachträgliche Vertheidigung, dann versteht es sich von selbst, daß die ursprüngliche Vollmacht bey Kräften bleibt. Erfolgt die Genehmigung nicht, dann ist von dem Augenblick an, wo der Nichtgehörte hätte gehört werden müssen, wo mithin die Collectivparthey nicht mehr gehandelt hat, das Verfahren nichtig; wegen seiner Untheilbarkeit und wegen der Untheilbarkeit der Partheyenrolle hört es auch für die übrigen Interessenten auf, gültig zu seyn, und dadurch tritt nun auch, von diesem nemlichen Zeitpunkt an, die frühere Vollmacht außer Kraft.

Hiernach ist die aufgeworfene Frage sehr leicht zu beantworten.

Hätte J. N. Heyer die verlangte Vollmacht beybringen können, so hätte das ganze Verfahren gegolten und mithin auch seine von der Fürstin Vormünderin ausgestellte Vollmacht. Da aber die vom Revisionsurtheil als Mitsachbetheiligte anerkannte Interessenten das Verfahren von dem Zeitpunkt an, wo sie hätten gehört werden müssen, nicht genehmigen, so wird die Verhandlung von diesem nemlichen Zeitpunkt an ungültig, und eben dadurch auch die Vollmacht zu der ungültig gewordenen Verhandlung, unwürksam oder unkräftig.

§. 12.

Vierte Frage: Sind die Bedingungen des vom Gesetzgeber vorhergesehenen Falls vorhanden, wo wegen Vollmachtsmangel die Anfechtung eines rechtskräftigen Erkenntnisses statt hat?

Der Vollmachtsmangel ist vom Revisionsrichter rechtskräftig anerkannt.

Welche Folgen der Gesetzgeber an den Vollmachtsmangel knüpft, lehrt A. G. O. I. 16. §. 2. No. 5 mit dem Worten:

„Ein Urtheil ist dergestalt nichtig, daß solches
„zu keiner Zeit die Rechtskraft erlangen kann,
„wenn — — —
„5. die Parthey im Prozeß durch einen An-
„dern vertreten worden, welcher entweder gar
„nicht bevollmächtigt gewesen — —
„oder eine nichtige oder unkräftige Voll-
„macht beygebracht hat."

Justizr. Heyer war bevollmächtigt; er hatte seine Vollmacht beygebracht; allein in Hinsicht der hohen Nullitätskläger war sie unkräftig; dafür erkannte sie der Revisionsrichter; darum verlangte er im Eingang des Revisionsurtheils die Beybringung einer weitern Vollmacht; sie kann nicht beygebracht werden; es existirt also der von der angeführten Gesetzstelle vorausgesehene Fall. Wie kann nun die in der Appellationsdeduction aufgeworfene Frage im Ernst aufgeworfen werden?

§. 13.

Fünfte Frage. Wird die Nichtigkeit eines prozessualischen Verfahrens wegen Vertretung einer

Parthey durch einen falschen Bevollmächtigten für gehoben angesehen, wenn solche erst nach geschehener definitiver Entscheidung gerügt wird.

Der Verfasser der Appellationsdeduction hat sich wohl im Ausdruck etwas verwirrt; er wollte nicht sagen: ob die Nichtigkeit könne für gehoben angesehen werden, wenn sie erst nach definitiver Entscheidung gerügt werde? sondern: ob die erst noch nach definitiver Entscheidung erfolgte Rüge der Nichtigkeit müsse für verspätet gehalten werden?

Justizr. Heyer war kein falscher Bevollmächtigter. Von den hohen Nullitätsklägern war er gar nicht bevollmächtigt. Deshalb wurde seine Vollmacht von dem Zeitpunkt an, wo sie hätten gehört werden müssen, unkräftig. Der Vollmachtsmangel wurde übrigens nicht von der Parthey gerügt, sondern vom Revisionsrichter selbst, nicht nach sondern vor der Entscheidung der Hauptsache. Es wurde nämlich oberstrichterlich ausgesprochen, daß zuvörderst Justizr. Heyer sich legitimiren solle, und daß sodann die Revisionsformalien für berichtigt anzunehmen wären, und in der Hauptsache, wie folgt, zu erkennen sey u. s. w.

§. 14.

Sechste Frage. Ob hiernach bey dem mehrjährigen Stillschweigen der, durch einen, von Anfang an legitimirten Bevollmächtigten vertretenen (?) Durchl. Nullitätsquerulanten, in sofern sie legitimati ad causam waren, nicht um so viel mehr anzunehmen sey, daß sie die durch

diesen Bevollmächtigten geschehene Fortsetzung des Prozesses stillschweigend genehmigt hätten?
Die hohen Nullitätskläger wurden vom J. R. Heyer nie vertreten, also auch nicht, wie in der Frage gesagt wird, von Anfang an.

Uebrigens bedarf es keiner Erörterung derselben. Das Gesetz selbst hat sie in der A. G. O. Th. I. Tit. 24. §. 11. No. 2. mit folgenden Worten beantwortet:

Wider die nicht zugezogenen Interessenten bleibt ein Urtheil selbst in dem Fall ohne Würkung, wenn sie davon Wissenschaft gehabt haben, daß über ihre Gerechtsame gestritten werde, indem sie, ehe deshalb eine Vorladung an sie ergangen ist, sich in den Prozeß einzulassen nicht schuldig sind.

§. 13.

Siebente Frage. Ob die Gültigkeit einer prozessualischen Verhandlung mit einem Fremden lediglich nach Preußischen Gesetzen zu beurtheilen sey?

Da der Prozeß vor Preußischen Gerichten geführt worden ist, so kann er auch nur nach Preußischen Gesetzen verhandelt werden seyn. Das ganze Verfahren wurde von der Preußischen Prozeßgesetzgebung beherrscht. Es wurden mithin auch die Verordnungen dieser Prozeßgesetzgebung über Sach- und Prozeßlegitimation angewendet. Das hat der Revisionsrichter gethan. In Gemäßheit derselben hat er, was im Eingang des Revisionsurtheile mit den Worten: daß zuvörderst u. s. w. zu lesen ist, verordnet. — Das alles versteht sich von selbst. Was aber mit der Frage und ihrer Beantwortung, wie sie in der Appellationsdeduction zu lesen ist, soll gesagt werden, ist nicht verständlich.

§. 16.

Achte Frage. Ob das Tribunalserkenntniß sich selbst für nichtig erkläre?

Es giebt bekanntlich bedingte und unbedingte Endurtheile. Bey jenen hängt die Gültigkeit der Entscheidung der Hauptsache, von einem noch zu erledigenden Umstand ab.

Bedingte Endurtheile (Interlocutoria mixta) kennt zwar der Preußische Prozeß in der Regel nicht. Doch duldet er Ausnahmen, z. B. wenn das Endurtheil von einem abzulegenden Haupteid oder von einer zu erledigenden Sachlegitimation abhängig gemacht wird.

Das vorliegende Revisionsurtheil ist unverkennbar ein bedingtes Endurtheil. Die Rechtsbeständigkeit der Hauptentscheidung soll erst auf die Berichtigung des Legitimationspunkts folgen. Es erfordert als conditio sine qua non die Anerkennung der Verhandlung von Seiten derjenigen Interessenten, welche es für legitimati ad causam erklärt, und welche dennoch zur Verhandlung noch nicht waren zugezogen worden. Das Tribunalsurtheil ist nur in seinem ganzen Zusammenhang rechtskräftig. Man kann nicht willkührlich die im Eingang desselben enthaltene Präliminarbestimmung aus dem Zusammenhang heraus=reißen. Man kann nicht sagen, es gelte nur die Nachbestimmung, die Annullirung des Schenkungs=acts, die Vorbestimmung dagegen, die Verordnung über die Sach= und Prozeßlegitimation sey für nicht geschrieben zu achten. Die Wörter zu=vörderst und sodann haben Bedeutung und Sinn, und sind keine Lückenbüßer. Wird, was sie fordern, erledigt, dann folgt die Gültigkeit desjenigen, was durch sie bedingt ist, nemlich die Vollziehbarkeit des Erkenntnisses über die Schenkung von selbst. Wird sie nicht erledigt, dann folgt, was immer folgt, wenn Verhandlung und Urtheil auf eine unkräftige Vollmacht gebaut sind. — Der Ausdruck: das Tribunalserkenntniß erkläre sich selbst für nichtig, oder führe seine Nichtigkeit selbst im Munde, ist daher — je nachdem man ihn nimmt, — richtig oder unrichtig; unrichtig, wenn man sagen wollte, jenes Urtheil erkläre sich in seinem ganzen Umfang für nichtig (eine solche Behauptung wäre Unsinn); richtig dagegen, wenn man es so versteht, daß das Tribunalsurtheil von der Vorbestimmung in Hinsicht der Legitimation, die Nachbestimmung in Hinsicht des Gegenstandes des Streits abhängig macht, und diese Letztere so lange auf sich selbst beruhen läßt, bis Jene erledigt ist, so daß, wenn die Erledigung als unmöglich erscheint, das Haupturtheil ebenfalls in sich zusammenfällt.

§. 17.

Der Gegenstand der judiciellen Untersuchung in der

der vorliegenden Verhandlung kann nicht die Frage seyn:

ob es zur Gültigkeit des Revisionsurtheils und des demselben vorangegangenen Verfahrens der fraglichen Vollmachten bedürfe?

sondern

ob sie würklich beygebracht worden sind, oder ob des Erzherzogs Palatin K. H. und des Erbherzogs von Holstein-Oldenburg D. den J. R. Heyer zur Vertretung ihrer Rechte am gegenwärtigen Rechtsstreit bevollmächtigt haben?

§. 18.

In der Appellationsdeduction wird ein künstlicher Beweis dieser Bevollmächtigung auf mehrerley Art versucht. Jeder soll besonders referirt, und dann geprüft werden.

§. 19.

Der erste künstliche Beweis lautet ungefähr so:

1) Der gegenwärtige Prozeß ist durch öffentliche Blätter sehr bekannt geworden. (S. 187.)
2) Die hohen Nullitätskläger haben ohne Zweifel Zeitungen gelesen (Ebend.)
3) Sie haben mithin nothwendig aus den Zeitungen die Existenz des Rechtsstreits erfahren müssen. Hätten sie dieses nicht, so würden sie sich einer pflichtwidrigen Unwissenheit, einer ignorantia crassa, einer groben Nachlässigkeit schuldig gemacht haben, welche bey Fürsten doppelt tadelnswerth ist. So etwas zu glauben, verbietet sogar der Anstand.

4) Ungeachtet der Zeitungsnotiz haben sie sich dennoch passiv verhalten, mithin

5) das ganze Verfahren genehmigt.

Wollte man auch die vier ersten Sätze nachgeben, so folgt doch der fünfte keineswegs. Nach der A. G. O. I. 24. §. 11. wird das bloße Vorwissen um eine Verhandlung, bey welcher man betheiligt ist, so lange keine würkliche Beyladung erfolgte, für keine Genehmigung gehalten. Des Vorwissens ungehindert bleibt dennoch das, auf die nicht ausdrücklich genehmigte Verhandlung erfolgte Urtheil für denjenigen unverbindlich, der blos um die Verhandlung gewußt hat.

Von der Pflicht, Zeitungen zu lesen, hat der Verfasser der Appellationsdeduction eigne Begriffe. Sich selbst und seinen hohen Mandanten spricht er davon frey. Die hohen Nullitätskläger dagegen sollen dazu verbunden seyn.

Die beyden Vermählungen, welche die vom Geh. Ober-Tribunal so nachdrücklich berücksichtigte Veränderung in der Person der Sachbetheiligten zur Folge hatte, will er und sein hoher Mandant erst aus dem Revisionserkenntniß erfahren haben. Auf diese affectirte Ignoranz legt er keinen geringen Werth. Er meint: nur beym Anfang des Prozesses gelte die Regel: Non debes esse ignarus conditionis ejus cum quo agis: Die nachherige mit der prozessualischen Person des Gegners vorgegangene Veränderung — meint er — wären gleichgültig; der contractus judicialis sey einmal zwischen den streitenden Theilen geschlossen; *) dabey müsse es bleiben. „Sollen wir zugeben“ frägt er „daß Zauberkräfte und Verwandlungskünste in „die gerichtliche Themisofficin“ (soll wohl heißen Justizapotheke!) „gehören? Daß der Sachwal„ter sich nach Faustischen Beschwörungsformeln umzu„sehen habe, um im Lauf des Prozesses den vielge„staltigen Gegner auch in den seltsamsten widerspre„chendsten Erscheinungen, bald als drohendes Meteor, „bald als unschuldiges Mäuslein zu erkennen und „festzuhalten, um jedesmal die Identität des pro„teusartigen Gegners von neuem zu beweisen? Ein „besonderes Gewicht erhalten diese Betrachtungen, „wenn der Prozeß mit einem Fremden, mit einer „im entfernten Auslande wohnenden Parthey geführt „wird (S. 185.). Kein Gesetz fordert, daß Personen, „die gegenseitige prozessualische Streitigkeiten haben, „Erkundigungen bey und über einander einziehen, ob „Verlobungen, Verheyrathungen oder dergleichen Fa„milienangelegenheiten im Werke sind, oder vollzo„gen wurden. Das Lächerliche solcher anmaßlichen

*) Man sieht, daß der Deducent von der Litiscontestation spricht, in welcher die ältere Schule einen Quasicontract fand. Die Litiscontestation — mithin der sogenannte Quasicontract — hat mit der Sach- und Prozeßlegitimation nichts gemein. Außerdem kennt sie der Preußische Prozeß nicht. An ihre Stelle tritt der status causae et controversiae, den doch wohl niemand für einen — contractus judicialis halten wird.

„Nachfragen ist zu klar in die Augen fallend, als „daß das Widerrechtliche derselben hier weiter in „Rede gestellt zu werden brauchte. Wer wollte sich „überall der nutzlosen Mühe unterziehen, Negati„ven zu beweisen. Darum sey es genug, die ein„fache Frage zu wiederholen: welches positive Gesetz, „und namentlich welcher Ausspruch des Preußischen „Landrechts und der Gerichtsordnung verpflichtet den „Theilnehmer eines Prozesses, Behufs der Vollmach„ten, über die etwanige persönliche Veränderungen, „die während des Prozesses bey der Gegenparthey „vorgefallen, eine polizeyliche Controlle anzu„ordnen, und deren Resultat zur gerichtlichen An„zeige zu bringen." (S. 201.)

Begriff denn der Appellationsdeducent bey der Niederschreibung dieser langen Invektive nicht, daß er Waffen gegen sein eignes Raisonnement schmiede.

Von den für den Legitimationspunkt so wichtigen Vermählungen und Sterbefall wurde in den öffentlichen Blättern weit mehr gesprochen, als von dem sogenannten celebern Prozeß.

Verlangt der gegenseitige Deducent, daß die hohen Nullitätskläger diesen Prozeß aus den Zeitungen sollen kennen lernen, so kann man doch wohl mit gleichem Recht von ihm und seinen hohen Mandanten das nemliche in Hinsicht der fraglichen Vermählungen und des Sterbefalls fordern.

Nennt er die Unbekanntschaft der hohen Nullitätskläger mit der Existenz des Rechtsstreits eine grobe Unwissenheit, doppelt tadelnswerth bey fürstlichen Personen, welche zu glauben nicht einmal der Anstand erlaube, so darf man doch wohl die angebliche Unbekanntschaft des Herzogs von Anhalt-Bernburg D. mit den fraglichen Vermählungen und dem Sterbefall der Prinzessin Hermine eine weit größere Unwissenheit nennen, welche man bey einem hohen Agnaten, ohne ihn zu beleidigen, nicht einmal für möglich halten darf.

Wird der Beweis der jenseitigen Unwissenheit der ungereimte Beweis einer Negative genannt, so muß man fragen, ob die diesseits behauptete Unbekanntschaft mit dem Prozeß etwas anders als die Behauptung einer Negative ist?

Zeit- und Raumverschwendend wäre die weitere Erörterung eines Punkts, auf welchen nichts ankömmt.

§. 20.

Der auf einem andern Wege versuchte künstliche Beweis wird so geführt:

„Ein ungültiges Urtheil" — meint der Verfasser der Appellationsdeduction — „werde durch die „stillschweigende Genehmigung der nicht gehörten Parthey gültig. Das verordne A. G. O. Th. I. „Tit. 16. §. 2. No. 5. Abs. 4. Mit den beyden ersten „Instanzurtheilen wären die hohen Nullitätskläger „vollkommen zufrieden; diese Zufriedenheit gelte für „eine Genehmigung; genehmigten sie aber die „beyden ersten Urtheile, so genehmigten sie alles."

Die stillschweigende Einwilligung nach dem Ablauf von vier Wochen setzt voraus, daß das durch sie genehmigte Urtheil der ungehörten oder zum Verfahren nicht zugelassenen Parthey insinuirt oder publicirt worden. Man lese die Gesetzesworte:

„Wenn ein Erkenntniß, welches auf Verhandlung „mit einem nicht bestellten oder falschen Bevoll„mächtigten der Parthey selbst publicirt, oder „sonst gehörig insinuirt worden, so muß die „Parthey ꝛc.

Den hohen Nullitätsklägern wurde von den drey Urtheilen auch nicht ein einziges publicirt oder gehörig insinuirt. Woher soll denn die Genehmigung kommen?

Will man aus der Zufriedenheit mit einem Urtheil die Annahme desselben, mithin die Verbindlichkeit zu dessen Inhalt folgern, so muß es doch existiren. Ein durch Appellation oder Revision angefochtenes, und hiernächst sogar aufgehobenes Urtheil hat aber zu existiren aufgehört. Wie kann man nun von einer dadurch begründeten Verbindlichkeit reden.

§. 21.

Die Relevanz folgender Behauptungen, auf welche die Appellationsdeduction ebenfalls großen Werth legt, läßt sich nicht wohl begreifen.

1. Die Streitgüter wären eingeständlich nicht bona dotalia sondern paraphernalia (S. 180).

2. Die Administration derselben sey von der Fürstin Vormünderin fortgesetzt worden (S. 183).

3. Nach dem Privatfürstenrecht habe der Erzherzog Palatin keinen väterlichen Usufruct am Ver-

mögen der mit seiner höchstseeligen Gemahlin erzeugten Kinder (S. 183.).

4. Der Tod hebe nach Preußischem Recht eine Vollmacht nicht auf.

Um keiner gegenseitigen Einwendung oder keiner Ausführung auszuweichen, welche als Einwendung vorgebracht wird, sollen auch diese vier herausgehobene Punkte geprüft werden.

§. 22.

ad 1. Das deutsche Privatfürstenrecht hing mit dem vormaligen deutschen Staats- und Territorialrecht aufs Genauste zusammen. Alle drey Rechtsdisciplinen fanden in der rheinischen Bundesacte vom 12ten July 1806 einen gleichen Untergang. Denn vom deutschen Staatsrecht wurde das Territorialrecht getragen. Alle Institute des letztern waren aus jenem hervorgegangen, und setzten, was man die Reichsverfassung nannte, voraus. Die Successionsart des Privatfürstenrechts war auf das Staats- und Territorialrecht zugleich gegründet, und alle übrige Eigenthümlichkeiten des erstern hingen aufs genauste mit dem besondern Erbfolgerecht der deutschen regierenden Familien zusammen. An die Stelle des Privatfürstenrechts traten seit dem 12ten July 1812 die von jedem einzelnen Souverain ausgehenden Hausgesetze. Wo sie keine Entscheidungsnormen enthielten, entschieden die Grundsätze des allgemeinen Staats- und Völkerrechts. Die Regulirung der persönlichen Verhältnisse der Mitglieder regierender Familien waren seit jener Epoche, und sind noch jetzt der Gegenstand völkerrechtlicher Verträge. Eben so die Bestimmung des Verhältnisses, welches dadurch begründet wird, daß das Mitglied einer souverainen Familie, im Gebiet eines andern souverainen Staats, liegende Güter besitzt. Ist über letztere nichts Besonderes bestimmt, dann gilt der Grundsatz, daß liegende Güter — ohne Rücksicht auf die Person des Eigenthümers — vom Gesetz desjenigen Staats beherrscht werden, in welchem sie gelegen sind.

Dieses alles wurde im ersten Bande der gedruckten Geschichte des Rechtsstreits S. 335 bis 352 ausgeführt.

Die im Preußischen Staat gelegenen Streitgüter werden hiernach in Hinsicht der Frage: wer daran Eigenthums- oder Nutznießungsrecht erlange, vom Preußischen Gesetz beherrscht.

Wären etwa die Bestimmungen des K. Oesterreichischen Hausgesetzes in dieser Hinsicht abweichend vom Preußischen Landrecht, so könnte doch nur der ausdrückliche Wille des Königs von Preußen rücksichtlich von Gütern, welche Oesterreichischen Prinzen oder Prinzessinnen im Preußischen zugehören, Oesterreichischen Hausgesetzen Anwendbarkeit verschaffen. Von einer solchen Ausnahme vom Preußischen Gesetz ist nichts bekannt. Es muß folglich bey dem bleiben, was im Allg. Landrecht in der Einleitung §. 52. zu lesen ist:

In Ansehung des unbeweglichen Vermögens gelten die Gesetze der Gerichtsbarkeit, (des Landes) in welchem sich dasselbe befindet.

Nun sagt aber A. L. R. Th. II. Tit. 1. §. 210.

Was weder durch Verträge noch vermöge des Gesetzes*) der Frau vorbehalten ist, hat die Eigenschaft des Eingebrachten.

Das diesseitige Eingeständniß: die Streitgüter wären nicht ausdrücklich inferirt, hindert folglich nicht, daß sie dennoch, nach dem hier allein anwendbaren Preußischen Landrecht, für eingebracht zu halten sind.

An dem eingebrachten Vermögen aber hat der Mann — nach Preußischem Landrecht — alle Rechte und Pflichten eines Niesbrauchers A. L. R. II. 1. §. 231.

Der ganze Streit ist indessen ein Streit de lana caprina.

Es kömmt nicht darauf an, wem der Nießbrauch der Streitgüter zugehört, sondern wer das Recht und die Pflicht hat, die Person der Eigenthümerin gegen die, wegen den Gütern erhobenen gerichtlichen Ansprüche zu vertheidigen und zu beschützen.

Dieses Recht und diese Pflicht kömmt doch wohl unstreitig, wenn die Güter Eigenthum der Ehegattinnen sind, dem Ehegatten zu.

So hatte es das Geh. Ober-Tribunal im Re-

*) z. B. der Gebrauch der der Frau, ihrer Beschaffenheit nach gewidmeten Güter, A. L. R. II. 1. §. 206., die bey der Schließung der Ehe vom Mann versprochene Morgengabe. Ebend. §. 207. u. s. w.

visions-Urtheil angesehen. Daher die von demselben verordnete Berichtigung des Legitimationspunkts.

§. 23.

ad 2. Die Herbeyschaffung der fraglichen Vollmachten soll darum überflüssig seyn, weil die Fürstin Vormünderin die Administration der Streitgüter fortgesetzt habe.

Das Factum selbst ist nicht bewiesen, und wäre es bewiesen, abermals irrelevant.

In der Note der Appellationsdeduction wird S. 183. auf eine, Namens der Fürstin Vormünderin vom Kaiserlich Oesterreichischen Kammerdirector Reuter für den Torfinspector Pabst am 19ten Juny 1819 ausgefertigte Instruction verwiesen.

Wo ist diese Instruction? Die Urkunde wurde nicht mitgetheilt.

Wie kömmt sie in die Hände Sr. D. des Herzogs von Anhalt-Bernburg und seines Mandatars?

Wer hat den Torfinspector Pabst ermächtigt, eine Instruction auszuhändigen, welche ihm von derjenigen Behörde ertheilt wurde, der er eidlich verpflichtet ist? Er wohnt in Frohsa, mithin unter der Landeshoheit des Herzogs von Anhalt-Bernburg. Sollte sie ihm etwa durch einen unlöblichen Gebrauch der landesherrlichen Gewalt des hohen Gegners abgepreßt worden seyn, so muß man weiter fragen: war dieser Gegner dazu berechtigt? Ist die Instruction eine Hoheits- und Staatssache? Ist sie nicht eine Privatsache?

Was soll die Instruction beweisen? — Daß sie

im Namen der Frau Fürstin Vormünderin ausgefertigt worden, daß mithin diese Letztere die Administration der Streitgüter fortgeführt habe? Konnte es denn anders seyn? Werden die Güter nicht ungetheilt von allen Gesammtbeklagten als Eigenthum besessen, benutzt, verwaltet? Also doch auch wohl von den noch immer unter Vormundschaft stehenden minderjährigen Prinzessinnen, für welche ihre Frau Mutter handelte und handeln muß?

Was hat aber am Ende die Instruction des Torfinspector Pabst mit der im Revisionsurtheil enthaltenen rechtskräftigen Auflage zu thun? Was verlangt diese Auflage? Die Anerkennung einer gerichtlichen Verhandlung von Seiten nicht gehörter Sachbetheiligten, ausgedrückt durch eine auf den Justizrath Heyer als gerichtlichen Mandatarius ausgestellte Vollmacht derselben? Ist denn eine dem Torfinspector Pabst ertheilte administrative Instruction eine gerichtliche Vollmacht?

§. 24.

ad 3. Es soll des Erzherzogs Palatin K. K. H. nicht einmal als Vater seiner mit der verstorbenen Erzherzogin Hermine erzeugten Kinder zur gerichtlichen Vertheidigung des Eigenthums der Letztere berechtigt seyn. Eine merkwürdige Behauptung. Sie soll durch die Zusammensetzung folgender einzelner Sätze bewiesen werden:

a. Nach dem deutschen Privatfürstenrecht hat der Vater am Vermögen seiner Kinder keinen väterlichen Usufruct;

b. der Erzherzog Palatin hat folglich den Antheil seiner eignen Kinder an den Streitgütern nicht zu genießen;

c. daraus folgt ferner, daß Höchstderselbe diesen Antheil weder zu verwalten noch gerichtlich zu vertheidigen berechtigt ist.

Ein erbaulicher Kettenschluß! Nur Schade, daß sich darin zwey Todessprünge finden.

Das soll gezeigt werden.

§. 25.

ad a. Daß kein Deutsches Privatfürstenrecht mehr existirt, daß es mit dem deutschen Reichs- und Territorialstaatsrecht in ein gemeinschaftliches Grab gestürzt ist, wurde oben §. 22. nachgewiesen.

Zwar ist in der ersten für die hohen Nullitätskläger erschienenen Druckschrift S. 11. von einem jure privato principum gesprochen worden. Schwerlich mit Recht. Es wird dem deutschen Juristen, der seine Ausbildung einem Zeitalter verdankt, wo noch ein deutsches Reich, ein deutsches Staatsrecht blühete, schwer, sich von einer, in die ganze Masse seiner Vorstellungen tief verwebte Grundidee zu trennen. Aber trennen muß er sich. Das ist der Wissenschaft und der Consequenz ernstes Gebot.

Doch zugegeben, daß es in Deutschland noch ein eigenes jus privatim principum gebe, wo steht denn geschrieben, daß die väterliche Gewalt desselben andere oder gar mindere Rechte ertheile, als das in Deutschland eingebürgerte römische Privatrecht, so weit es eingebürgert ist, und werden konnte?

Man höre darüber den Reformator des deutschen Privatfürstenrechts, Johann Stephan Pütter. Er sagt:

patriae potestatis jura quo magis extendit jus Romanum eo convenientius quadrat hodiernae illustrium conditioni.

Jus priv. princ. §. 73.

Der väterliche Usufruct am Vermögen der Kinder ist doch wohl ein Institut des Römischen Rechts.

Womit will nun der Verfasser der Appellationsdeduction einen willkührlich aus der Luft herausgegriffenen doctrinellen Satz rechtfertigen?

§. 26.

ad b. Der Verf. scheint den Unterschied zwischen dem statutum personale und reale nicht begriffen zu haben.

Rechte der Personen werden durch die Gesetzgebung des Staats bestimmt, welchem die Person angehört, Rechte der liegenden Güter dagegen durch die Gesetzgebung desjenigen Staats, unter dessen Hoheit sich das Gut findet.

Das sogenannte statutum mixtum ist ein Unding, und dem statutum reale gleich.

Volljährigkeit und Minderjährigkeit, Fähigkeit zu heyrathen, und Unfähigkeit, die Rechte des Ehegatten in Hinsicht der Person des andern Ehegatten, Gültigkeit der Ehe und Nichtgültigkeit derselben, das jus standi in judicium, die Befugniß und die Pflicht, den Andern vor und außer Gericht zu vertreten — das alles und Aehnliches gehört in das Gebiet des statutum personale.

Die Eigenthumserwerbung liegender Güter, die Eigenthumsübertragung derselben, ihre Vererbung, die Acquisition von Realrechten daran u. s. w. gehören in das Gebiet des statutum reale.

Die Streitgüter liegen unter Preußischer Hoheit. **So wie die Frage: wer das Eigenthum, so ist auch die Frage: wer daran dingliche Rechte erwerbe? nach dem Preuß. Landrecht zu bestimmen.**

„Les immeubles, même ceux, possedés par des étrangers, sont régis par la loi française."

ist der auch im Preußischen Landrecht, Einleitung, §. 52., einheimische Grundsatz des französischen und des gemeinen Rechts.

Nun sagt aber das **Preußische Landrecht Th. II.** Tit. 2. §. 168.

Von dem nicht freyen Vermögen der Kinder gebührt dem Vater, so lange die väterliche Gewalt dauert, **die Verwaltung und der Nießbrauch.**

und Th. II. Tit. 2. §. 156.

Alles was den Kindern durch bloße Schenkungen, Erbschaften, Vermächtnisse oder Glücksfälle zukömmt, gehört zu ihrem nicht freyen Vermögen.

Wer hat nun den väterlichen Usufruct an den, unter Preußischer Hoheit gelegenen, von Preußischen Landesgesetzen beherrschten, der Prinzessin Hermine ge-

schenkten, und auf ihre eigne Kinder vererbten, unbeweglichen Güter Erzherzoglich-Oesterreichischer Prinzen?

§. 27.

ad c. Doch gesetzt, der Verfasser der Appellationsdeduction hätte Recht, gesetzt Se. K. K. H. der Erzherzog Palatin wäre nicht der gesetzliche Nutznießer des Vermögens seiner eignen Kinder, wie folgt daraus, daß auch die Verwaltung, die gerichtliche Vertheidigung dieser Güter ihm nicht zukomme?

Man höre abermals das Allgem. Landrecht II. 2. §. 159.:

> Wenn die Kinder noch minderjährig, oder sonst ihren Sachen selbst vorzustehen, unfähig sind, so gebührt dem Vater die vormundschaftliche Verwaltung ihres freyen Vermögens.

Wem sollte sie auch sonst gebühren? Und wem anders, als der vormundschaftlichen Verwaltung liegt die gerichtliche Vertretung ob?

§. 28.

ad 4. Daraus, daß nach Preußischem Landrecht in gewissen Fällen der Tod die Vollmacht nicht aufhebt, wird gefolgert, daß die Vollmacht des Justizr. Heyer durch den Tod der Prinzessin Hermine nicht erloschen sey.

Es ist dem Verf. der Appellationsdeduction abermals gefällig gewesen, sich auf die Preuß. Gesetze ins Blaue hinein zu berufen, ohne sich die Mühe zu nehmen, sie nahmhaft zu machen.

Er lese A. L. R. I. 13. §. 186.

durch den Tod eines der beyden Contrahenten — des Vollmachtsgebers oder des Vollmachtsempfängers — werden in der Regel alle Aufträge geendigt, welche nicht mit auf die Erben ausdrücklich gerichtet sind.

Es findet sich freylich §. 210. verbunden mit §. 215. eine Ausnahme für den Fall, wenn die Vollmacht, eines gemeinschaftlichen Geschäfts wegen, von Mehreren zugleich ausgestellt worden ist; unter einer solchen Voraussetzung verordnet §. 215:

der Widerruf eines Machtgebers hebt so wenig als der Tod desselben die Vollmacht auf:

Allein:

1. Im gegenwärtigen Fall war die Vollmacht nicht von Mehreren zugleich ausgestellt, sondern einzig und allein von der Fürstin Vormünderin.

2. Redet das A. L. R. I. 13. §. 215. nur von außergerichtlichen Vollmachten.

§. 29.

Und wo wurde dann — was hier die Hauptsache ist — je gesagt, daß die fragliche Vollmacht erst durch den Tod der Prinzessin Hermine sey aufgehoben worden, und bis dahin für die Prinzessin Hermine selbst fortgedauert habe.

Die Vollmacht war ja nicht von der geschenknehmenden Prinzessin Hermine, sie war von ihrer gesetzlichen Vertreterin ausgestellt.

Der Grund der Ausstellung durch eine andere, als durch die eigentlich Sachbetheiligte, fand sich im

Personenzustand derselben, oder in einem vormundschaftlichen Verhältniß.

Mit der Veränderung des Personenzustandes der Prinzessin Hermine hörte die mütterliche Vertretung, und mit dieser Letztern die Würksamkeit der, nur auf sie gegründeten Vollmacht auf.

Als die Prinzessin Hermine Mitglied des Durchlauchtigsten Kaiserhauses Oesterreich wurde, gehörte sie nicht blos einer andern Familie, sie gehörte auch einem andern Staat an. Ihr Personenstand hatte sich sowohl nach dem Civilrecht, als nach dem Völkerrecht verändert; nach dem Civilrecht, indem schon im Herzogthum Nassau, wo das gemeine oder römische Recht herrscht, die eheliche Voigtey die vormundschaftliche beendigt; aber auch nach dem Völkerrecht (was jetzt unter deutschen Regentenfamilien an die Stelle eines nicht mehr existirenden jus privatum principum getreten ist), indem die vom souverainen Herzog von Nassau ausgehende Vormundschaft sich unmöglich — ohne einen besondern Vertrag — über ein Mitglied der Familie S. M. des Kaisers von Oesterreich erstrecken kann. Ein solches Mitglied war die Prinzessin Hermine durch die Vermählung mit einem Oesterreichischen Prinzen geworden. Ihr ganzer Personenstand war dieser Vermählung wegen durch das Oesterreichische Haus- und Staatsgesetz bestimmt. Sie war dem Familienschutz S. D. des Herzogs von Nassau entzogen, und dagegen dem Familienschutz S. M. des Kaisers von Oesterreich übergeben. Sie konnte daher nicht mehr durch eine lediglich von Jenem emanirende Vormundschaft vertreten werden. Wer hier den Grundsatz des Preußischen Rechts anwenden wollte, daß die Ehe der Pflegbefohlnen die Vormundschaft nicht aufhebe, würde das Statutum reale mit dem Statutum personale verwechseln, und inconsequent und unwissenschaftlich die Grundsätze des Civil- und Völkerrechts unter einander werfen.

Bey der Beurtheilung der Sachlegitimation ist in der vorliegenden Sache das Geheime Ober-Tribunal von diesen Grundsätzen ausgegangen. Nicht im Tod, sondern in der Vermählung der Prinzessin Hermine fand es den Grund, warum ihr Durchlauchtigster Gemahl hätte müssen als Sachbetheiligter gehört werden, und da es noch nicht geschehen, noch zu hören seyn. Daß der hohe Gerichtshof dieser und keiner andern Ansicht huldigte, läßt sich nicht entfernt bezweifeln. Wie hätte er sonst auch den Erbherzog von Holstein-Oldenburg D. als Sachbetheiligten betrachten können? In der Familie dieses Letztern hatte sich bey der Abfassung des Revisionsurtheils noch kein Sterbfall ereignet, und den Erbherzog von Holstein-Oldenburg nach einer andern Regel, als den Erzherzog von Oesterreich, zu behandeln, konnte dem Revisionsrichter nicht in den Sinn kommen.

Ueberhaupt ist es unbegreiflich, wie sich der Appellationsdeducent über das hinaussetzen kann, was der Revisionsrichter in Hinsicht der Sachlegitimation so bestimmt und klar verordnet, oder wie er sich der

Hoffnung überlassen mag, daß sich ein hoher Appellationssenat darüber hinaussetzen werde.

§. 30.

Und damit wäre eigentlich alles widerlegt, was in der Appellationsdeduction zur Begründung des darin enthaltenen Schlußantrags gesagt worden ist.

Um indessen nichts zu übersehen, wirft man noch einen Blick auf den Status causae et controversiae vom 8ten Januar d. J. und auf die darüber am 24sten desselb. Monats erfolgte Erklärung.

§. 31.

Es sind der im Status causae et controversiae herausgehobenen Streitpunkte nicht weniger als ein und zwanzig, wozu am 24sten Januar d. J. gar noch ein zwey und zwanzigster hinzugekommen ist.

Nachdem man sie durchgelesen hat, muß man die Geduld des Instruenten bewundern und seine Mühe bedauern.

Es gehört zu den Eigenthümlichkeiten des Preußischen Prozesses, daß der Anwald nicht allein irrelevante Thatsachen zur Sprache bringen, sondern auch seinen Gegner nöthigen kann, sich darauf einzulassen. Wäre der Richter, wie im Gemeinen Deutschen Prozeß, verpflichtet, durch ein Beweisinterlocut, was irrelevant ist, zu bestimmen, so würde jene Nöthigung nicht eintreten.

Um einen hohen Senat von der vollkommenen Irrelevanz des Status causae et controversiae zu überzeugen, fügt man in der Anlage 1. eine kurze Erläuterung jedes darin herausgehobenen Punktes bey:

§. 32.

In dem Protocoll vom 24sten Januar d. J. bey der Anerkennung des Status causae et controversiae wurde mit den hin- und hergeschobenen Eiden ein bedauernswürdiger Misbrauch getrieben.

Es wurden vom herzoglichen Mandatarius nicht weniger als fünf Eide zugeschoben. Man protestirte gegen ihre Relevanz und acceptirte nur unter dieser Protestation. Sie wurden hierauf vom Instruenten normirt.

Mit Eiden soll man nicht spielen. Auf irrelevante Eide oder auf die Beeidigung irrelevanter Thatsachen darf ein Preußisches Spruchcollegium nicht erkennen. Daß aber auf die Thatsachen, welche zum Stoff der Eidesdelation dienen, sammt und sonders nichts ankomme, soll bewiesen werden.

§. 33.

1. Die hohen Nullitätskläger sollen schwören:
   daß sie von der, auf Annullirung der fraglichen Schenkung gerichteten Klage und von der Entscheidung derselben, in erster und zweyter Instanz, keine Kenntniß gehabt hätten.

Es verlangt A. G. O. I. 24. §. 11. eine ausdrückliche Vorladung desjenigen Interessenten, über dessen Recht ein nachtheiliges Urtheil ergangen ist. Die Gesetzstelle sagt ausdrücklich, daß sein bloßes Vorwissen um die Verhandlung dem Urtheil keine Würksamkeit gegen ihn beylege. Wie könnte nun ohne die offenbarste Gesetzesverletzung ein hoher Senat auf den normirten Eid erkennen,

Die hohen Nichtigkeitskläger haben nicht behauptet, daß sie von der Existenz des Rechtsstreits gar nichts gewußt hätten. In der ersten der Nullitätsklage gewidmeten Druckschrift §. 15. S. 12. haben sie erklärt, daß sie mit der Lage des Rechtsstreits, mit den Verhandlungen, mit den Gründen für und wider, mit der Frage: ob? inwiefern? in welcher Hinsicht? — sie selbst dabey betheiligt wären, sich nicht bekannt gemacht, daß sie sich überhaupt um den ganzen Rechtsstreit nicht bekümmert hätten. Soll man mehr sagen. Die jenseitige Klage wurde gleich bey ihrer Anstellung vom ganzen Publikum für so frivol, ihr endlicher siegreicher Ausgang so sehr für gesetzlich und rechtlich unmöglich gehalten, daß die hohen Nullitätskläger sich durch sie nicht beunruhigt und nicht bewogen finden konnten, sich um einen für chikanös gehaltenen Prozeß genauer zu bekümmern? War die öffentliche Meinung irrig? beruhte sie auf schlechten Gründen? Man lese die Widerlegung der Entscheidungsgründe des Revisionsurtheils im ersten Bande der Geschichte des Rechtsstreits S. 271 — 400 und urtheile dann

2. Die hohen Nullitätskläger sollen weiter schwören:

daß weder die Fürstin Vormünderin noch ihre höchstseeligen Gemahlinnen sie mit den fraglichen Ereignissen bekannt gemacht hätten.

Was von der ersten Eidesdelation bemerkt wurde, gilt auch von der zweyten. Die Nachforschungen des Herzogl. Mandatarius über Mittheilungen im Schoos der Familie sind höchst indiskret. Wäre aber auch alles factisch, so wie es nicht ist, so würden doch die jenseits behauptete Mittheilungen nicht die Stelle der von A. G. O. I. 24. §. 11. verlangten **Vorladung** ersetzen.

3. Die hohen Nullitätskläger sollen ferner schwören:

daß mit ihrem Vorwissen die Fürstin Vormünderin die Aufsicht und Administration über das Vermögen der verstorbenen Prinzessinnen Hermine und Adelheid nicht fortgeführt habe.

Die Güter blieben ungetheilt und sind es noch. Es bestand darüber nur **eine** Aufsicht, **eine** Administration. Die Fürstin Vormünderin war nicht allein **berechtigt**, sondern auch des Mitantheils der ihrer vormundschaftlichen Vorsorge noch immer anvertrauten Prinzessinnen Emma und Ida wegen **verbunden**, jene Administration und Aufsicht fortzuführen. Was hat aber in aller Welt die **Güteradministration** mit der von A. G. O. I. 24. §. 11. verlangten **Vorladung** und mit der im Revisionsurtheil geforderten **Vollmacht** zu thun?

4. Die hohen Nullitätskläger sollen weiter noch besonders schwören:

daß die Fortsetzung des über die Schenkungsurkunde vom 7ten November 1811 geführten Rechtsstreits nicht mit ihrem **Vorwissen** oder **Genehmigung** geschehen sey.

Insofern der Eid auf das **Vorwissen** gerichtet ist, ist er mit dem oben No. 1. deferirten, einer und derselbe. Genehmigung ist aber etwas anders. Genehmigung muß aus Handlungen folgen, oder durch Handlungen sichtbar werden. Wer jene behauptet, muß diese nahmhaft machen. Grade solche genehmigende Handlungen haben die hohen Nullitätskläger, als sie in Gemäßheit des ihnen eröffneten Revisionsurtheils vom 23sten July 1819 dazu aufgefordert wurden, versagt. Nun sollen sie aber dennoch genehmigende Handlungen vorgenommen haben. Worin bestehen sie? darf der Spruchrichter auf eine so allgemeine unbestimmte Angabe eingehen? — Doch die genehmigenden Handlungen werden

5. herausgehoben, indem die hohen Nullitätskläger zuletzt noch schwören sollen:

daß ihnen ihre Schwiegermutter von den beyden ersten Erkenntnissen keine Nachricht ertheilt, und sie (nemlich die hohen Nullitätskläger) dieselbe (nemlich die Fürstin Vormünderin) um die Betreibung und Fortsetzung des Prozesses nicht ausdrücklich ersucht hätten.

Hier werden wieder heterogene Thatsachen, das Vorwissen, das Nachrichterhalten und das ausdrückliche Ersuchen unter einander geworfen. Das Vorwissen und Nachricht erhalten wird ein für allemal durch A. G. O. I. 24. § 11. als irrelevant zurückgewiesen. Es darf deshalb mit dem ausdrücklichen Ersuchen nicht amalgamirt werden. Sollte aber ein hoher Senat ein solches ausdrückliches Ersuchen für ein Vollmachtssurrogat halten, und sollte darauf ein judizieller Eid gerichtet werden, dann wird der Erfolg lehren, ob das Gewissen der hohen Nullitätsquerulanten dem hohen Nullitätsquerulaten über ein solches ausdrückliches Ersuchen zu Rede zu stehen im Stande ist. Nach dem Geist und Buchstaben der Preußischen Gesetze hält man es aber ebenfalls für irrelevant. Denn 1) verlangt das Revisionsurtheil eine auf den J. R. Heyer gerichtete Vollmacht, 2) schreibt A. G. O. I. 3. §. 30. die Form einer gerichtlichen Vollmacht sehr genau vor; man sieht deutlich, daß der Gesetzgeber nur mit schriftlichen Vollmachten zufrieden ist; 3) verlangt A. G. O. I. 24. §. 11. Abs 2. zum Wenigsten eine gerichtliche Vorladung des Betheiligten, wenn das seine Gerechtsame betreffende Urtheil gegen ihn würken soll.

§. 34.

Man hat nun die gegenseitige Appellationsdeduction vollständig beleuchtet. Der Herr Referent wird freylich vieles lesen müssen, was nicht zur Sache gehört, oder was doch füglich konnte umgangen werden. Die Abschweifungen des Gegners mußte auch die Widerlegung zu Abschweifungen führen. Der Gegenstand des Streits selbst ist sehr einfach. Nur — es sey vergönnt, dies zu bemerken — die nicht folgerechten und nicht sehr befriedigend motivirten judiziellen und ministeriellen Verfügungen haben ihn verwickelt. Es reducirt sich alles auf die einzige Frage: ob das ganze prozessualische Verfahren vom 31sten August 1815, dem Vermählungstage der Prinzessin Hermine an, gelte oder nicht gelte. Die Schlußbitte kann daher auch keine andere seyn, als folgende:

das ganze Verfahren in Hinsicht der ursprünglich beklagten, appellatischen, revisischen, jetzt querulantischen Parthey, mithin in Hinsicht aller zu dieser Parthey gehörenden Litisconsorten vom 31sten August 1815 an für nicht erfolgt zu erklären, und den regierenden Herzog von Anhalt-Bernburg in sämmtliche Kosten zu verurtheilen.

Zur weitern Begründung der Schlußbitte bezieht man sich auf den Nachtrag zu der gegenwärtigen Gegendeduction.

(gez). Rosentreter.

Anlage A.

Status causae et controversiae in appellatorio vom 8ten und 24sten Jenner 1821.

I. Können auf den vorliegenden Prozeß keine andere, als Anhalt-Bernburgische Hausgesetze angewandt werden?

II. Bleiben die verheyratheten Prinzessinnen der Anhalt-Bernburgischen Familie gehörig, und auch nach ihrer Verheyrathung den Bernburgischen Hausgesetzen unterworfen?

III. Darf das, was das Stammhaus solcher Prinzessinnen betrifft, nie nach den Hausgesetzen ihrer Eheherrn beurtheilt werden, oder denselben unterliegen?

ad I. II. u. III. Diese drey Streitpunkte hat der Herzogliche Mandatarius in der Erklärung zu dem Status causae et controversiae am 24sten Jenner d. J. wieder fallen lassen. Es mögen deshalb folgende Bemerkungen hinreichen:

1) der Grund der im Revisionsurtheil verfügten Legitimationsergänzung findet sich in der mit der Vermählung d. geschenknehmenden Prinzessinnen Hermine u. Adelheid eingetretenen Erlöschung d. mütterlichen und vormundschaftlichen Vertretungsbefugniß, mithin im veränderten Personenzustand der Geschenknehmerinnen;

2) diese Veränderung des Personenzustandes war eine Folge des Aus-

tretens der Geschenknehmerinnen aus der Herzoglich Anhaltischen und ihres Eintretens in die Erzherzogl. Oesterreichische und in die Herzogl. Oldenburgische Regentenfamilien. Uxor est finis familiae.

3) Es kommen hierbey weder die Herzogl. Anhalt-Bernburgischen, noch die Herzöglich Nassauischen, noch die Erzherzogl. Oesterreichischen, noch die Holstein-Oldenburgischen besondern Hausgesetze, es kommt einzig und allein der Grundsatz des Völkerrechts zur Anwendung, daß das Personalstatut des Staats- und Regentenhauses A. für die Angehörigen des Staats- und Regentenhauses B. nicht gelte, daß mithin die durch die Gesetze des Geburtsstaats oder des Stammhauses bestimmte Personenfähigkeit

der vermählten Prinzessinnen Hermine u. Adelheid, sobald sie Mitglieder des Erzhauses Oesterreich oder des Herzoghauses Holstein-Oldenburg wurden, nicht mehr für sie gelten konnten.

IV. Ist den Bevollmächtigten des Hrn. Appellanten die Verheyrathung d. beyden Prinzessinnen Adelheid u. Hermine während des Laufs des Schenkungsprozesses bekannt gemacht worden, und war eine solche Bekanntmachung nöthig?

ad IV. Der Bevollmächtigte Sr. D. des Herzogs von Anhalt-Bernburg war Hr. Dr. u. J. C. Caspari in Halberstadt. Dieser Geschäftsmann würde sich höchlich verwundert haben, wenn des Erzherzogs Palatin K. H. und des Erbherzogs v. Holstein-Oldenburg D. geruht hätten, ihm Höchstihre resp. Vermählungen durch eigne Notifikationsschreiben bekannt zu machen. Den Grund u. Zweck solcher Schreiben würde er schwerlich haben begreifen können.

V. Ist dem Herrn Appellanten selbst der-

ad V. Die Vermählungen waren in den Zeitungen

gleichen Bekanntmachung geschehen?

zu lesen. Dem Herzog von Anhalt-Bernburg blieben sie zuverlässig eben so wenig unbekannt, als dem Geheim. Ober-Tribunal.

VI. Mußte derselbe, falls ihm oder seinem Mandatar diese Bekanntmachung geschehen, die Herren Nullitätsquerulanten zur Ertheilung einer Vollmacht auffördern?

ad VI. Das war seine Sache. Ueber die Folgen der unterbliebenen Aufforderung mag er sich aus dem Eingang des Revisionsurtheils unterrichten.

VII. Haben die hohen Nullitätsquerulanten Wissenschaft von dem wegen Annüllirung d. Fürstlichen Schenkung angestellten Prozesse, und von dessen Entscheidung in erster u. zweyter Instanz gehabt?

ad VII. Ist nach A. G. O. I. 24. §. 11. irrelevant. Das bloße Wissen, es werde über einen Gegenstand gestritten, bey welchem man betheiligt ist, würkt nicht als Einwilligung in die Verhandlung.

VIII. Hat der Herzog v. Bernburg die dringendste Vermuthung für sich, daß die Herren Appellat. Wissenschaft

ad VIII. Ist ebenfalls nach der eben angeführten Gesetzstelle irrelevant. Der Beweis einer Nichtwissenschaft ist — wie bey

v. d. gedachten Rechtsstreite gehabt, und müssen letztere daher beweisen, daß sie keine Wissenschaft davon gehabt?

Herzogliche Anwald selbst S. 201. meint — der unnütze Beweis einer Negative.

IX. Gestehen die hohen Appellaten in der, der Nullitätsklage beygefügten gedruckt. Denkschrift §. 15. zu, daß sie Wissenschaft von jenem Prozesse gehabt?

ad IX. Die aus dem Zusammenhang herausgerissene Stelle lautet so:

„des Erzherzogs Palatin „K. H. habe die Lage des „Rechtsstreits nicht gekannt, sich um den „Fortgang desselben nicht „bekümmert, auch bey „Höchstihrer beständigen „Residenz in Ofen nicht „bekümmern können."

Findet sich in dem Allen eine Einwilligung in die Verhandlung.

X. Steht dem hohen Appellanten nicht nur eine dringende, sondern auch eine gesetzlich qualifizirte Vermuthung für seine Behauptung zur Seite: daß mit

ad X. Das Wissen einer Thatsache ist selbst eine Thatsache. Wer Nichtwissen behauptet, behauptet eine Negation. Der Appellationsdeducent nennt den Beweis derselben unnütz.

Wissen u. Willen der Gegner, der Prozeß durch den von ihrer Fr. Schwiegermutter erwählt. Bevollmächtigten in allen Instanzen fortgesetzt worden?

Er halte sich an seine eigne Lehre.

XI. Sind die hohen Appellaten theils durch ihre Frau Schwiegermutter, theils durch ihre Gemahlinnen davon benachrichtigt, daß der hohe Appellant die Schenkungsurkunde v. 7ten Novbr. 1811 als nichtig angefochten, und daß dem Justizr. Heyer. die Führung des Prozesses für die Geschenknehmerinnen übertragen worden?

ad XI. Sie sind nicht benachrichtigt worden. Indessen ist dieser Streitpunkt wegen A. G. O. I. 24. §. 11. (S. VII.) irrelevant.

XII. Ist die Fortsetzung jenes Prozesses durch den Justizr. Heyer den Gegnern von ihren Agenten, welche mit Ersterem darüber correspondirt, bekannt

ad XII. Nein! Hält der hohe Senat jedoch diese Thatsache für relevant, und hält es für nothwendig, einen Eid darüber zu fordern, so wird die Ablegung desselben nicht verweigert wer-

gemacht werden, und haben Appellaten ihre Zufriedenheit darüber zu erkennen gegeben?

den. Indessen hält man die Behauptung ebenfalls für irrelevant. Das Revisionsurtheil verlangt eine schriftliche Vollmacht. Uebrigens muß man fragen: Wer sind d. angeblichen Agenten d. hohen Nullitätskläger? Warum werden sie nicht nahmhaft gemacht? Wie kann man sich über ein ins Blaue hinein behauptetes Factum erklären?

XIII. Sind die geschenkten Güter zur Zeit der Vermählung der Prinzessinnen Adelheid und Hermine res litigiosae gewesen? Haben sie als Heyrathsgut nicht inferirt werden können, sondern würden sie zum Paraphernalvermögen gehört haben?

ad XIII. Ist durchaus irrelevant. Die Güter waren, pro rata, Eigenthum einer Erzherzogin v. Oesterreich und einer Erbherzogin von Oldenburg. Vom Tage der Vermählung dieser beyden Prinzessinnen, nemlich vom 31sten August 1815, und vom 24sten July 1817 an, war die Fürstin Vormünderin nicht mehr ihre Vormünderin, konnte sie also von jenen Tagen an, wegen jener Güter nicht mehr vormundschaftlich, und eben deshalb auch nicht

gericht-

gerichtlich vertreten. Die Eigenschaft der Güter, ob sie Paraphernal- oder Dokalgüter waren, änderte hierin nichts ab.

XIV. Hat nach den Grundsätzen des Privatfürstenrechts der fürstliche Gemahl kein Recht auf Benutzung der Paraphernalien, sondern nur auf das in den Ehepacten genau zu bestimmende Heyrathsgut? Sind Appellaten eheliche Nutznießer oder Verwalter der streitigen Gegenstände, oder nicht?

ad XIV. Ist abermals aus dem eben angeführten Grunde irrelevant. Indessen walten hier, da es auf die Beschaffenheit liegender Güter und auf die darauf begründeten dinglichen Rechte ankömmt, Preußische Gesetze, oder die Gesetze der gelegenen Sache vor.

XV. Ist der Erzherzog v. Oesterreich ex patria potestate Nutznießer derselben?

ad XV. Ist ebenfalls irrelevant, wie in der Appellationsgegenbeduction §. 24. u. 27. nachgewiesen worden ist.

XVI. Hat die Frau Fürstin von Anhalt-Bernburg-Schaumburg die Aufsicht über das Vermögen der beyden ältesten Prinzessinnen

ad XVI. Es ist nicht von der Administration der Güter, sondern von der Vorladung der Person der Eigenthümerinnen vor Gericht die Rede.

nach deren Verheyrathung, so wie die Verwaltung desselben behalten?

XVII. Ist dieselbe als Mutter, Großmutter und Vormünderin berechtigt gewesen, ohne Zuziehung ihrer Herren Schwiegersöhne den wider sie als Vormünderin erhobenen Prozeß fortzusetzen?

ad XVII. Das war sie nicht. Die Gründe sind angegeben worden. Das Revisionsurtheil erklärt daß die Frau Fürstin Vormünderin z. alleinigen Fortsetzung des Prozesses nicht sey berechtigt gewesen. Hätte es sonst die Legitimationsergänzung durch die Wörter zuvörderst und sodann verfügt?

XVIII. Ist diese Fortsetzung mit Wissen und Genehmigung der Appellaten geschehen?

ad XVIII. Nein! Uebrigens mußte die Genehmigung durch eine schriftliche Vollmacht ausgedrückt werden.

XIX. Ist von der Frau Fürstin von Anhalt-Bernburg-Schaumburg dem Appellaten Nachricht von den beyden ersten Erkenntnissen und von den dagegen eingewende-

ad XIX. Nein! Ist aber wegen A. G. O. I. 24. §. 11. abermals irrelevant ten Rechtsmitteln ertheilt worden?

XX. Haben hohe Appellaten auch ihre Fr. Schwiegermutter um weitere Betreibung u. Fortsetzung des Prozesses ausdrücklich ersucht?

ad XX. Nein! Uebrigens wird, wenn der Richter auf diese Angabe Gewicht legen, oder gar einen Eid darauf richten sollte, sich eben das Resultat herausstellen, welches in der Beantwortung des Streitpunkts XII. angekündigt worden ist.

XXI. Kann es überhaupt auf alle diese Streitfragen noch ankommen, oder verlangt nicht vielmehr das Erkenntniß des Königlichen Geheimen Ober-Tribunals nur schrifrliche Vollmachten?

ad XXI. Auf die 20 herausgehobene Streitpunkte kömmt gar nichts an. Das Revisionsurtheil verlangt schriftliche Vollmachten, da sowohl die A. G. O. als das A. L. R. vor Gericht nur schriftliche, oder zum Protocoll erklärte Vollmachten gelten läßt.

XXII. Sind die geschenkten Güter den Durchlauchtigsten Nullitätsquerulanten in den mit denselben errichteten Ehepacten als Heyrathsgut inferirt worden?

ad XXII. Ist, wie es sich aus der Beantwortung zum XIIIten Streitpunkt ergiebt, irrelevant.

Anlage B.

Nachtrag
zur rechtlichen Gegendeduction in Appellatorio.

§. 1.

Das vom ersten Senat des Königl. Oberlandesgerichts ausgesprochene Cassationsurtheil vom 30sten May 1820 verordnet:

daß die dem Revisionserkenntniß vorangegangene Verhandlungen und Erkenntnisse in Rücksicht S. K. K. H. des Erzherzogs Palatin vom 31sten August 1815 an, in Rücksicht der (nunmehr ebenfalls verstorbenen) Prinzessin Adelheid dagegen vom 24sten J n) 1817 an, für nicht erfolgt und nichtig zu erklären, die Instruction des Prozesses demnach, vom Zeitpunkt der Nichtigkeit der Verhandlungen an, fortzusetzen, und der Nullitätsbeklagte in die sämmtlichen Kosten des gegenwärtigen Prozesses zu verurtheilen sey.

§. 2.

Es verordnet mithin das vorige Urtheil, in der einen und nemlichen Sache, über den einen und nemlichen Gegenstand, für die eine und nemliche Streitgenossenschaft, ein zweyfaches, abgesondertes, getrenntes Verfahren, oder vielmehr zwey, über die nemliche Hauptsache neu zu instruirende Prozesse. Diese Trennung ist der Grund, warum auch von Seiten der hohen Nullitätskläger gegen das Cassationsurtheil Appellation eingelegt worden ist. Die Rechtfertigung dieser Appellation findet sich darin: daß judex a quo, Litisconsorten, die zu der einen und nemlichen Parthey gehören, in besondere Partheyen verwandelt, und den in der gegenwärtigen, außerordentlichen Nullitätsinstanz fortgesetzten Rechtsstreit, zu verschiedenen Prozessen gestaltet hat.

§. 3.

In Uebereinstimmung mit der Verordnung des Cassationsurtheils ist auch — ebenfalls vom ersten Senat des Königl. Oberlandesgerichts — der Beytritt der gerichtlich vom J. R. Heyer vertretenen Vormundschaft der minderjährigen Prinzessinnen Emma und Ida zu der von ihren hohen Litisconsorten erhobenen Richtigkeitsklage am 25sten November 1820 abgewiesen worden. Anders konnte dieses Spruchcollegium, ohne sich selbst und seinem eignen Cassationsurtheil vom 30sten May v. J. zu widersprechen, nicht erkennen. Hatte es in diesem letzten Urtheil des Erzherzogs Palatin K. K. H. und des Erbherzogs von Holstein-Oldenburg nebst dessen Gemahlin D. D. als eben so viel abgesonderte unvertretene Partheyen behandelt, und nicht als zur einen und nemlichen Hauptparthey gehörenden Litisconsorten, so mußte es auch im Urtheil vom 25sten November v. J. die Prinzessinnen Emma und Ida ebenfalls als zwey abgesonderte, aber vertretene Partheyen betrachten, welche mit den beyden unvertretenen kein gemeinschaftliches Recht haben können.

§. 4.

In der Beytrittssache hat man diesseits den Satz aufgestellt, daß sowohl in der ordentlichen als in der außerordentlichen Instanz immer eine und dieselbe Parthey handle, daß das Verfahren und Urtheil für die eine und nemliche Parthey nicht zugleich gelten und nicht gelten könne, und daß mithin die Zulassung der unvertretenen Litisconsorten zur Nichtigkeitsklage, auch den Vertretenen zu Gut kommen müsse.

Findet diese Behauptung in der zweyten Instanz richterliche Anerkennung, so muß sie nicht blos eine Abänderung des Urtheils über den Beytritt, sondern auch eine Abänderung des Kassationsurtheils vom 30sten May v. J. unausweichlich nach sich ziehen; findet sie keine Anerkennung, so ist nicht blos eine abermalige Abweisung des Beytritts, sondern auch eine einfache Bestätigung des Cassationsurtheils die eben so unausweichliche Folge. Im ersten Fall muß mit Aufhebung der im Cassationsurtheil verfügten Trennung des künftigen neuen Verfahrens, die Wiederanknüpfung desselben, ohne weitern Unterschied zwischen des Erzherzogs Palatin K. H. und des Erbherzogs von Holstein-Oldenburg D. — vom Vermählungstage der höchstseeligen Prinzessin Hermine, mithin vom 31sten August 1815 an, — verfügt werden.

Es folgt hieraus von selbst, daß nach den Anträgen und Anführungen der hohen Nullitätskläger die Nullitäts- und Beytrittssache durchaus eine und dieselbe ist, daß alle Litisconsorten collectiv als eine Parthey, Cassation begehren können, und daß sowohl der Beytritt als die diesseits gegen das Kassationsurtheil vom 30sten May v. J. erhobene Appellation, sich in der gegenwärtigen zweyten Instanz um die einzige Frage herumdrehen:

sind in der außerordentlichen Nullitätsinstanz die in den drey vorigen ordentlichen Instanzen als Collectivparthey zu betrachtende Sachbetheiligte nunmehr abgesonderte Partheyen geworden, oder sind die sämmtlichen Sachbetheiligten noch immer eine und dieselbe Hauptparthey.

§. 5.

Diese Frage wurde sowohl vom ersten Senat des Königl. Oberlandesgerichts (stillschweigend in dem Urtheil desselben vom 30sten May, ausdrücklich im Urtheil desselben vom 25sten November v. J.) als durch Majorität vom Plenum dieser hohen Justizstelle in den Dekreten vom 14ten September und 18ten November 1819 und endlich in dem Rescript eines Königl. Justizministeriums vom 1sten November 1819 verneinend beantwortet. Ob aber mit haltbaren Gründen, das ist die Frage?

So wie die gedruckten einzelnen Bogen die Presse verlassen, werden sie nicht blos sämmtlichen Mitgliedern des K. Oberlandesgerichts, sondern auch gleichzeitig S. D. dem Herzog von Anhalt-Bernburg zur Vertheilung unter sämmtliche, diesen Fürsten umgebende Herren Räthe und andere Rathgeber, zugesendet werden.

§. 6.

Die oben aufgeworfene Frage nun — oder der casus in terminis ist freylich weder in der A. G. O. noch im A. L. R. mit Worten entschieden. Daß aber beyde Gesetzbücher immer und ohne Ausnahme, Litisconsorten als eine und dieselbe Parthey, ja sogar als eine moralische Person, und nirgends als abgesonderte Partheyen behandele — wird in jenem Commentar durch sehr viele Stellen des A. L. R. und der A. G. O. nachgewiesen.

Hier sey es nur erlaubt, eine Stelle der A. G. O. I. 24. §. 10. und 11. herauszuheben. Für den vorliegenden Fall ist sie sehr gehaltvoll. Es wird nicht schwer werden, zu zeigen, daß in beyden §§. der casus in terminis — wo nicht mit Worten, doch nach der Intention des Gesetzgebers — sehr klar entschieden ist.

§. 7.

Die Gesetzstelle lautet so:

§. 10. „Wer wissentlich eine falsche Vollmacht „beygebracht, oder sich ohne erhaltenen Auftrag „als Bevollmächtigten angegeben hat, wird da„durch, wenn das ergehende Urtel gegen die „Hauptparthey nicht in Ausübung gebracht wer„den kann, zur vollständigen Entschädigung des „Gegners verpflichtet.“

§. 11. „Wenn jemand wegen solcher Gerechtsame, „deren Vertheidigung ihm entweder gar nicht, „oder nicht allein, oder nicht hauptsächlich ob„liegt, in einen Prozeß sich eingelassen, und bey „seiner Vernehmung über den Legitimationspunkt „das wahre Verhältniß der Sache verschwiegen, „mithin veranlaßt hat, daß die Haupt- oder „Mitinteressenten nicht zugezogen worden, so „findet wegen der von ihm zu leistenden Ent„schädigung die Vorschrift §. 10. Anwendung."

„Wider die nicht zugezogenen Interessenten „hingegen bleibt ein solches Urtel auch selbst in „dem Fall ohne Würkung, wenn sie davon „Wissenschaft gehabt haben, daß über ihre Ge„rechtsame gestritten werde, indem sie, ehe des„halb eine Vorladung an sie ergangen ist, sich „in den Prozeß einzulassen, nicht schuldig sind.

§. 8.

Da sich diese beyden §§. auf einander beziehen, so dürfen sie nicht aus dem Zusammenhang herausgerissen, es muß der eine aus dem andern erklärt werden.

Beyde handeln von den Würkungen eines Urtheils, welches gegen die Hauptparthey nicht kann vollzogen werden.

§. 9.

Geht die Sache demjenigen, der gehandelt hat, weder in eignem noch fremden Namen etwas an, hat er wissentlich eine falsche Vollmacht vorgelegt, oder wissentlich sich, ohne es zu seyn, für den

Bevollmächtigten der Hauptparthey ausgegeben, so ist er zur vollständigen Entschädigung des Gegners verbunden, den er vergeblich bemüht hat.

Unter der vollständigen Entschädigung sind nach dem Geist des Gesetzes gewiß nicht blos die Prozeßkosten, und andere Auslagen, sondern alles das zu verstehen, was der vergeblich bemühte Kläger, durch den vergeblichen Rechtsstreit, und den fruchtlos erkämpften Justizsieg, verliert.

Wäre also bey der Personalklage der Pseudomandant in der Zwischenzeit zahlungsunfähig geworden, so muß der zudringliche Mandatarius dafür haften, und, wenn der Kläger demnächst gegen den Pseudomandanten siegt, allein wegen dessen inzwischen eingetretener Zahlungsunfähigkeit nicht zur Execution gelangen kann, regressorisch büßen.

Wäre bey der Realklage die Sache durch die Fahrlässigkeit oder den bösen Vorsatz des nicht belangten Pseudomandanten zu Grunde gegangen, so müßte der zudringliche Mandatarius, wenn späterhin der vergeblich bemühte Kläger gegen den Pseudomandanten obtinirte — auch für die Nachlässigkeit oder den bösen Vorsatz eines Dritten büßen.

Hätte der vergeblich bemühte Kläger außer den Prozeß- und Anwaldskosten, durch den vexatorischen Prozeß, noch andere Beschädigungen erlitten, z. B. seine eigne Zeit versaumt, so müßte ihm der Pseudomandatarius auch dafür gerecht werden.

So und nicht anders will §. 10 verstanden seyn.

Daß der Pseudomandatarius das vom Kläger vergeblich erstrittene Object selbst herbeyschaffe, ist nicht gesagt, und kann nicht gemeint seyn. Denn da die zu belangende Hauptparthey nicht gehört worden ist, so kann man nicht wissen, ob auch gegen sie der Kläger würde gesiegt haben. Entschädigung steht der Beschädigung gegenüber. Jene wird durch diese bestimmt. Was in dieser enthalten ist, muß jene leisten. Nun besteht aber die Beschädigung desjenigen, der ohne eigne Schuld sich mit einem Pseudomandatarius vor Gericht herumgeschlagen hat, in dem Nachtheil eines vergeblichen oder nichtig geführten Prozesses. Dieser Nachtheil muß im vollsten Umfang aufgehoben werden. Das liegt im Ausspruch des Gesetzes: der Pseudomandatarius sey zur vollständigen Entschädigung des Gegners verpflichtet. Das Fundament der Verpflichtung liegt in einer culpa lata quae dolo aequiparatur. Es liegt darin, daß er wissentlich sich für das ausgegeben hat, was er nicht ist, für einen Bevollmächtigten der Hauptparthey.

§. 11.

Nun geht §. 11. des Th. I. Tit. 24. der A. G. O. auf die Verbindlichkeit desjenigen über, der sich nicht fälschlich für einen Mandatarius der Hauptparthey, sondern für die Hauptparthey selbst ausgegeben hat, obgleich die Sache ihn entweder gar nicht, oder nicht hauptsächlich oder nicht allein angeht. Die Gesetzstelle setzt voraus, daß eine solche Pseudohauptparthey, sich bey der Vernehmung über den Legitimationspunkt, als solche gerirt, und wissentlich verschwiegen hat, daß eine andere Hauptparthey da sey, oder daß andere Mitinteressenten existiren.

Einen solchen Gegner behandelt nun §. 11. Abs. 1. grade wie den Pseudomandatarius. Das Gesetz nimmt auch hier an, daß ein, gegen einen solchen Gegner ergangenes Urtheil, gegen die Hauptparthey nicht könne vollzogen werden, oder was eben so viel ist, daß es überhaupt nicht vollziehbar sey. Der Gesetzgeber verordnet deswegen, daß derjenige, qui liti se obtulit, ebenfalls schuldig sey, den, durch den vergeblichen Prozeß, durch seine Schuld verursachten Schaden, vollständig wieder gut zu machen.

In Hinsicht der Personalklage stimmen hier die Ansichten des Römischen mit den Verordnungen des Preußischen Rechts überein.

In Hinsicht der Realklage weichen beyde wesentlich von einander ab.

Das Römische Recht erklärt bey der Realklage denjenigen qui liti se obtulit für den rechten Beklagten. Er wird fictus possessor, und muß als solcher gleich dem wahren Besitzer haften. Das Preußische Recht erklärt ihn für einen dolosen Pseudomandatarius.

Das Römische Recht verurtheilt den fictus possessor zur Herbeyschaffung der Sache, auf welche das condemnatorische Urtheil lautet, oder zur Vergütung ihres Werths. Das Preußische verurtheilt ihn zur vollständigen Vergütung des Schadens, den der vexatorische Prozeß dem umsonst bemühten Kläger zugezogen hat.

Das Römische Recht unterscheidet bey demjenigen, qui liti se obtulit nicht, ob er auf die mit einer Realklage geforderte Sache einiges oder gar kein Recht hatte, ob er einzelner Mitinteressent oder gar kein Interessent war. Im einen wie im andern Fall muß er als fictus possessor das Ganze oder den Werth des Ganzen herbeyschaffen. Das Preußische Recht unterscheidet hier ebenfalls nicht, behandelt aber im einen wie im andern Fall das Urtheil als ein solches, welches nicht kann vollzogen werden, und weshalb die Pseudohauptparthey, grade wie der Pseudomandatarius, haften muß.

§. 12.

Das sind nun die Würkungen eines, gegen den zudringlichen Bevollmächtigten, oder gegen den zudringlichen Hauptbeklagten, den die Sache entweder gar nicht, oder nicht hauptsächlich oder nicht allein angeht, ergangenen Urtheils.

Das Urtel selbst gilt nichts. Allein dem vexirten Kläger muß die vollständigste Entschädigung wegen dem fruchtlos geführten Prozeß zu Theil werden.

§. 13.

So stehn §. 10. und 11. der A. G. O. Th. I. Tit. 24. zusammen in der genausten Verbindung. Es wird in beyden Paragraphen ein und dasselbe Princip folgerecht durchgeführt.

Der Widersinn, daß ein Urtel, welches mehrere

gehörte und nicht gehörte Sachbetheiligte als Collectivhauptparthey trifft, in Hinsicht einiger Litisconsorten gelte, in Hinsicht anderer nicht gelte, daß es mithin zugleich rechtsbeständig und nichtig, vollziehbar und nicht vollziehbar sey, dieser Widersinn ist dem Gesetzgeber fremd geblieben.

Er setzt den Pseudomandatarius und die Pseudohauptparthey selbst auf gleiche Linie. Bey der letzten frägt er nicht, ob die Sache sie gar nichts angehe, oder nicht hauptsächlich, oder nicht sie allein. Er betrachtet unter allen Voraussetzungen das Urtel als nicht vollziehbar; er verordnet unter allen Voraussetzungen, die Verbindlichkeit zur vollständigen Entschädigung, wegen dem veratorischen Prozeß. Er legt sie immer demjenigen auf, der sich fälschlich als Mandatarius oder als Hauptparthey gerirt hat, ob es ihm gleich bekannt war, daß er keinen Auftrag habe, oder daß die Sache ihm gar nichts oder nicht hauptsächlich, oder nicht allein angehe. Den eigentlichen nicht vorgeladenen Sachbetheiligten dagegen, spricht der Gesetzgeber auch von dieser Entschädigungsverbindlichkeit frey, ohne darauf Rücksicht zu nehmen, daß ihm die Existenz des seine Gerechtsame betreffenden Prozesses bekannt war.

§. 14.

Nun wende man diese ganze Auseinandersetzung auf den vorliegenden Fall an. Die Resultate werden sogleich in die Augen fallen.

Die Fürstin Vormünderin, gegen welche allein das als nichtig angefochtene Revisionsurtheil ergangen ist, war kein Pseudomandatarius ihrer Prinzessinnen Töchter. Sie war aber vom 3rsten August 1815 an bey dem verhandelten Gegenstand nicht die alleinige Sachbetheiligte; wie sich §. 11. Th. I. Tit. 24. der A. G. O. ausdrückt, lag ihr die Vertheidigung nicht allein ob. Der Erzherzog Palatin und späterhin der Erzherzog von Holstein-Oldenburg waren mit zuzuziehende Interessenten. Sie wurden nicht zugezogen, nicht vorgeladen. Was hatte das für eine Folge? — Das Urtheil ist — wie sich die Rückbeziehung des §. 11. Abs. 1. auf §. 10. ausdrückt, — ein solches, welches gegen die Hauptparthey nicht kann vollzogen werden. Der Prozeß ist folglich vergeblich geführt. Es kann nur wie §. 10. und 11. bestimmen, von der vollständigen Entschädigung des vergeblich bemühten Klägers — mithin S. D. des Herzogs von Anhalt-Bernburg die Rede seyn. Wofür ist diese Entschädigung zu leisten. Nicht für das objectum litis. Darüber ist nicht gültig erkannt worden. Das Urtheil kann nicht zugleich gelten und nicht gelten, sondern für den vergeblich geführten Prozeß, und den dadurch dem Kläger zugefügten Schaden, er bestehe worin er wolle. Es würde mithin der Fürstin Vormünderin diese Entschädigungsverbindlichkeit und weiter nichts obliegen. Allein auch diese Verbindlichkeit hängt von der

Vorfrage ab, ob sie wissentlich gefehlt habe, oder ob ihr ein Fehler zugerechnet werden kann, welchen der klagende Theil eben so gut einsehen konnte, und welchen würklich erst der Revisionsrichter oder das Geh. Ober-Tribunal eingesehen hat. Darüber müßte demnächst, nach der Beendigung der Nullitätsinstanz, gehandelt und erkannt werden.

§. 15.

Der gegenwärtige Commentar zu §. 10. und 11. der A. G. O. Th. I. Tit. 24. wird den zweyten Senat des K. Oberlandesgerichts schon vorläufig überzeugen, daß der von dem Ersten angenommene Satz:

Litisconsorten sind eben so viel abgesonderte Partheyen, und nicht eine und dieselbe Hauptparthey,

in den Preußischen Gesetzen keinen Haltpunkt findet. Der Commentar zu den Gründen des Urtheils vom 25sten Novbr. v. J. wird jene Ueberzeugung, wie man sich schmeichelt, vollenden.

§. 16.

Sowohl in der Beytritts- als in der Nullitätssache — beyde sind im Grunde eine und dieselbe — kömmt alles auf die Wahrheit oder Unwahrheit jener Behauptung an. Ist das vom 1sten Senat aufgestellte Princip — Litisconsorten sind im Nullitätsprozeß nicht mehr Litisconsorten, nicht mehr zusammengenommen, Hauptparthey, sondern einzelne abgesonderte Partheyen — unwahr, so ruht nicht

senten das Hauptverfahren da wieder anzuknüpfen, wo es an dem ebengenannten Tage stehen geblieben ist, — ist vollständig gerechtfertigt.

§. 17.

Auf diese Umstände gründet nun der diesseitige Mandatarius folgende gehorsame Bitten:

1. sowohl die Nullitäts- als Beytrittssache dem nemlichen Referenten zur Bearbeitung und zum Vortrag zu übergeben.
2. In dieser, durch den hohen Rang der Interessenten, durch den Werth des Streitobjects, durch das wissenschaftliche Interesse der Streitpunkte, durch die öffentliche Aufmerksamkeit auf den Ausgang und endlich durch die bisher begangenen mannigfaltigen Irrthümer, bey deren Verbesserung die Ehre der Preuß. Justiz so sehr betheiligt ist, höchst wichtigen Sache einen Correferenten anzuordnen.
3. Die Entscheidung der Nullitäts- u. Beytrittssache so lange auszusetzen, bis der Commentar zu den Gründen des Urtheils des 1sten Senats v. 25sten Novbr. v. J. abgedruckt seyn wird.

Unterzeichneter schmeichelt sich der Gewährung dieser dreyfachen Bitte um so viel zuversichtlicher, da man diesseits bey der Verzögerung kein Interesse hat, und an den Schwierigkeiten, welche den Druck des fraglichen Commentars verhindert haben, vollkommen unschuldig ist.

Halberstadt, den 12ten Juny 1821.

(gez.) Rosentreter.

VIII.

Noch Etwas über das Fundament des Beytritts.

(Literärische Kritik, Antikritik, Replik und Duplik).

Ueber die rein wissenschaftliche Frage:

ob Verfahren, Urtheil, Rechtsmittel, ordentliche und außerordentliche Instanz zwischen einer Streitgenossenschaft theilbar sind oder nicht?

hat unbezweifelt die literärische Kritik eben so gut eine Stimme, wie die Gerichtshöfe.

Verwaltet jene ihr Amt mit grober und erweislich absichtlicher Partheylichkeit, sucht sie dadurch die ohnehin schon durch die Eigenthümlichkeit der Lage des Anhalt=Bernburg=Schaumburgschen Schenkungsstreits gefährdete Selbstständigkeit der innern Ansicht der Gerichtshöfe noch mehr zu untergraben, so darf eine solche Entwürdigung ihres Berufs, weder im Interesse der Wissenschaft noch der Rechtspflege, ungeahndet bleiben.

Eine desfallsige Verhandlung findet sich in

No. 12. und 13. des Intelligenzblatts der Jenaischen Allgemeinen Literaturzeitung von diesem Jahr. — Sie gehört recht eigentlich zur Geschichte des Rechtsstreits. Die Antikritik liefert den Text der offenbar auf etwas anders als auf Beförderung der Wissenschaft berechneten Recension. Da die Letztere von misbrauchten Citaten aus den beyden Preußischen Gesetzbüchern strotzt, so werden die Textesworte unter jedem Citat selbst abgedruckt. Die Verantwortung des Rezensenten wird kritisch beleuchtet. Man kann dem Verfasser der Beleuchtung den Vorwurf machen, daß er dem Unwissenschaftlichen zu viel Ehre erzeige. Es gelingt höchst selten, die Schlechtigkeit einer Rezension überzeugend herauszustellen. Der Leser sieht nie das Ganze vor sich, und der Rezensent behält das letzte Wort. Die Beytrittssache konnte indessen vor dem Forum der literärischen Kritik kaum anders behandelt werden, wenn es klar werden sollte, daß sie hier mit weit dürftigern Gründen bekämpft worden ist, als vor den Gerichtshöfen.

(Int. Bl. der J. A. L. Z. No. 12. u. 13. v. J. 1821).

Antikritik.

Die bey Helm in Halberstadt im Jahr 1819 erschienene Erörterung der Frage:

ob eine, auf die Grundlage des Tit. 16. §. 2. No. 5. der Preuß. Prozeßordnung von einem oder einigen ungehörten Sachbetheiligten, gegen ein Revisionsurtheil, angestellte Nichtigkeitsklage, in ihren Folgen und Würkungen, auch den gehörten Mitsachbetheiligten, unter vorausgesetzter Identität des Streitobjects, zu gut komme?

war durch einen, bey den Preußischen Gerichten wirklich anhängig gewordenen Fall, veranlaßt worden. Gegen ein Revisionsurtheil, dessen Motive späterhin zu Tage gefördert, und dessen materielle Gesetzwidrigkeit, in einer, großes Aufsehen erregenden, gedruckten, und im Publikum verbreiteten Deduction, nachgewiesen worden ist, hatten einige, zur unterliegenden beklagten Parthey gehörende, aber nicht vertretene Litisconsorten, die Nichtigkeitsquerel erhoben. Sie war von der Preußischen Justiz, und zwar nach No. 2. §. 10. Tit. 16. Th. I. der A. G. O. mit Suspensiveffect zugelassen worden. Nun entstand die Frage: ob das Nullitätsverfahren und dessen Suspensiveffect auch den vertretenen Litisconsorten zu gut komme?

Ohne nur entfernt den concreten Fall zu berühren, beschränkte sich der Verfasser der Abhandlung auf eine bloße theoretische Auseinandersetzung. Er konnte den Gegenstand derselben nicht als Controverse behandeln. Denn die Frage: ob ein concreter Richterspruch oder ein concretes prozessualisches Verfahren, theilbar sey oder nicht, zugleich bestehen und nicht bestehen könne, wurde noch nie, von irgend einem Rechtsgelehrten, für eine Streitfrage erklärt.

Der Ideengang des Verfassers war folgender:

Ein rechtsgültiges Urtheil ist das Resultat

eines, in seinen wesentlichen Voraussetzungen vollendeten Verfahrens; wo dieses fehlt, ist jenes nichtig.

Zu den wesentlichen Voraussetzungen des Verfahrens gehört:

1. Die Anhörung aller Sachbetheiligten und Mitsachbetheiligten (Litisconsorten, Streitgenossen) — subjective Vollendung des Verfahrens. — und

2. die Aufklärung des Streitgegenstandes durch Anhörung aller Sachbetheiligten und Mitsachbetheiligten — objective Vollendung desselben. —

Mitsachbetheiligte Subjecte des Rechtsstreits sind diejenigen, welche am Gegenstande desselben ein durchaus identisches Interesse haben. Sie stehen im Prozeß dem andern Theil als Kläger oder Beklagte gegenüber. Sie sind in ihrer Vereinigung eine untheilbare prozessualische Person. Als beklagter und unterliegender Theil ist diese Person nicht gehört, wenn einige dazu gehörige Individuen von der Vertheidigung ausgeschlossen blieben. Die Vertheidigungsgründe des Ungehörten sind gemeinschaftliche Waffen. Vom Gebrauch derselben wurden auch die Gehörten ausgeschlossen, wenn der Richter den Ungehörten den Weg zur Vertheidigung nicht eröffnet hat. Wegen dieser Unterlassung wurde das Verfahren in subjectiver Hinsicht nicht vollendet.

Das Object des Rechtsstreits findet sich in der Aufklärung des Sachverhältnisses, aus welchem der klagende Theil seine Forderung, der beklagte seine Vertheidigung ableitet. Der Preußische Prozeß nennt jene Aufklärung die Instruction. Er erklärt sie für die offizielle Incumbenz des Richters. Grade durch sie — durch das Inquisitorische des Preußischen Civilprozesses — unterscheidet sich der Letztere vom Gemeinen Deutschen Verfahren. Der Preußische Richter — welcher von Amtswegen die Edition von Urkunden, die ein Dritter hinter sich hat, verordnen muß, wenn er glaubt, daß sie zur Aufklärung des Objects des Verfahrens beytragen können (§. 91. Tit. 10. Th. I. der A. G. O.), der Preußische Richter, welcher, von Amtswegen, sich widersprechende Zeugen einander gegenüber stellen (207.), und diejenigen, auf welche sich der von Hörensagen redende Zeuge beruft, vorladen und abhören muß (§. 241.), diesem Richter liegt doch wohl zuverlässig die Pflicht ob, durch officielle Aufsuchung und Anhörung aller identisch Sachbetheiligten die Aufklärung des Streitobjects zu vollenden. Wurde diese Richterpflicht unterlassen, so wurde das objective Verfahren nicht beendigt, und auf ein nicht beendigtes Verfahren kann ein gültiger Richterspruch nicht gebaut werden.

Zu diesen, aus der Theorie des Preußischen Civilprozesses geschöpften Gründen, zur Bejahung der aufgeworfenen Frage, tritt nun noch ein anderer Grund des allgemeinen Staatsrechts hinzu. Durch die Richterbehörde wendet die Staatsintelligenz das abstrakt oder allgemein gefaßte Gesetz, auf einen concreten Fall rationell an. Es wäre aber völlig irrationell, wenn zwischen den nemlichen Partheyen, in Hinsicht des nemlichen identischen Rechts, oder des nemlichen concreten Falls, ein Richterspruch zugleich als formelles Recht gelten und nicht gelten, wenn in Hinsicht desselben A, und das Gegentheil von A, zugleich neben einander bestehen sollten. Irren kann sich die Staatsintelligenz, aber nicht widersprechen; sie kann Unrecht zu formellem Recht stempeln, aber nicht Unvernunft. Es würde aber Letzteres erfolgen, wenn nach Zulassung einiger ungehörter Litisconsorten zur Nichtigkeitsklage, diese, nach Vollendung des Nullitätsverfahrens, durch die Folgen des Hauptverfahrens, einen, dem vorigen gradezu entgegengesetzten Richterspruch, erwirken sollten.

Die Preußische Gerichtsordnung knüpft No. 5. §. 2. Tit. 16. Th. I. an die, auf den Vollmachtsmangel gegründete Nichtigkeitsquerel den Suspensiveffect. Es ist daher der Suspensiveffect die Folge und Wirkung der durch den Vollmachtsmangel substantiirten Nichtigkeitsklage. Nehmen nun die zur Streitgenossenschaft gehörenden vertretenen Individuen, wegen der Identität und Untheilbarkeit des Verfahrens, an der von den Nichtvertretenen erhobenen Nichtigkeitsklage selbst Antheil: so müssen ihnen auch die Folgen und Würkungen derselben zugut kommen.

Dies war der Ideengang einer zur Unterstützung eines gerichtlichen Antrags, in wenigen Tagen ausgearbeiteten und gedruckten Schrift. Ihres wissenschaftlichen Inhalts und Interesses wegen, und da der Verfasser sich auch der leisesten Beziehung auf den vorliegenden concreten Fall sorgfältig enthalten hatte, wurde sie in den Buchhandel gebracht.

Ueber diese kleine Schrift nun läßt sich der Rez. der Jen. L. Z. in No. 200. v. J. mit folgenden Worten vernehmen:

„So voll auch der Verfasser dieser Deduction „den Mund nimmt, und so entschieden er darüber „abspricht, daß seine Ansicht die einzige rechtlich mög„liche sey: so wenig hat doch die Rechtswissenschaft „durch diese Untersuchung gewonnen. Vielmehr hat „der Verfasser in derselben fast durchgängig den gan„zen Streitpunkt verrückt, indem er die beyden „Fragen: 1) in wiefern die einem Theilnehmer zu „Gute kommende Nullität auch den andern Theil„nehmer nütze, und 2) in wiefern ein, gegen einen „einzelnen Theilnehmer eines gemeinschaftlichen Ei„genthums, ohne Zuziehung der übrigen Theilneh„mer ergangenes Erkenntniß in Exekution gesetzt „werden könne, fast durchgängig mit einander ver„wechselt hat. Es liefert diese Abhandlung einen „erneuerten Beweis, wie weit man sich vom Recht „verirren kann, wenn man aus vermeintlich unum„stößlichen Rechtsgrundsätzen, ohne die Vorschriften „der Gesetze zu beobachten, deducirt. Denn die Streit-

„frage ist im Preußischen Rechte mit klaren Wor-
„ten entschieden; aber der Verfasser ist auf den Ab-
„weg gerathen, indem er zwey ganz unrichtige Grund-
„sätze für unbestreitbares Recht ausgegeben hat. Diese
„sind 1) daß der Kläger, welcher unterläßt, alle
„Theilnehmer in Anspruch zu nehmen, sich den wirk-
„lich in Anspruch genommenen Theilnehmern dadurch
„verantwortlich mache; und 2) daß das Object ei-
„nes Prozesses in der Aufklärung eines Sachverhält-
„nisses bestehe, aus welchem der klagende Theil seine
„Forderung, der beklagte seine Vertheidigung ablei-
„tet. Wäre das wahr; so wäre ja jedweder Gegen-
„stand eines Prozesses untheilbar, weil das Sachver-
„hältniß immer nur ein und das nemliche seyn kann.
„Die Gesetze aber unterscheiden theilbare und un-
„theilbare Gegenstände ausdrücklich, weil der Gegen-
„stand eines Prozesses in derjenigen Leistung oder
„Unterlassung besteht, die von dem Verklagten ver-
„langt wird, da hingegen das Sachverhältniß, wor-
„auf der Rechtstitel beruht, nur der Entscheidungs-
„grund für die Zu- oder Aberkennung des Gegen-
„standes enthält. Der Kläger muß zwar bey Auf-
„nahme der Klage angeben, ob auf Seiten des Be-
„klagten mehrere Theilnehmer sind; aber die Gesetze
„verbinden mit seiner Nichtwissenschaft oder Ver-
„schweigung keine andere Nachtheile, als den, daß,
„wenn hiernächst der Beklagte die übrigen Theilneh-
„mer angiebt, durch deren anderweite Vorladung der
„Prozeß aufgehalten wird, oder wenn auch der vor-
„geladene Beklagte es verschweigt, wie er noch meh-

„rere Theilnehmer habe, daß alsdann das Er-
„kenntniß gegen diesen nicht in Exekution
„gesetzt werden kann (A.G.O.I. §.4. No. 8. u. 9.[1]),

[1]) Hier sind die Worte der angeführten Gesetzstellen. Sie werden zur Vergleichung unter alle übrige Citate gesetzt. Der Leser mag nun gleich urtheilen, ob sie als Belege dienen können oder nicht.

„Eben so muß, achtens, Erkundigung eingezogen werden, ob etwa von Seiten des Beklagten mehrere Theilnehmer vorhanden sind, „und ob der Kläger sie insgesammt, oder nur „einen, oder etliche in Anspruch nehmen wolle."

„Ist die Sache, worüber gestritten wird, „theilbar, und der Kläger will den einen Mitinteressenten nur auf seinen Antheil belangen, „so hat es dabey sein Bewenden. Fordert er „aber das Ganze, oder ist die Sache ihrer Natur nach untheilbar, so muß er entweder besondere Gründe, warum der in Anspruch genommene Interessent für das Ganze zu haften „schuldig sey, anführen; oder er muß bedeutet „werden, seine Klage gegen die sämmtlichen Interessenten zu richten."

„Es ist aber eine Sache in gegenwärtiger Beziehung für untheilbar zu achten, wenn sie einem von mehreren Interessenten nicht zu statten kommen kann, ohne zugleich den übrigen „gewährt zu werden, oder von sämmtlichen Interessenten geleistet werden muß, wenn sie dem „Gegentheile zu statten kommen soll, wie z. B. „Grundgerechtigkeiten u. s. w.

„Neuntens, muß nachgeforscht werden, ob „vielleicht jemand sey, von welchem die streitige Sache oder Forderung an den Kläger gediehen ist; und ob es nothwendig oder rath-

§. 12. [2]), auch 14., §. 5. [3])). „Die Frage hinge„gen, ob das ergangene Erkenntniß auch gegen den „verurtheilten Beklagten in Execution gesetzt werden

„sam sey, oder von dem Kläger ausdrücklich „verlangt werde, diesen Autorem zur fernern „Verhandlung und Untersuchung mit zuzuziehen." „A. G. O. I. 5. §. 4. No. 8. u. 9.

2) „Ergiebt sich aus der eingezogenen Informa„tion, daß die Forderung des Klägers sich zur „rechtlichen Erörterung gar nicht qualifizire, „sondern derselbe, entweder, weil durch das „vorgetragene Factum sein Anspruch nach den „Gesetzen gar nicht begründet wird; oder, weil „ein ihm entgegenstehender Einwand, dessen „Richtigkeit er nicht leugnen kann, sein ganzes „Recht aufhebt; oder weil die Sache nicht vor „dieses, sondern ein anderes Gericht gehört; „oder weil ein anderer Richter eine rechtmäßige „Prävention bereits ausgeübt hat; oder weil „die Klage zu früh angestellt worden 2c. ohne „weiteres Gehör und Untersuchung aus dem Ge„richte zu weisen sey, so muß derjenige, wel„chem die Aufnehmung der Klage obliegt, den „Kläger darüber zuvörderst selbst zu bedeuten „suchen; wenn aber dieser gleichwohl auf der „wirklichen Anstellung der Klage besteht, dieses „sein Bedenken, mit Einreichung seiner Infor„mationsacten, dem Kollegio pflichtmäßig an„zeigen, und abwarten, ob dasselbe den Kläger „durch ein Dekret abweisen, oder die Fortsetzung „der Sache verordnen werde." A. G. O. I. 5. § 12.

3) „Ein Executionsgesuch findet nur gegen den„jenigen statt, welcher in dem ergangenen Urtel „condemnirt worden. Gegen einen dritten hat „dergleichen Urtel, der Regel nach, keine Wür„kung." A. G. O. I. 24. §. 5.

„könne, hängt lediglich davon ab, ob der Gegenstand „des Rechtsstreits theilbar ist, oder nicht. Denn in „dem ersteren Falle besteht das Erkenntniß auf den „Antheil des Beklagten, und wegen der Antheile der „übrigen Theilnehmer muß der Kläger von Neuem „klagen (A. G. O. I. 5. §. 4. No. 8. und 9.[4]), auch „24. §. 2.[5])). Ist hingegen der Gegenstand untheil„bar: so hat entweder der Beklagte die übrigen Theil„nehmer angezeigt, und sich erboten, von ihnen Voll„macht beyzubringen, die er aber hiernächst nicht er„halten kann, oder er hat die übrigen Theilnehmer „verschwiegen. In dem einen, wie in dem andern „Fall, kann das ergangene Erkenntniß gar nicht zur „Execution gebracht werden, weder gegen die citir„ten, noch uncitirten Genossen (A. G. O. I. 24. §. 11.[6]),

---

[4]) Siehe Anmerk. 1. S. 330.

[5]) „Das Exekutionsgesuch findet statt, sobald das „Urtel seine Rechtskraft erhalten hat. Ist jedoch „in selbigem eine Frist bestimmt, innerhalb wel„cher der Gegentheil dem Erkenntnisse genügen „solle, so muß der Ablauf dieser Frist, welcher „vom Tage der bestrittenen Rechtskraft zu ver„stehen ist, abgewartet werden." A. G. O. I. 24. §. 2.

[6]) „Wenn jemand wegen solcher Gerechtsame, „deren Vertheidigung ihm entweder gar nicht, „oder nicht allein, oder nicht hauptsächlich ob„liegt, in einen Prozeß sich eingelassen, und bey „seiner Vernehmung über den Legitimationspunkt „das wahre Verhältniß der Sache verschwiegen, „mithin veranlaßt hat, daß die Haupt- oder „Mitinteressenten nicht zugezogen worden, so fin-

„auch 17. §. 25.[7]) und A. L. R. I. 17. §. 10.[8])),
„ohne daß es dazu im letzteren Falle erst einer Nich-
„tigkeitserklärung bedarf. Im Gegentheil darf so-
„gar dasselbe nicht aufgehoben werden, da der Be-
„klagte, der die Nomination unterlassen hat, daraus
„dem Kläger verhaftet bleibt (A. L. R. I. 15.

„det wegen der von ihm zu leistenden Entschädi-
„gung die Vorschrift §. 10. Anwendung."

„Wider die nicht zugezogenen Interessenten
„hingegen bleibt ein solches Urtel auch selbst in
„dem Falle ohne Würkung, wenn sie davon Wis-
„senschaft gehabt haben, daß über ihre Gerecht-
„same gestritten werde, indem sie, ehe deshalb
„eine Vorladung an sie ergangen ist, sich in dem
„Prozeß einzulassen nicht schuldig sind." A. G. O.
I. 24. §. 11.

7) „Bey dieser Instruktion oder Verhandlung stel-
„let er mit dem Adcitanten oder Litisdenuncian-
„ten Eine Person vor, und hat alle die Rechte
„und Verbindlichkeiten, welche diesem zukommen
„oder obliegen. Es kann aber keiner von ihnen
„wider den Willen des andern, und wenn die-
„ser andere Beweismittel anzugeben hat, über
„streitige Thatsachen, Eide deferiren, sondern
„es muß mit Aufnehmung dieser andern Beweis-
„mittel verfahren werden; und wenn durch diese
„die Thatsache nicht ausgemittelt worden, so
„kommt es nach Maasgabe Tit. X. §. 288. le-
„diglich auf richterlichem Befund an, in wiefern
„dem Gegentheile annoch ein Eid darüber abzu-
„fordern sey." A. G. O. I. 17. §. 25.

8) „Kein Theilnehmer kann, ohne Beystimmung
„der übrigen, über die gemeinschaftliche Sache,
„deren Besitz oder Benutzung, gültige Verfü-
„gungen treffen." A. L. R. I. 17. §. 10.

„§. 12. — 14. [9])). Im Falle das Erkenntniß hingegen namentlich gegen die nicht zugezogenen Interessenten, welche die Genehmigung (A. L. R. I. 13. „§. 126. — 128. [10])) der Handlungen ihres Genossen „verweigern, gerichtet gewesen wäre, müssen dieselben zwar auf dessen Nullität antragen, und dies „hat die Würkung, daß dasselbe überhaupt nicht exekutirt werden kann. Aber die Nichtigkeit erstreckt sich „sodann auch auf diejenigen, die wirklich bey den

---

[9]) §. 12. „Wer sich zum Schaden des Klägers für „den Besitzer der Sache fälschlich ausgegeben hat, „haftet demselben für das ganze Interesse."

§. 13. „Der Kläger ist also zwar schuldig, wegen „der Sache selbst an den wahren Besitzer, in „sofern dieselbe gegen diesen noch vindicirt wer„den kann, sich zu halten."

§. 14. „Wenn aber auch dieses geschieht, so bleibt „ihm dennoch der sich angebende falsche Besitzer, „wegen alles aus dieser falschen Angabe erwach„senden Schadens und entgehenden Gewinns „verantwortlich." A. L. R. I. 15. §. 12 — 14.

[10]) §. 126. „Letzterer muß, sobald ihm die Nach„richt auf eine oder die andere Art zugekom„men ist, über die Billigung oder Misbilli„gung des Geschäfts innerhalb der im fünften „Titel §. 90. sq. bestimmten Fristen sich erklären.

§. 127. „Verabsäumt er diese Fristen, so wird „er ohne fernere Widerrede für einwilligend an„genommen."

§. 128. „Erklärt er aber seine Misbilligung zur „rechten Zeit; so kann der dritte, wegen des „aus dem Zurückgehen des Geschäfts ihm erwach„senden wirklichen Schadens, nur an den vermutheten Bevollmächtigten sich halten."

„Akten gehörig legitimirt sind, und welche daher bey „dem neuen Hauptprozesse wiederum zugezogen wer„den müssen (A. G. O. I. 14. §. 14a. u. b.[11])) gegen

[11]) §. 14a. „Wenn jedoch der Appellant mit sei„nen übrigen Consorten gleiche Rechte hat; der „Gegenstand und die Gründe der Rechtfertigung „einerley sind; und also der Appellant nicht et„wa ganz besondere auf ihn allein sich beziehende „Argumente für sich anführen kann, z. E. wenn „von mehreren wegen einer Passivschuld des „gemeinschaftlichen Erblassers zur Zahlung con„demnirten Erben nur einer appellirt, seine Be„schwerden aber bloß nur aus Handlungen des „gemeinschaftlichen Erblassers, oder aus That„sachen und Gründen, welche nur diesen betref„fen, rechtfertigt; so kommt die Appellation den „übrigen Consorten, insofern sie auch nach pu„blizirtem Appellationsurtel derselben noch bey„treten wollen, gleichergestalt zu gute; wenn „gleich die Sache theilbar wäre, oder der Ap„pellant ausdrücklich erklärt hätte, daß er die„ses Rechtsmittel blos für seine Person und In„teresse einwenden wolle. Wenn also der Rich„ter findet, daß ein in zweyter Instanz erfol„gendes abänderndes Erkenntniß auf die Appel„lation des einen Consorten, die obbeschriebene „Würkung zum Vortheil der übrigen würde ha„ben können; so muß er die Appellation anneh„men, wenn gleich der Antheil des Appellanten „für sich allein gerechnet, die appellable Summe „noch nicht erreichte. Wenn jedoch dergleichen „Partheyen, welche anfänglich die Appellation „nicht mit eingewendet haben, derselben nach er„öffnetem Urtel solchergestalt annoch beytreten, „so müssen sie in Ansehung der Kosten des Ap„pellatorii so betrachtet werden, als wenn sie

„welche aber doch das ergangene Erkenntniß das Fun-
„dament des an sie zu nehmenden Regresses abgiebt
„Selbst in Rücksicht des im Laufe des Prozesses sich
„ereignenden Veränderungen hat die Gerichtsordnung
„hinreichende Vorschriften (I. 24. §. 9 [12]), und 20.
„§. 1 — 7. [13])), welche analogisch auch alsdann Platz
greifen,

„gleich vom Anfange an Mitappellanten gewe-
„sen wären."
§. 14 b. „Uebrigens können, zum eignen Nachtheile
„des Appellanten, die übrigen Consorten von
„einem durch ihn allein erstrittenen bessern Ur-
„tel keinen Gebrauch machen; also daß, wenn
„z. E. in Concurs- oder Liquidationsprozes-
„sen die vorhandene Masse zu ihrer aller Be-
„friedigung nicht hinreicht, der Appellant sei-
„nen Antheil vorzüglich vor den übrigen Con-
„sorten erhalten muß." A. G. O. I. 14. 14a
und b.

12) „Wenn jemand einen im Streite befangenen
„Gegenstand erst nach der Zeit, da dem bishe-
„rigen Inhaber die gerichtliche Vorladung zu-
„gestellt worden, durch Kauf, Tausch, Cession,
„Schenkung, oder auf andere Art erhalten hat,
„so muß er sich demjenigen unterwerfen, was
„darüber in dem rechtshängigen Prozesse ent-
„schieden wird, wenn er auch bey diesem Prozesse
„nicht zugezogen worden." A. G. O. I. 24. §. 9.

13) §. 1. „Wenn eine von den Partheyen während
„des Prozesses stirbt, so müssen deren Erben
„selbigen in der Lage, worin er sich alsdann
„befindet, annehmen; und die Instruction der
„Sache muß auf den Grund der von dem Ver-
„storbenen ertheilten Information fortgesetzt
„werden."
§. 2. „Wenn jedoch der Erblasser verstorben wäre,
ehe

„greifen, wenn eine andere persönliche Veränderung „sich zuträgt, welche auf das Interesse und Verhält-

---

„ehe noch sothane Information von ihm voll„ständig hat aufgenommen werden können; so „soll den Erben, außer den nach der Prozeß„ordnung und vermöge der Beschaffenheit der „Sache zulässigen Fristen, auch noch der Zeit„raum, welcher ihnen zur Erklärung: ob und „wie sie Erben seyn wollen, in den Gesetzen „nachgegeben ist, zu statten kommen; und der „Prozeß allenfalls bis nach dessen Ablaufe sistirt „werden."

§. 3. „Eben so ist es zu halten, wenn der Erb„lasser kurz vor, oder bald nach der Publikation „des Erkenntnisses erster oder zweyter Instanz „verstorben wäre; da alsdann den Erben zur „Erklärung: ob sie appelliren oder revidiren „wollen, und zur Ertheilung der desfalls nö„thigen Information, außer den im XIVten und „XVten Titel bestimmten Fristen, auch noch die „gesetzmäßige Ueberlegungsfrist zu gute gerech„net wird."

§. 4. „Wenn sich während dieser Zeit kein Erbe „gemeldet hat, so muß der alsdann, nach Vor„schrift der Gesetze, von des Verstorbenen or„dentlicher Obrigkeit zu bestellende Verlassen„schaftskurator den Prozeß fortsetzen, und die „nöthigen Nachrichten dazu aus den Papieren „des Erblassers, oder durch Erkundigungen bey „denjenigen Personen, deren sich derselbe zur „Besorgung seiner Angelegenheiten gewöhnlich „bedient hat, einzuziehen bemüht seyn."

„Ist das Erbrecht streitig, und es findet „sich noch keiner der Prätendenten im Besitze „der Erbschaft, so muß auf gleiche Art ein Ver„lassenschaftskurator bestellt, und durch diesen „die Sache fortgesetzt, jedoch von ihm über den

„niß der Partheyen zum Gegenstande des Prozesses „einen Einfluß hat, weil durchaus Niemand, ohne

„Betrieb derselben mit den vorhandenen Erb„schaftsprätendenten Rücksprache genommen wer„den. Ist hingegen der Besitz der Erbschaft „durch den gehörigen Richter einem der Prä„tendenten, auf den Grund der gesetzlichen Vor„schriften (A. L. R. Th. 1. Tit. IX. §. 482 — 493. „Tit. XII. §. 242 — 253.) eingeräumt worden; „so ist dieser Besitzer zur Fortsetzung des Pro„zesses für legitimirt zu achten; und den übri„gen Prätendenten steht blos frey, sich als In„terventienten bey der Instruction zur Wahr„nehmung ihres Interesse zu melden, zu wel„chem Ende der Richter der Erbschaft dieselben, „in sofern ihre Ansprüche und der schwebende „Prozeß ihm bekannt sind, von letzterem benach„richtigen soll."

§. 5. „Wird über eine gewisse individuelle Sache, „oder ein Grundstück gestritten, die nach dem „Tode des bisherigen Besitzers einen Dritten, „welcher nicht zugleich dessen Erbe wird (suc„cessori singulari) anheim fallen, z. E. wenn „der Prozeß über Pertinenzstücke oder Gerech„tigkeiten eines Lehn- oder Fideikommis-Guts, „welches sich an den Lehnsherrn, Agnaten, oder „Fideikommissfolger erledigt, geführt worden, so „muß dieser in einer proportionirlichen Frist sich „erklären: ob und wie er den Prozeß fortsetzen „wolle; auch den dem vorigen Besitzer zugeord„net gewesenen Assistenten, oder den von ihm „bestellten Bevollmächtigten, mit anderweitiger „Information deshalb versehen."

§. 6. „In allen vorstehend auseinander gesetzten „Fällen ist es die Pflicht des Assistenten oder „Bevollmächtigten, dem Gerichte das Absterben „der Parthey, sobald es zu seiner Wissenschaft

„eigene Verhaftung, einen Prozeß fortführen darf, „wozu er nicht hinlänglich legitimirt ist (A. L. R. I. 15. „§. 12. — 14. [14])). Ein Landgut aber, welches im„mer den Gegenstand des Rechtsstreits, in dem von „dem Verfasser aufgestellten Beispiele, ausmacht, ge-

---

„gelangt, nebst dem, was ihm von dem Namen „und Aufenthalte der Erben bekannt worden ist, „anzuzeigen, und sein Gutachten: was etwa zur „Fortsetzung des Prozesses zu veranlassen seyn „möchte, beyzufügen."

§. 7. „Das Gericht muß alsdann von Amtswe„gen dafür sorgen, daß der Prozeß durch diesen „Zwischenfall so wenig als möglich aufgehalten „werde. Kommt es auf die Bestellung eines „Verlassenschaftskurators an, so muß diese son„der Anstand verfügt; sind bekannte Erben oder „ein Successor singularis vorhanden, so muß „denselben der fernere Betrieb, nach der alsdann „vorwaltenden Lage der Sache, in einem, bey „Erben mit Einrechnung der Deliberationsfrist, „zu bestimmenden proportionirlichen Zeitraume, „ausdrücklich aufgegeben; und steht die Verlassen„schaft unter einem andern Gerichte, so muß die„ses, wegen solcher an die Erben oder den Suc„cessor zu erlassenden Verfügung, oder wegen „Bestellung des Curators requirirt werden."

„In Fällen, da der Prozeß mit der Parthey „selbst, ohne Zuziehung eines Assistenten oder „Bevollmächtigten, instruirt worden, kann das „erfolgte Ableben einer solchen Parthey dem In„struenten nicht füglich lange verborgen bleiben; „und dieser muß alsdann dasjenige, was §. 6. „dem Assistenten vorgeschrieben ist, beobachten." A. G. O. I. 20. §. 1. — 7.

[14]) Siehe Anmerkung 9. S. 334.

„hört an sich niemals zu den untheilbaren Dingen, „wenn es nicht das Object eines untheilbaren Rech„tes ist, z. B. der Lehnsherrlichkeit." Rvl. — So weit die Recension. —

Der Verfasser läßt ununtersucht, ob diese Recension, gleich der recensirten Schrift selbst, auf den Ausgang des noch schwebenden, in mehr als einer Hinsicht sehr illüstern Rechtsstreits, einwirken soll oder nicht. Er fragt eben so wenig, ob sie auf denselben einwirken kann. Aber den Charakter von Wissenschaftlichkeit und folgerechtem, nicht allein neben dem Gesetz bestehendem, sondern selbst vom Geist der Gesetzgebung getragenem Raisonnement, durch welches der Verfasser seiner Erörterung einen, über alles Partheyeninteresse erhabenen wissenschaftlichen Werth zu geben suchte, kann er, der vielleicht ebenfalls durch ein Partheyeninteresse veranlaßten Rezension, unmöglich zugestehen. Er erlaubt sich darüber folgende Bemerkungen, und verlangt vom Recensenten, im Namen der Ehre des Instituts, für welches er arbeitet, eine öffentliche Antwort.

1. Dem Rezensenten einer wissenschaftlichen Schrift liegen Pflichten ob; dagegen hat er Rechte zu genießen. Zu seinen Pflichten gehört a., daß er kurz, wahr und verständlich den Ideengang der Schrift, und das darauf gebaute Resultat darlege, oder anzeige und nachweise, daß sich in der Schrift — gar kein Ideengang finde, b. daß er sein Urtheil über jenes Resultat

billigend oder misbilligend beyfüge, und im letzteren Falle, durch Gründe unterstütze, die auf den dargelegten Ideengang passen. Zu seinen Rechten gehört, daß er dem Verfasser der Schrift — Grobheiten sage. Seine Pflichten hat der Rezensent nicht erfüllt, von seinem Recht dagegen, gleich im Eingang der Rezension, mit Liebe Gebrauch gemacht.

2. Rezensent behauptet, der Verfasser sey dadurch auf Abwege gerathen, daß er folgende beyde ganz unrichtige Grundsätze für unbestreitbares Recht ausgebe, nämlich:

a. Den Grundsatz, daß der Kläger, welcher unterläßt, alle Theilnehmer (Litisconsorten) in Anspruch zu nehmen, sich den wirklich in Anspruch genommenen Theilnehmern dadurch verbindlich mache;

b. den Grundsatz, daß das Object eines Prozesses, in der Aufklärung des Sachverhältnisses bestehe, aus welchem der klagende Theil seine Forderung, der Beklagte seine Vertheidigung ableite.

Den Satz a, hat der Rezensent dem Verfasser freygebig angedichtet. Es findet sich davon in der Schrift nichts. Warum der Satz b unrichtig seyn soll, ist zu begreifen schwer. Macht denn nicht gerade der Preußische Civilprozeß die offizielle Aufklärung des status controversiae, zum Vorwurf der Instruction? Und ist denn dieser Status controversiae etwas anders, als das Sachverhältniß, aus welchem der klagende Theil seine Forderung, der beklagte seine Vertheidigung ableitet? Wie konnte der offenbar richtige Satz des Verfassers auf Abwege führen? Und wo finden sich denn diese Abwege? In welcher Verbindung stehen beyde Sätze mit dem, auf dem Titel der Abhandlung zu lesenden Thema?

3. Sollen etwa die Abwege durch die weitere Beschuldigung des Rez. bezeichnet werden, daß der Verf. durchgängig den ganzen Streitpunkt verrücke, indem er die beyden Fragen:

1) in wiefern die dem einen Theilnehmer zu gut kommende Nullität auch den andern Theilnehmern nütze, und

2) in wiefern ein, gegen einen einzigen Theilnehmer eines gemeinschaftlichen Eigenthums ohne Zuziehung der übrigen Theilnehmer, ergangenes Erkenntniß, in Exekution gesetzt werden könne,

mit einander verwechsle?

Der wahre Streitpunkt ist in der Ueberschrift der Abhandlung mit Präcision und vollständig ausgedrückt. Einen andern hatte sie nicht zu erledigen, und der Rez. ist nicht berechtigt, ihr einen ander aufzudringen.

Es fragt sich:

ob die auf das Fundament des Vollmachtsmangels erhobene Nichtigkeitsklage des Preußischen Rechts, wenn sie von einigen ungehörten Litisconsorten angestellt, und von den Gerichten zugelassen worden ist — in ihren Folgen und Würkungen auch den gehörten Litisconsorten zu gut komme?

Gehört nun der Suspensiveffect nach No. 2. §. 10. Tit. 16. Th. I. der A. G. O., zu den Folgen und Würkungen der durch den Vollmachtsmangel substanziirten Nichtigkeitsklage: so fragt es sich, ob derselbe den gehörten gleich den nichtgehörten Litisconsorten zu gestatten sey?

Wo findet sich hier nun eine Verrückung des Streitpunkts? Rez. hat nicht für gut befunden, das begreiflich zu machen, und was er in den Tag hinein, und willkührlich behauptet, auch nur durch ein Scheinargument zu rechtfertigen.

4. Rez. bemerkt nun weiter:

daß die Abhandlung einen erneuerten Beweis liefere, wie weit man sich vom Recht verirren könne, wenn man aus vermeintlich unumstößlichen Rechtsgrundsätzen deducire, ohne die Vorschriften der Gesetze zu beobachten: denn die Streitfrage sey im Preußischen Recht mit klaren Worten entschieden.

Wie lauten denn die vermeintlich unumstößlichen, und dennoch umstößlichen Rechtssätze, aus welchen der Verfasser der Abhandlung deducirt? Worin besteht die eigentliche Verirrung des Verfassers vom Recht? Wie lauten die von ihm unbeobachtet gelassenen Vorschriften der Preußischen Gesetze? Wo findet sich in diesen Gesetzen mit klaren Worten die Entscheidung der Streitfrage? — Auf alle diese Fragen bleibt Rez. die Antwort entweder ganz schuldig, oder er fertigt den Verfasser mit einer höchst trüben und unverständlichen Auseinandersetzung ab.

5. Diese Auseinandersetzung findet sich nämlich in allem denjenigen, was Rez. über den Inhalt des Preußischen Rechts, in Beziehung auf den Gegenstand der Abhandlung, sagt. Die Rezension wird hier doctrinell. Es ist unmöglich, ihr in die Sandsteppen dürrer, durch keine herrschende Idee verbundener Abtheilungen und Unterabtheilungen, zu folgen. Man lese, und lese wieder, und schlage die mit Ueppigkeit citirten Gesetzstellen nach, unter welchen viele gar nicht passen, oder mit den Haaren herbeygezogen sind. Das Ganze reducirt sich auf den Gemeinplatz, daß Alles darauf ankomme, ob das Ding, über welches gestritten wird, causa individua sey, z. B. eine Lehnsherrlichkeit, oder causa dividua, z. B. ein Landgut. Dort sollen die bereits gehörten Litisconsorten noch einmal gehört werden, hier nicht; dort will der Rez. eine partielle Execution, hier keine. Zur Unterstützung dieser Behauptung wird A. G. O. Th I. Tit. 14. §. 14a. angeführt, worin doch grade umgekehrt auch bey der Theilbarkeit des Streitgegenstandes, die nicht appellirenden Litisconsorten, zur Gemeinschaft mit den appellirenden, zugelassen werden.

Damit wird nun der Vorwurf der Abhandlung um nichts klarer. Ob die Preußischen Gesetze ein processualisches Verfahren und einen darauf gegründeten Richterspruch zwischen Litisconsorten für theilbar erklären oder nicht — das war der Gegenstand der Abhandlung; darüber hätte sich Rez. verbreiten, und das der Meinung des Verfassers entgegengesetzte klare Gesetz, dessen

Existenz er auf Rezensentenparole behauptet, aber auch nicht entfernt nachweißt, anzeigen sollen.

Wäre Rez. überhaupt zu rechtsphilosophischen, aus dem Geist der Gesetze geschöpften, und durch ihren Buchstaben unterstützten Untersuchungen berufen: so hätte er — und dafür würde ihm die Wissenschaft und der Verfasser selbst gedankt haben, — zeigen können, daß die Abhandlung ihren Gegenstand nicht scientivisch genug auffasse, daß sie das Resultat der Untersuchung nicht aus dem innersten Wesen der Lehre von Klagen, Beschwerden und Rechtsmitteln begründe, daß sie die besondere Structur des Preußischen Gerichtsverfahrens nicht vor Augen habe, und daß sie endlich die durchaus entscheidende Stelle Th. I. Tit. 14. §. 14a der A. G. O. übersehe.

Der Preußische Prozeß kennt nemlich Klagen, Beschwerden über richterliche Verfügungen und Rechtsmittel. Für die vorliegende Frage ist es entscheidend wichtig, ob die Nullitätsquerel, welche die Allgemeine Gerichts-Ordnung eine Klage nennt, auch wirklich eine Klage, oder ob sie ein Rechtsmittel sey. Wäre sie jenes; so müßte das, vom Verfasser der Abhandlung gezogene Resultat, geleugnet werden. Denn wenn schon von mehreren Theilnehmern an einem bestrittenen Recht, der eine für seine Person, zur Anstellung der Klage Berechtigte, wirklich klagt: so können doch diejenigen, welche aus ihrer Person nicht zur Anstellung der Klage berechtigt sind, nicht als Mitkläger auftreten.

Zwischen der Klage, Beschwerde (querela simplex) und den Rechtsmitteln des Preußischen Rechts, findet sich folgender Unterschied.

Die Klage gründet sich auf ein Verhältniß zwischen dem klagenden und beklagten Theil, in Beziehung auf den Gegenstand eines beginnenden, oder noch nicht instruirten gerichtlichen Verfahrens; sie geht dem Verfahren voran, und wird nie durch das substanzirt, was im Verfahren selbst geschehen oder unterlassen worden ist.

Die Beschwerde ist gegen eine, im Lauf des Instanzverfahrens getroffene richterliche Verfügung gerichtet, und wird, — nach den Eigenthümlichkeiten des jetzigen Preußischen Civilprozesses — wenn der angeblich beschwerende Richter ein Preußisches Oberlandesgericht ist, bey dem Justizminister angebracht, und von demselben erledigt. Die Beschwerde setzt daher nothwendig ein begonnenes oder zu beginnendes, aber noch nicht durch einen Richterspruch geendigtes Instanzverfahren, voraus.

Das Rechtsmittel bringt — nach Beendigung des Instanzverfahrens durch einen Richterspruch, das Verfahren in eine andere Instanz. Mit der Ergreifung des Rechtsmittels beginnt ein neues Instanzverfahren und dieses neue Verfahren führt zu einem neuen Richterspruch, der nie vom Justizminister, sondern von einem collegialisch erkennenden Spruchcollegium ausgeht.

Bey dem Rechtsmittel ist das Verfahren über die Bedingungen seiner Zulässigkeit von dem Verfahren über die Wirknngen des für zulässig erkannten Rechtsmittels wohl zu unterscheiden. Jenes beschäftigt sich mit der Frage: ob das vorige Instanzverfahren und Urtheil als fortbestehend oder als aufgehoben zu betrachten sey; dieses beschäftigt sich — nach vorausgesetzter Aufhebung — mit der Hauptsache und mit dem darüber zu erlassenden neuen Erkenntniß.

Bey dem Rechtsmittel giebt es daher ein rescindens und ein rescissorium; ein Verfahren über das zuzulassende und zuzuerkennende, und ein Verfahren über die Folgen des zuerkannten Rechtsmittels.*) Ueber jenes, wie über dieses wird

*) Die hergebrachte Doctrin legt zwar nur den außerordentlichen Rechtsmitteln den Namen rescissorische bey, nennt die ordentlichen suspensiv, und führt dadurch auf die Nebenidee, als wenn es bey diesen kein rescindens gäbe. Allein auch bey den ordentlichen Rechtsmitteln sind ja die Formalien von den Materialien sehr verschieden; die Frage, ob das vorige Urtheil ohne Prüfung rechtskräftig bestehe, ist mit der Frage, ob es nach nochmaliger Prüfung wieder herzustellen oder zu bestätigen sey, nicht eine und dieselbe: wenn jene verneint wird, ist das vorige Urtheil wirklich rescindirt, ob es gleich, wird diese bejaht, durch ein neues Haupturtheil — mithin durch eine sententia rescissoria — wieder auflebt. Auf der andern Seite kennt selbst der Preußische Prozeß ein außer=

besonders geurtheilt. Wird vom neuen Instanzrichter das rescindens verworfen, so bleibt es bey dem vorigen Verfahren und Urtheil, und vom rescissorium, nebst allem was dazu gehört, ist nicht die Rede.

Die Rechtsmittel sind ordentliche und außerordentliche. Der Preußische Prozeß kennt keine anderen ordentlichen, als die Appellation und Revision, und keine anderen außerordentlichen, als die Nichtigkeits- und Restitutionsklage.

Werden gleich beyde letzteren Klagen genannt: so sind sie doch ihrem ganzen Wesen nach nichts anders, als Rechtsmittel, und erhalten selbst

ordentliches suspensives Rechtsmittel (A. G. O. I. 16. §. 10. Abs. 2.). Es ist daher unrichtig, wenn man alle ordentlichen Rechtsmittel suspensiv, und alle außerordentlichen rescissorisch nennt, um das Suspensive dem Rescissorischen entgegen zu setzen. Richtig dagegen unterscheidet man bey jedem Rechtsmittel die Bedingungen, von den Würkungen der Zulassung, jene in Hinsicht des dadurch angefochtenen Urtheils als Rescindens, diese als Rescissorium. Diese Anmerkung würde ganz überflüssig seyn, wenn nicht der Rezensent, — statt einer Einlassung auf den eigentlichen Streitpunkt — mir vielleicht den Vorwurf zu machen geneigt seyn könnte, daß ich vom Unterschiede zwischen den remediis suspensivis und rescissoriis nichts scheine gehört zu haben.

hin und wieder von den Preußischen Gesetzen dieses Namen (A. G. O. I. 16. §. 13.).

Die ordentlichen Rechtsmittel setzen einen noch nicht erschöpften Instanzenzug, eine appellable oder revisible Summe, überhaupt einen appellablen Gegenstand und beobachtete Nothfristen voraus. Das judicium rescindens und das judicium rescissorium werden dabey zugleich durch das eine und nemliche Instanzverfahren instruirt, und zugleich durch den einen und nemlichen Richterspruch, erledigt.

Die außerordentlichen Rechtsmittel setzen einen erschöpften Instanzenzug voraus (A. G. O. Th. I. Tit. 16. §. 11 No. 1.) der Ausgang des judicium rescindens hängt von andern Bedingungen ab, als von der Größe der Summe und von den Fristen.

Bey dem außerordentlichen Rechtsmittel der Restitution werden das rescindens und rescissorium zugleich instruirt und entschieden. Weil aber der ordentliche Instanzenzug oben erschöpft ist, so fängt der außerordentliche von unten an; es erkennt der ordentliche erste Instanzrichter, unter Vorbehalt der Appellation, über das rescindens und rescissorium zugleich (A. G. O. I. 16. §. 15.).

Beym außerordentlichen Rechtsmittel der Nichtigkeitsklage wird das judicium rescindens vom judicium rescissorium abgesondert instruirt und entschieden, jedes im besondern ordentlichen Instanzenzug. Erst wenn das judicium rescindens völlig erledigt, und das, als nichtig angefochtene Verfahren und Urtheil rechtskräftig annullirt worden ist, wird das rescissorium neu instruirt (A. G. O. I. 16. §. 5. und 6.).

Jedes judicium rescindens hat nicht die Hauptsache, nicht den Gegenstand des Streits selbst, sondern die Frage zum Vorwurf, ob die Bedingungen des Fortbestehens des vorigen Instanzurtheils oder Instanzverfahrens, oder beyder zugleich, als formelles Recht (unabhängig von ihrer innern Gesetzmäßigkeit) vorhanden oder nicht vorhanden sind.

Jedes gerichtliche Verfahren und das darauf gebaute Urtheil ist, nach einer Vernunftnothwendigkeit, causa individua. Das Verfahren kann im Ganzen, oder von einem gewissen Zeitpunkt an, unmöglich zugleich bestehen und nicht bestehen, der Richterspruch kann unmöglich zugleich gültig und nicht gültig seyn. Wenn daher jenes oder dieser in Hinsicht einiger Litisconsorten nicht besteht, so müssen jenes oder dieser in Hinsicht aller zusammenfallen.

Diese Vernunftnothwendigkeit wird auch von den Preußischen Gesetzen ausdrücklich und buchstäblich anerkannt; die Anerkennung findet sich I. 14. 14 a. der A. G. O. Der nicht appellirende Litisconsorte nimmt in jedem Augenblick des neuen Instanzverfahrens, und selbst nach der Beendigung desselben, an dem vom Appellirenden zu Hülfe gerufenen Rechtsmittel Antheil. Das sonst für ihn rechtskräftige Urtel ist, weil es vom appellirenden Litisconsorten angefochten worden, für keinen rechtskräftig. Ob der Gegenstand des Streits selbst (die Hauptsache, das rescissorium) theilbar sey oder nicht, darauf soll nach dem ausdrücklichen buchstäblichen Verlangen des Gesetzes, nicht gesehen werden.

Das positive Gesetz geht sogar über die Grenzen der Vernunftnothwendigkeit hinaus. Der Nichtappellirende kann, nach Beendigung des ganzen Instanzenzugs, wenn kein Prozeß, kein durch ihn begründetes Litisconsortium, überhaupt gar kein Verfahren mehr existirt, dennoch an den Wohlthaten des rescindens und am Resultat des rescissorium Antheil nehmen.

Wenn nun jedes prozessualische Verfahren, wenn jeder, einen und den nemlichen Gegenstand betreffende Richterspruch, als causa für sich betrachtet — nach einer Vernunftnothwendigkeit, causa individua ist, wenn die Preußische Gesetzgebung diese Vernunftnothwendigkeit I. 14. 14a der A. G. O. ausdrücklich anerkennt, wenn sie bey der Appellation ausdrücklich von der Theilbarkeit des rescissorium absehend, das untheilbare rescindens allen Litisconsorten, mithin auch denen zu gut kommen läßt, welche aus ihrer eignen Person nicht dazu berechtigt seyn würden: warum soll man annehmen, das Gesetz habe die nemliche Vernunftnothwendigkeit beym Nullitätsverfahren verworfen? Wo findet sich der verwerfende Gesetzesbuchstabe? Wo die Berechtigung des Gesetzesinterpreten oder des Richters, eine Antinomie gegen 14. 14a I. der A. G. O., stillschweigend in das Gesetzbuch hineinzutragen, da sie ausdrücklich darin nicht zu finden ist?

Der Rez. wird aufgefordert, dieser Auseinandersetzung Schritt vor Schritt bis zu ihrem Resultat zu folgen, und zu zeigen, wo sie falsch ist, und mit den Preußischen Gesetzen im Widerspruch steht. Bey dieser Gegenauseinandersetzung steht es ihm frey, zum Besten der Wissenschaft oder, zu seiner eigenen Ehre, seine Meinung durch so viele Grobheiten zu erläutern, als er es für dienlich findet.

Antwort des Rezensenten.

„Ein Recht, Grobheiten zu sagen, kann es nur „in einer Rechtstheorie, wie die des Verfassers, geben[1]; so wie ein misbilligendes Urtheil eines Rezensenten

[1]) Keine Rechtstheorie kennt ein Zwangsrecht auf Höflichkeit, mithin wird auch durch Grobheit kein Zwangsrecht verletzt. Wo sollte vollends die Zwangsverbindlichkeit eines handfesten Rezensenten herkommen, die rezensirte Schrift oder ihren Verfasser, mit Urbanität zu behandeln? Es giebt sogar Umstände, unter welchen er — will er anders seine Amtswürde behaupten, — nothwendig Grobheiten sagen muß. Denn gesetzt, er hätte eine wissenschaftliche raisonnirende Schrift vor

„zensenten für eine Grobheit auszugeben [2]), wieder„um nur Folge einer Begriffsverwirrung seyn kann, „wie sich deren in vorstehendem Aufsatze eine Menge „zu Tage legen [3]). Soviel z. B. ist gewiß, daß der

vor sich liegen, und es fehlte ihm an Zeit, oder am Willen, oder vielleicht etwa am Vermögen, ihren Ideengang zu referiren, wie soll er es da machen, um dem Leser einen Begriff vom Inhalt der Schrift, und seinem etwa schon im voraus beschlossenen misbilligenden Urtheil über sie eine Basis zu verschaffen? Er zieht sich natürlich nur dadurch aus der Verlegenheit, daß er sich seiner Befugniß, grob zu seyn, bedient. Er motivirt sein Urtheil durch den einfachen Bericht, die Schrift enthalte verworrene Begriffe, ein schales Raisonnement, Absurditäten u. s. w. — Der gegenwärtige Rezensent bedient sich seiner Rezensentenbefugniß noch dazu mit überaus großer Mäßigung. Er referirt den ganzen Inhalt der Schrift mit den wenigen Worten: „der Verfasser habe den Mund voll „genommen." — Damit weiß der Leser genug. Diese Impertinenz wird das Surrogat der Inhaltsanzeige, und dieses Surrogat die Grundlage des wegwerfenden Aristarchenurtheils.

²) Die Grobheit findet sich nicht im misbilligenden Urtheil, sondern wie Anmerkung 1. zeigt, — um in der Kunstsprache eines Preußischen Juristen zu reden, — in der Substantiirung desselben.

³) Der Rezensent wird späterhin veranlaßt werden, über seine eigene Begriffe gewissenhaft Heerschau zu halten. Er mag dann mit sich selbst darüber einig werden, ob sich darin Klar-

„Verfasser weder befugt ist, zu bestimmen, daß Re-„zensent seinem Ideengange Schritt vor Schritt fol-„gen müsse, noch das Erkenntniß zu fällen, daß er „seinen Satz außerdem bewiesen habe[4]); da die ganze,

heit und Consequenz oder Verwirrung zu Tage legt.

[4]) Der Verfasser bemerkte in der Antikritik beschwerend, gegen den Rezensenten

1. daß er über eine raisonnirende Schrift ein Verdammungsurtheil ausspreche, ohne ihren Ideengang auch nur mit einer Sylbe anzuzeigen. Der Verfasser beurkundete den Vorwurf, indem er den vom Rezensenten absichtlich unterdrückten oder ignorirten Ideengang selbst referirte;

2. daß er der Schrift einen Grundsatz als darin vorherrschend andichte, von welchem sie ebenfalls nichts enthalte;

3. daß er dem auf dem Titel der Schrift mit Präzision angezeigten Untersuchungsgegenstand einen ganz andern substituire, der in der Schrift nicht untersucht wurde.

Dieses waren die ersten Glieder des Ideengangs, auf welchen der Verfasser vom Rezensenten eine Einlassung oder kathegorische Erklärung verlangte.

Darauf antwortet nun der Rezensent: „er „werde sich nicht einlassen; er vermeine daran „etwas sehr Verkehrtes und Unnützes zu thun.“ — Es wäre interessant zu wissen, was der Rezensent eigentlich für Begriffe von dem hat, was der Schriftsteller und das Publikum von der kritischen Anzeige einer wissenschaftlichen Abhandlung zu fordern berechtigt sind, wenn sie gegen jenen gerecht und für dieses instructiv seyn soll.

„zum Theil unrichtige, Theorie, von den verschiedenen „Rechtsmitteln, für die Sache von gar keiner Bedeu„tung ist [5]). Daß eine an sich theilbare Sache da„durch, daß sie zum Prozesse kommt, eine untheilbare „werde, wen wird der Verfasser solches glauben „machen [6])? Ist es möglich, daß der Verfasser von

[5]) Eine unrichtige Theorie von Rechtsmitteln! Bedeutungslos für die Sache! Eine Menge von Begriffsverwirrungen! ohne auch nur entfernt ahnen zu lassen, worin die Unrichtigkeit der Theorie sich findet, warum sie bedeutungslos für die Sache ist, was für eine Sache gemeint wird, und wo sich eine Begriffsverwirrung oder gar eine Menge von Begriffsverwirrungen zeigen — Das alles gehört freilich zur Taktik eines, seines Handwerks kundigen, und auf die Geistesträgheit des Publikums sich verlassenden Rezensenten. Er spreche nur immer von der Schrift, die litterärisch vernichtet werden soll, und vom Geistigen ihres Verfassers, im Ton der Superiorität und in wegwerfenden Phrasen, aber um des Himmelswillen nur im Allgemeinen und unbestimmt; dann kann ihm der Verfasser nicht beykommen. Das ist die wahre Theorie eines kritisirenden Roué. Durch alles Spezielle und Bestimmte dagegen compromittirt er sein Ansehen.

[6]) Und wo wurde denn so Etwas in der Schrift oder in der Antikritik auch nur versucht? — Die Frage ist umgekehrt: wird dadurch, daß das Ding, das Eigenthum, das Recht, über welches prozessualisch verfahren wird, physisch oder juristisch zwischen Mehreren getheilt oder auch wohl theilweise vernichtet werden kann,

„seinen, wie es scheint, fixen Ideen[7]) zurückkomme, „so müssen folgende Bemerkungen hinreichen, ihn zu „überzeugen:"

I. „Es ist unrichtig, daß ein Erkenntniß die „Aufklärung des ganzen Thatbestandes nothwendig „voraussetze. Jedes Contumacial-Erkenntniß, jede „Instruction in contumaciam hätte darauf aufmerk„sam machen müssen[8]). Auch ist es eine zwar oft

das Verfahren selbst, ein juristisches Zwitterwesen von Seyn und Nichtseyn, Gelten und Nichtgelten? Kann es für die eine und nemliche Parthey zugleich bestehen und nicht bestehen? Und hört die Parthey dadurch, daß sie eine Streitgenossenschaft ist, auf, eine prozessualische Einheit zu seyn, so daß, was einem Mitglied dieser Einheit Recht wird, auch dem andern Recht werden muß?

[7]) Fixe Ideen! — Siehe Anmerkung 5.

[8]) Im gemeinen Prozeß setzt ein Erkenntniß die von den Partheyen von unten herauf ausgegangene contradictorische, im Preußischen die vom Richter von oben herunter veranstaltete inquisitorische Aufklärung desjenigen Thatbestandes oder derjenigen Thatsache voraus, von deren Beschaffenheit der Inhalt des Erkenntnisses abhängt. Die eine oder die andere Aufklärung ist folglich immer die unerlaßliche Bedingung der Gültigkeit des Erkenntnisses. Selbst im Contumacialverfahren und bey Contumacialurtheilen ist es nicht anders. Der gemeine deutsche Prozeß nimmt dabey an, daß der Beklagte auf Exception verzichte, und gegen die Beweise des Klägers nichts erinnere. Mithin wird hier der

„wiederholte, aber nichts desto weniger falsche, und „schon von Klein in seinen Annalen widerlegte „Ansicht, daß der Preußische Civilrichter ein Inqui„rent sey. Nur in sofern ist er es, als er verhin„dern soll, daß Niemand die Wahrheit zum Nach„theil seines Gegners verdunkele. Aber zum eigenen „Nachtheile mag jede Parthey verschweigen, soviel „ihr beliebt; und der Richter hat nur das nobile „officium, die Rechtsunkundigen auf die gesetzlichen „Vorschriften und deren rechtliche Folgen aufmerksam „zu machen [9])."

Thatbestand, aus welchem geklagt wird, durch das einseitige Handeln des Klägers aufgeklärt. Der Preußische Prozeß nimmt an, daß der Beklagte das factische Vorbringen des Klägers — weil es sein Gewissen nicht anders erlaube — eingestehe. Die Aufklärung des Thatbestandes erfolgt hiernach durch stillschweigende Confession. Es ist mithin im einen wie im andern Contumacialverfahren der Thatbestand so vollständig aufgeklärt, als es nöthig ist, um auf diese Aufklärung ein Civilerkenntniß zu gründen.

[9]) Daß es die Hauptpflicht des Preußischen Richters ist, das im Civilprozeß streitig gewordene Factische und Rechtliche zu untersuchen, so wie die Hauptpflicht des nach Gemeinem Deutschen Prozeß verfahrenden Richters darüber unter den Partheyen handeln zu lassen — ist so allgemein anerkannt, daß der Verfasser kein Wort darüber verlieren mag. — Uebrigens ist für die, in der beurtheilten Schrift untersuchte Frage, der Unterschied zwischen der Fundamentalmaxime des gemeinen deutschen und

II. „Das Object eines Rechtsstreits besteht kei-„neswegs in der Aufklärung des Sachverhältnisses, „des Anspruches und der Einreden. Das Object „eines Rechtsstreits kann nichts anders seyn, als das

des preußischen Prozesses so ziemlich bedeutungslos. In beyden giebt es eine klagende und beklagte Streitgenossenschaft. In beyden ist diese Streitgenossenschaft eine prozessualische Personeneinheit. In beyden gilt für sie nur ein Verfahren, eine Appellation, Oberappellation, Revision, Nichtigkeitsquerel, Restitution u. s. w. ein rechtskräftiges oder nicht rechtskräftiges Erkenntniß, und endlich nur ein formelles Recht — alles unter vorausgesetzter völliger Identität des Sachverhältnisses und der Vertheidigungsgründe des angesprochenen oder verweigerten Rechts, oder alles desjenigen, was eine wahre Streitgenossenschaft constituirt. — Mit der Hervorhebung der Fundamentalmaxime des Preußischen Prozesses wollte der Verfasser nur so viel sagen: wenn schon im gemeinen deutschen Prozeß, nach der Verhandlungsmaxime, ein Litisconsorte auf die Vertheidigungsgründe des andern ein Recht hat, wie viel mehr im Preußischen nach der Untersuchungsmaxime, nach welchem der Richter das streitige Sachverhältniß von Amtswegen aufklären muß, mithin vor der Vernehmung jedes Betheiligten, der es aufklären kann, nicht für erörtert halten darf. — Ein blos verstärkendes ist kein Hauptargument. Betrachte man den Preußischen Richter als Inquirenten oder nicht, so bleibt doch die Beantwortung der Frage: ob Streitgenossen nur eine Parthey oder eine prozessualische Person darstellen? — immer die nemliche.

„streitige Recht selbst [10]). Hierin liegt der Grund, „warum das formelle Recht von dem materiellen

[10]) Es kommt darauf an, was man unter dem Ausdruck: Object des Rechtsstreits versteht; ob den Gegenstand des sinnlichen Begehrens, um dessen Behalten oder Herausgeben, Leisten oder Nichtleisten gestritten wird, oder ob das Factum, von dessen Daseyn oder Nichtdaseyn, oder von dessen Würdigung die von der klagenden Parthey in Anspruch genommene Befugniß, und die von der beklagten geleugnete Verbindlichkeit abhängt, oder ob endlich das gerichtliche Verfahren, welches die Mittel der Erkennung des Factums und der Würdigung seiner rechtlichen Folgen herbeyschafft. Im ersten Sinn kann man freylich nicht sagen, das Object des Rechtsstreits sey die Aufklärung des Sachverhältnisses, des Anspruchs und der Einreden. Einen solchen Unsinn hat der Verfasser auch weder gedacht, noch ausgesprochen. Das Object des Rechtsstreits im zweyten Sinn ist nichts anders, als der Vorwurf des gerichtlichen Verfahrens. Im dritten Sinn ist er das gerichtliche Verfahren selbst. — Im ersten Sinn kann das Object des Rechtsstreits z. B. das geforderte Grundstück, die eingeklagte Geldsumme, unter Mehreren sehr wohl theilbar seyn; es ist sogar immer theilbar, wo kein jus individuum oder keine obligatio individua eingeklagt wird. Im zweyten Sinn ist das Object des Rechtsstreits eben so untheilbar, als eine Thatsache, oder als es unmöglich ist, daß die Thatsache als geschichtliches oder rechtliches Ereigniß zugleich bestehe und nicht bestehe. Der Rezensent nimmt den Ausdruck, Object des Rechtsstreits im zweyten Sinn, wenn er sagt, „es

„verschieden seyn kann, und oft seyn muß[11]). Ist „demnach das Object des Rechts theilbar, d. h.

sey dieses Object nichts anders, als das streitige Recht selbst; der ganze Prozeß" (also das Verfahren) „sey nur das Mittel der rechtlichen Erkennung des Rechts." Nur muß man fragen: wodurch ist der vom Rezensenten gegen den Verfasser ausgesprochene Tadel substantiirt? Wodurch fehlt der Verfasser, wenn er meint: das Object des Rechtsstreits bestehe in der Aufklärung des Sachverhältnisses, des Anspruchs und der Einreden? Giebt es denn ein anderes Mittel der Erkennung des Rechts, als jene Aufklärung? Und versteht der Rezensent sich selbst, wenn er meint, der Prozeß als Mittel der rechtlichen Erkennung des Rechts und die Aufklärung des Sachverhältnisses des Anspruchs und der Einreden sey zweyerley? — Man wird aber gleich sehen, daß der Rezensent vom zweyten Sinn des Ausdrucks abspringt, willkührlich zum ersten zurückgreift, und aus diesem willkührlich veränderten Sinn — der nicht der des Verfassers ist, — gegen ihn argumentirt.

11) Das formelle Recht geht von den urtheilenden Tribunälen aus; das materielle findet sich in den beurtheilten Verhältnissen und Verhandlungen. Das formelle ist deswegen vom materiellen Recht verschieden, weil in den Tribunälen kein anderer, als ein menschlicher, mithin subjectiver, endlicher und eben deswegen mehr oder weniger einseitiger Verstand urtheilt. Dieses von den Tribunälen ausgehende formelle Recht kann im Staat darum nur allein gelten, weil bey der Verschiedenheit aller subjectiven Urtheile nur das

„können die einzelnen Theile als verschiedene Sachen „angesehen werden, so hindert gar nichts, daß für „jeden Theilnehmer ein anderes formelles Recht gelte, „und durch richterliches Erkenntniß angeordnet werde. „Unter dieser Voraussetzung kann also auch ein er-

Urtheil des Staats oder der den Staat vertretenden Behörden, den verfassungsmäßigen conventionellen Stempel der Unfehlbarkeit trägt und tragen kann. — Für den Gegenstand der vorliegenden Untersuchung kömmt es auf den Unterschied zwischen dem formellen und materiellen Recht nicht an; es ist davon keine Rede; Rezensent führt ihn mit den Haaren herbey. Es frägt sich blos: ob von dem nemlichen, den Staat vertretenden Richter, in Hinsicht der nemlichen Parthey, auf die nemlichen factischen und rechtlichen Verhältnisse, aus den nemlichen Gründen, ein sich selbst widersprechendes formelles Recht hervorgehen kann, oder ob — wenn eine Parthey aus Streitgenossen besteht — nicht dem einen Streitgenossen grade eben das als formelles Recht zu Theil werden muß, was dem andern zu Theil wird? — Daß eine positive Gesetzgebung das Gegentheil verordnen könnte, wird nicht geleugnet; nur wird behauptet, daß sie, hätte sie es verordnet, etwas sehr Verkehrtes würde gethan haben. Ob nun die Preußische Gesetzgebung oder die Preußische Allg. Gerichtsordnung jene Verkehrtheit wirklich verordnet habe? — das ist die Frage. Der Verfasser, der es leugnet, braucht nicht zu beweisen; dem Rezensenten, der es behauptet, liegt der Beweis ob. Es wird sich bald zeigen, wie er ihn geführt hat.

„gangenes Erkenntniß für einige Theilnehmer zu „Recht bestehen, für andere nicht [12].“

[12]) Das ganze Raisonnement von den Worten an: „Ist demnach das Object des Rechts theilbar u. s. w.“ folgt keineswegs aus der nothwendigen Verschiedenheit zwischen dem formellen und materiellen Recht. Oder meint etwa Rezensent, zur Begründung eines logischen Schlusses sey es schon hinreichend, wenn der vorhergehende mit dem unmittelbar darauf folgenden Satz durch das beliebig dazwischen geschobene Wörtchen „demnach“ verknüpft wird?

Das vom Rezensenten so eben Gesagte führt indessen zu folgenden Betrachtungen:

1) Der Rezensent versteht unter dem Object des Rechts das Object des Rechtsstreits im ersten Sinn, oder das Ding, um dessen Haben und Nichthaben gestritten wird. Er springt mithin willkührlich von dem Sinn, welchen er unmittelbar vorher mit dem Ausdruck verknüpfte, auf einen andern hinüber.

2) Ist dieses Ding physisch oder juristisch theilbar, so hindert nichts, Jeden besondern Theil als ein abgesondertes ideelles Ganze zu behandeln. Gegen den Mitbesitzer dieses ideellen Ganzen kann abgesondert geklagt, der ideelle Theil kann als besonderes Ding abgesondert von ihm gefordert, darüber verfahren und richterlich entschieden werden.

3) Wird ein anderer Mitbesitzer des Dinges abgesondert auf seinen ideellen Antheil belangt, so wird dieser ideelle Antheil abermals der Gegenstand eines abgesonderten Verfahrens und einer abgesonderten Entscheidung.

III. „Es ist unrichtig, daß durch ein Rechtsmit„tel das ganze vorangegangene Verfahren umge=

---

4) Ob dann gleich der eine besonders beklagte Mitbesitzer des Dinges und der andere ebenfalls abgesondert belangte Mitbesitzer, jeder auf seinen ideellen Antheil ein gleiches Recht haben, oder mit andern Worten, obgleich die Thatsache, welche dem einen als Vertheidigungswaffe dient, auch dem andern dazu dient, und der Vertheidigungsgrund, welcher für den einen spricht, auch für den andern redet, so existiren dennoch unter der Voraussetzung von No. 2. und 3. zwey verschiedene Rechtshändel in zwey verschiedenen Instructionen; jede Instruction ist für sich ein geschlossenes Ganze. Man kann von einer gesetzwidrigen und unnützen Vervielfältigung der Prozesse reden, aber nicht von einer Ungültigkeit des einen oder des andern. Denn bey jeder besondern Instruction war der abgesondert und für sich Beklagte ausschließend competent, ausschließend und vollständig zur Sache legitimirt, und ausschließend nur für seinen ideellen Antheil am Ganzen gehört. Der eine Beklagte hatte für den andern nichts zu sagen; denn sie waren nicht Mitbeklagte, keine Streitgenossen, und die Vertheidigung des einen ging prozessualisch dem andern nichts an. Jede der beyden getrennten Verhandlungen war für sich vollständig. Auf jede können nun ganz verschieden lautende Sentenzen folgen; die eine kann absolviren, indeß die andere condemnirt; darum ist doch die eine eben so rechtsgültig als die andere, da das jeder vorangegangene abgesonderte Verfahren selbst, rechtsgültig war. Freylich ist die

ungleiche Rechtssprechung ein schreyender Misstand, ein großes Justizgebrechen; aber der bloße Misstand, ein bloßes Justizgebrechen begründet noch keine Nullität.

5) Wenn aber das von Mehreren — zwar theilbar aber nicht abgetheilt — besessene Ganze als Ganzes eingeklagt, wenn über das Ganze, nicht über einen besondern ideellen Theil, verfahren, über das Ganze, nicht über einen ideellen Theil des Ganzen, erkannt wird, dann existiren nicht, wie unter No. 4. ausgeführt wurde, mehrere, sondern nur ein einfacher Rechtshandel; es wurden nicht zwey oder mehrere, sondern nur eine einzige Instruction veranstaltet, nicht mehrere, sondern nur ein Urtheil gesprochen. Die Rechtsbeständigkeit dieses einen Urtheils hängt von der Rechtsbeständigkeit des ihm vorangegangenen Verfahrens, und die Rechtsbeständigkeit dieses Verfahrens von der Vollständigkeit der Vertheidigung der für sachfältig erklärten Parthey ab. Diese Vertheidigung ist aber nimmermehr vollständig, wenn von denjenigen, die zu dem ungetheilten (nicht untheilbaren) Ding, ungetheilt (nicht unabtheilbar) berechtigt waren, nur einige gehört, andere nicht gehört, nicht zugezogen worden sind. Der Gegenstand des Angriffs war dann mit dem Gegenstand der Vertheidigung, und dieser mit dem Gegenstand des Urtheils nicht identisch — eine dreyfache Identität, welche zur Rechtsbeständigkeit jedes Urtheils als conditio sine qua non unabweislich verlangt wird. Gegenstand des Angriffs und des Urtheils war das ganze Ding. Gegenstand der Vertheidigung dagegen waren einige unabgetheilte (obgleich nicht unabtheilbare) Parcelen des Dinges. Die Aufklärung des Sachverhältnisses des An-

spruchs und der Einreden war nicht vorhanden; denn sie war nur durch Anhörung des zu dem Ganzen competenten Subjects (mithin aller Mitsachbetheiligten) möglich. Der geführte Prozeß war, um den eignen Ausdruck des Rezensenten zu gebrauchen, kein Mittel zur Erkennung des Rechts; denn für den Richter ist das streitige Recht durch den Prozeß oder durch die prozessualische Verhandlung nur dann erkennbar, wenn er die Vertheidigung des unabgetheilt dazu berechtigten prozessualischen Subjects gehört hat. Endlich fehlt die Identität der Parthey, die im Prozeß gehandelt hatte, und derjenigen, die im Urtheil succumbirte. Die handelnde Parthey waren einige unabgetheilte Mitglieder des zum Gegenstand der Klage qualifizirten Subjects; die verurtheilte Parthey dagegen war jenes Subject selbst. Wie konnte der Richter in einer solchen mangelhaften unvollendeten Verhandlung, in einer Verhandlung, in welcher das prozessualische Subject des Angriffs, sich nicht vertheidigt hatte, das Mittel zur Erkennung des Unrechts dieses nemlichen Subjects finden?

6) Das sind die Gründe der Ungültigkeit des Verfahrens und Urtheils, bey der Nichthörung einiger identisch Sachbetheiligten, für Alle Sachbetheiligte, welche durch das über das Ganze gesprochene Urtheil, identisch getroffen wurden. Es sind philosophische Gründe. Sie gehen aus allgemein anerkannten, legislativ und doctrinell feststehenden Grundsätzen des prozessualischen Verfahrens hervor. Damit ist nicht gesagt, daß nicht die Machtvollkommenheit des positiven Gesetzgebers, oder um beym Gegenstand der vorliegenden Untersuchung stehen zu bleiben, daß nicht das

„stoßen werde [13]). Im Gegentheil wird dadurch nur „derjenige Theil des Verfahrens, von welchem be=

Allgemeine Preußische Landrecht oder die Allgemeine Preußische Gerichts=ordnung grade das Gegentheil hätten festsetzen können. Haben aber beyde Gesetzbücher sich einer solchen gesetzgeberischen Willkühr schuldig gemacht? Der Rezensent affirmirt, belegt die Affirmation mit Gesetzstellen, und behauptet kathegorisch, daß das Affirmirte mit klaren Worten darin zu finden sey. Diese angeblich klaren Worte werden ihm und dem Publikum weiter unten, zur eignen Beherzigung und Erbauung, vorgelegt werden.

13) Diese allgemeine Behauptung wäre allerdings unrichtig. Auch hat der Verfasser sie nirgends aufgestellt.

Man unterscheide die ordentlichen von den außerordentlichen Rechtsmitteln des Preußischen Prozesses.

Durch die ordentlichen Rechtsmittel wird die Sentenz allein (die scheinbare Ausnahme A. G. O. I. 16. §. 11. ist keine wahre Ausnahme; denn bey der Cumulirung der ordentlichen mit den außerordentlichen Rechtsmitteln giebt jenes nur den Namen zu den Sachmomenten, welche aus diesem geschöpft werden) angegriffen. Das ihr vorangegangene Verfahren als Erkennungsmittel des Rechts wird gar nicht angegriffen, soll daher auch nicht umgestoßen werden. Nur wird — nach der Zulassung des Rechtsmittels — an die vorige eine neue Instruction angeknüpft. Es wird vom Appellanten oder Revidenten verlangt, daß das formell auszusprechende Recht aus der alten und neuen Instruction zugleich ge=

schöpft werde. Das frühere Verfahren verliert die Eigenschaft ausschließend, als Erkennungsmittel des Rechts zu dienen, und wird nur in dieser Beziehung aufgehoben.

Durch die außerordentlichen Rechtsmittel der Restitution und der Nichtigkeitsklage, wird ebenfalls die Umstoßung des Verfahrens nicht immer bezweckt.

Die Restitution sezt eine, an sich gültige Instruction und eine auf sie gebaute, an sich rechtsbeständige und sogar rechtskräftige Sentenz voraus.

In sofern sie gegen die Instruction gerichtet wird, stellt sie dieselbe keineswegs als nichtig, sondern als lädirend dar.*)

---

*) „Es ist überhaupt eine nichtwissenschaftliche Vorstellung, wenn man den Erkennungsgrund einer unheilbaren prozessualischen Nichtigkeit in einer Läsion oder Rechtsverletzung sucht. Der Rechtsstreit steht zur Entscheidung desselben, das Verfahren zum Urtheil im Causalzusammenhang der Ursache zur beabsichtigten Würkung oder des Mittels zum Zweck. Ein Fehler des Urtheils oder des Verfahrens, welcher als Mittel zum Zweck in gar keinem denkbaren oder möglichen Causalzusammenhang steht — darin findet sich der höchste und lezte Erkennungsgrund aller prozessualischen absoluten Nullität. Einen andern kennt die Philosophie des Rechts nicht. Von einem andern ist das Gesez nicht ausgegangen. Eine Rechtsverletzung kann wohl der Restitution als ratio legis zum Grunde liegen. Es läßt sich aber nimmermehr aus ihr der höchste Gesezesgrund der absoluten Nullität erkennen."
v. Almendingen Metaphysik des Civilprozesses. I. Abth. x.

Beym Rechtsmittel der Restitution unterscheide man die Restitution des Minderjährigen von der Restitution auf neue Urkunden oder Zeugen.

Die Restitution des Minderjährigen wird durch eine im Prozeß (also im Verfahren) oder in der richterlichen Verfügung (also im Urtheil) dem Minderjährigen zugefügte Verletzung substantiirt. Unter der ersten Voraussetzung bezweckt sie allerdings die richterliche Wiederaufhebung desjenigen Theils des Verfahrens, der auf die Läsion gefolgt, aber nicht desjenigen, der ihr vorangegangen ist (A. G. O. I. 16. §. 13

Die Restitution auf neue Urkunden greift das vorige Verfahren gar nicht an. Sie ist blos gegen das Urtheil gerichtet. Sie hat die Natur einer auf neue Beweise gegründeten Appellation, mit den einzigen Unterschied, daß die Zulässigkeit der Appellation durch ein nicht rechtskräftiges Urtheil oder den Nichtablauf des Dezenniums, die Zulässigkeit der Restitution dagegen durch ein rechtskräftiges Urtheil und den Ablauf des Dezenniums bedingt ist. Die, die Restitution einwendende Parthey verlangt vom Richter, daß er das formelle Recht sowohl aus der, dem zu rescindirenden Urtheil vorangegangenen, als aus der, durch die Thätigkeit des Rechtsmittels neu herbeygeführten Instruction, zugleich schöpfe.

Die Restitution auf neue Zeugen ist dann nur begründet, wenn der Zeuge im vorigen Verfahren schon war vorgeschlagen, aber ohne Schuld des Producenten nicht war abgehört worden (A. G. O. I 16. §. 26.). Wird das Rechtsmittel zugelassen, so wird der Zeuge in derjenigen Instanz abgehört, in welcher der Producent seine Abhörung ohne Erfolg verlangt

langt hatte. In dieser Instanz wird dann neu erkannt, und gegen dieses Erkenntniß sind die, der Beschaffenheit der Instanz nach, zulässigen Rechtsmittel, ebenfalls zulässig. (A. G. O. I. 16. §. 27.) Es versteht sich hiernach von selbst, daß die Restitution wegen neuen Zeugen, gegen das Verfahren, bis zu dem Zeitpunkt gerichtet ist, wo der zu Restituirende durch die unterbliebene Abhörung des producirten Zeugen verletzt wurde.

Die Nullitätsquerel bekämpft zwar gleich der Restitution und den ordentlichen Rechtsmitteln immer das Urtheil, aber nicht immer das Verfahren, als die Quelle des Urtheils. Sie bekämpft blos das Urtheil, wenn sie durch den ihm gemachten Vorwurf substantiirt wird, der Richter habe gegen ein klares Gesetz erkannt. (A. G. O. I. 16. §. 2. No. 2.) Ein solcher Vorwurf kann aber nur einem motivirten, mithin einem Urtheil erster oder zweyter Instanz, gemacht, oder richtiger gesagt, gegen ein solches Urtheil erwiesen werden. Denn da jedes Urtheil einen Syllogismus enthält, bey welchem das Gesetz als Obersatz, das Factum als Untersatz vorausgeht, und das Urtel selbst als Conclusion folgt, und da bey jedem unrichtigen Syllogismus, entweder der Obersatz oder der Untersatz, oder die Conclusion selbst falsch seyn muß, so kann man, wenn blos die Conclusion bekannt ist, unmöglich nachweisen, wo sich der eigentliche Fehler des Syllogismus finde, ob im falschen Auffassen des Gesetzes, (dem Obersatz) oder des Factums (dem Untersatz) oder im Schluß selbst (dem Urtheil).

Gegen das Verfahren als Quelle des Urtheils und mithin auch gegen das Urtheil als Folge des Verfahrens, ist die Nullitätsquerel zugleich gerichtet:

1. wenn der Nichtigkeitsquerulant, auf das Fundament einer, mit einem materiellen Falsum behafteten Urkunde, oder der wissentlich falschen Aussage eines bestochenen Zeugen abgewiesen, oder für sachfällig erklärt worden ist.

2. Wenn der instruirende Richter gar keine Jurisdiction hatte, oder zur Justizpflege nicht vorschriftsmäßig war bestellt oder vereidet worden (A. G. O. I. 16. §. 1. No. 3. auch §. 7.) oder in der vorliegenden Sache auch nicht einmal durch Prorogation zum gewillkührten Richter konnte bestellt werden (A. G. O. I. 16. §. 2. No. 3. Absatz 2.).

3. Wenn die unterliegende Parthey entweder unter Tutel oder Curatel stand, oder in der gegenwärtigen Sache eines gerichtlichen Beystands bedurfte, und ohne diesen Beystand zur Verhandlung zugezogen wurde (No. 4).

4. Wenn umgekehrt der Vertreter oder Fürsprecher der Parthey ohne sie gehandelt hat, und zur Vertretung oder Fürsprache nicht befugt war (No. 5.).

5. Wenn der in contumaciam verurtheilten Parthey die Ladung zur Beantwortung der Klage nicht war insinuirt worden (No. 6).

Dieses ist der vollständige Grundriß der Doctrin des Preußischen Prozesses über die Frage: in wiefern ein Rechtsmittel gegen das Urtheil allein oder gegen das Urtheil und Verfahren zugleich gerichtet ist?

Dieser Grundriß zeigt hinreichend, wie falsch der Satz seyn würde, daß durch ein Rechtsmittel, das ganze vorhergehende Verfahren umgestoßen werde.

Dem Verfasser gehört dieser Satz nicht an; es hat nur dem Rezensenten gefallen, ihn dem Verfasser, wie so viele andere Sätze, eigenmächtig anzudichten.

Wo aber auch das Rechtsmittel nicht blos das Urtheil, sondern auch das ihm vorangegangene Verfahren, mithin das Urtheil als Folge des Verfahrens, angreift, da ist der Ausdruck: das Verfahren soll durch das Rechtsmittel umgestoßen werden, zwar sprachüblich; es fehlt ihm aber an wissenschaftlicher Präcision und Schärfe.

Ein an und für sich gültiges Verfahren, welches durch einen richterlichen Ausspruch rescindirt wird, und ein von Haus aus nicht gültiges Verfahren, dessen Ungültigkeit durch einen richterlichen Ausspruch declarirt wird, ist nicht eins und dasselbe.

Greift die vom Erfolg gekrönte Restitution das Verfahren an, so wird es rescindirt; wird es unter richterlichem Beyfall mit der Nichtigkeitsklage angegriffen, dann wird die schon vorhandene Ungültigkeit blos richterlich anerkannt. Das ist kein bloßer Unterschied im Begriff, noch viel weniger ein bloßer Unterschied im Ausdruck; er zeigt sich auch in den rechtlichen Folgen.

Das rescindirte Verfahren hört erst im Augenblick der definitiven richterlichen Rescission auf, rechtlich zu würken. Das darauf gebaute Urtheil bleibt daher bis zu dieser Rescission, vollziehbar. Das für ungültig erklärte Verfahren hätte rechtlich nie würken, das darauf gebaute Urtheil hätte nie vollziehbar seyn sollen; wurde es dennoch interimistisch vollzogen, so ist das ein vom annullirenden Richter wieder gut zu machendes Unrecht.

Aus dieser Grundansicht folgt die vom Preuß. Prozeß festgesetzte Nichtvollziehbarkeit des wegen Legitimationsfehlern als nichtig angefochtenen Urtheils bis zu ausgemachter Sache (A. G. O. I. 16. § 10. No. 2.) eine Grundansicht, welche indessen der Gesetzgeber nicht mit Consequenz verfolgt, und nicht für alle durch sie beherrschte Gattungen von Fällen geltend gemacht hat.

Das ist doch gewiß ein sehr wichtiger praktischer Unterschied zwischen einem ursprünglich gültigen und hinterher umgestoßenen, und einem ursprünglich ungültigen und deshalb hinterher für nichtig erklärten prozessualischen Verfahren.

Das an und für sich nur rescissionsfähige, nicht ursprünglich ungültige Verfahren kann ex capite minoris aetatis, nach Ablauf von vier Jahren, vom Tage der Bekanntmachung des darauf gegründeten Urtheils angerechnet, nicht mehr rescindirt werden (A. G. O. I. 16. §. 13.). Die Restitution wegen neu aufgefundenen Urkunden oder nicht abgehörten Zeugen, ist nach acht Wochen, vom Tage der Auffindung der Urkunde an (A. G. O. I. 16. §. 18.), oder des Aufhörens des Hindernisses der Zeugenabhörung (A. G. O. I. 16. §. 26.) gerechnet, erloschen, und beyde Restitutionen sind nach zehn Jahren, vom Tage der Urtheilspublikation an gerechnet, überhaupt nicht mehr zulässig (A. G. O. I. 16. §. 19 und §. 27. Abschn. 1.). Die Nichtigkeitsquerel dagegen, oder das Gesuch um die Nichtigkeitsdeklaration des schon für sich ungültigen Urtheils oder Verfahrens, ist weder an ein Bimestre, noch an ein Quadriennium, noch an ein Decennium gebunden (A. G. O. I. 16. §. 10.) *)

---

*) Es würde sich — wenn hier etwas darauf ankäme — beweisen lassen, daß die von A. G. O. I. 16. §. 10. Abs. 1. festgesetzte dreißigjährige Dauer der Nichtigkeitsklage, an die zur Zeit der Abfassung der A. G. O. wissenschaftlich noch ungeläuterte Vorstellungen über den Erkennungsgrund absoluter prozessualischer Nichtigkeiten.

Aus dieser ganzen Auseinandersetzung folgt endlich noch der Unterschied zwischen selbstständigen und abgeleiteten Urtheilsnullitäten.

Das Urtheil ist selbstständig nichtig, wenn es seinem formellen Zweck nicht entspricht.

Formeller Zweck des Urtheils ist, die Entscheidung des Streits zwischen den streitenden Partheyen.

Das Urtheil entscheidet den Streit nicht, wenn es über ein anderes als das verhandelte oder bestrittene Object gesprochen worden ist, z. B. es wäre über das Grundstück A gestritten worden, und das Urtheil hätte über das Grundstück B entschieden, oder der Gegenstand des Streits wäre die Gültigkeit eines Eheversprechens gewesen, und die Sentenz hätte über die Gültigkeit eines Kaufcontrakts erkannt.

Das Urtheil entscheidet ferner den Streit nicht, wenn es unverständlich oder contradictorisch mit sich selbst verfügt.

Der 16te Titel des 1sten Theils der A. G. O. sagt zwar von solchen Urtheilsfehlern kein Wort. Allein die ganze Macht der Buchstabenjurisprudenz würde die Rechtsgültigkeit eines Urtheils nicht retten können, in welchem die Identität des Verhandelten und des beurtheilten Streitgegenstandes oder die Rationalität der Entscheidung selbst gänzlich vermißt würde.

Das Urtheil beendigt ferner den Streit nicht, wenn es unter Partheyen entscheidet, die nicht gehandelt haben, oder umgekehrt, unter Partheyen die gehandelt haben, nicht entscheidet, z. B. es hätte die klagende Parthey A gegen die beklagte Parthey B gehandelt, und das Ur-

---

(ratio legis) sich anreiht. Im gemeinen Recht wird diese Dauer durch kein Gesetz bestimmt.

theil lautete auf die klagende Parthey C gegen die beklagte Parthey D.

Die abgeleitete Urtelsnullität folgt aus der Nichtigkeit des Verfahrens. Das Verfahren ist, wie Rezensent richtig sagt — ein Erkennungsmittel des Rechts. Aus einem untauglichen, oder als tauglich nicht denkbaren Erkennungsmittel kann nichts erkannt, und kein rechtsbeständiges Urtheil formell geschöpft werden.

Ein Verfahren, in welchem — gleichviel, ob bey dem Anfang oder bey der Fortsetzung der Instruetion — die verurtheilte Parthey nicht gehört wurde, in welchem sie sich nicht vertheidigt hat, kann unmöglich ein Erkennungsmittel ihres Rechts seyn. Hierin liegt der Grund der abgeleiteten Nullität, der eine solche Parthey für sachfällig erklärenden Sentenz.

Die Untersuchung der Frage, ob und in wiefern ein prozessualisches Verfahren durch ein Rechtsmittel umgestoßen werden soll, hat folgende Resultate zu Tage gefördert:

1. Durch die ordentlichen Rechtsmittel der Appellation und Revision soll das prozessualische Verfahren gar nicht umgestoßen werden.

2. Durch das außerordentliche Rechtsmittel der Restitution, wenn es auf neue Urkunden gegründet wird, ebenfalls nicht.

3. Durch die, durch Minderjährigkeit oder neu abzuhörende Zeugen substantiirte Restitution, soll es von dem Zeitpunkt an umgestoßen oder rescindirt werden, wo die, die Restitution begehrende Parthey, dadurch lädirt worden ist.

4 Die Nullitätsquerel bekämpft das Verfahren ebenfalls nicht, wenn sie auf den, dem Richter gemachten Vorwurf gegründet wird, er habe gegen ein klares Gesetz erkannt.

5. Die auf jeden andern Nichtigkeits=

„hauptet wird, daß er dem Rechte zuwider sey, mit „seinen Folgen und in der Regel nur in so weit, „als das Recht desjenigen, der verletzt zu seyn be- „hauptet, dadurch gekränkt worden ist, angefochten[14])

grund basirte Nullitätsklage bekämpft in dem als nichtig dargestellten Urtheil das als nichtig angegriffene Verfahren von dem Zeitpunkt der nach der Behauptung des Querulanten darin eingeschlichenen Nullität an. Durch das Rechtsmittel soll aber nicht das Verfahren umgestoßen, sondern die richterliche Erklärung erwürkt werden, daß es nie aufrecht gestanden habe

6. Das Object der Restitutionsklage unterscheidet sich dadurch vom Object der Nichtigkeitsklage, daß jene ein rechtsbeständiges Verfahren und Urtheil, diese ein nicht rechtsbeständiges Verfahren oder ein ungültiges Urtheil angreift, daß jene eine Wiederaufhebung des Verfahrens und des Urtheils durch eine richterliche Handlung bezweckt, diese die Ungültigkeitsanerkennung des Verfahrens und Urtheils, durch eine richterliche Erklärung.

[14]) In allem, was jetzt der Rezensent bis zum Ende seiner Antwort sagt, häuft er eine Begriffsverwirrung auf die andere. Er versteckt sich hinter unbestimmte auf die Unkunde oder auf die Gedankenlosigkeit des Lesers berechnete Ausdrücke. Denn

a. durch die ordentlichen Rechtsmittel wird das Verfahren gar nicht, mithin auch nicht zum Theil angegriffen. Die bey der Cumulation der ordentlichen mit außerordentlichen Rechtsmitteln von A. G. O. I. 16. §. 11. gesetzlich verordnete Ausnahme, ist nur eine Nominalausnahme.

b. Durch die außerordentlichen Rechtsmittel der Restitution und Nichtigkeitsquerel wird das Verfahren nicht immer, sondern sehr oft nur das Urtel ausschließend, bekämpft.

c. Was soll es heißen, wenn Rezensent sagt: „es wird durch ein Rechtsmittel nur derjenige „Theil des Verfahrens, von welchem behauptet wird, daß er dem Recht zuwider „sey, mit seinen Folgen, in der Regel nur „in so weit, als das Recht desjenigen, der verletzt zu seyn behauptet, dadurch gekränkt worden ist, angefochten."

Entweder hat der Rezensent etwas sehr Ueberflüssiges und Gemeines, oder grade das gesagt, was der Verf. auch behauptet. Im einen wie im andern Fall sieht man nicht, wie der Verfasser dadurch zurecht gewiesen werden soll. Denn

1. Das Verfahren besteht aus einer Reihe aufeinander folgender Instructionsacte. Es wird durch das Verfahren unter den streitenden Partheyen richterlich gar nichts bestimmt, sondern die künftige Bestimmung vorbereitet. Ein Instructionsact entwickelt sich aus dem andern; der folgende wird durch den vorhergehenden erzeugt. Hat sich daher in einen Instructionsact eine Läsion des, das Object der Instruction bildenden Rechts (diese sogenannte Läsion im Verfahren ist eigentlich nichts, als ein die Aufklärung des zu beurtheilenden Partheyenrechts erschwerender oder verhindernder Instructionsfehler) oder gar eine Nichtigkeit eingeschlichen, so wird die Läsion oder Nichtigkeit in dem folgenden Instructionsact fortgesetzt. Hieraus folgt, daß, wenn ein Theil des Verfahrens durch ein Rechtsmittel angegriffen wird, der Angriff von dem Zeitpunkt der eingetretenen Läsion oder Nichtigkeit zu

verstehen ist. Versteht nun Rez. unter dem Ausdruck „Theil des Verfahrens" einen solchen Zeitpunkt, so ist er mit dem Verfasser einig, und es kömmt nur auf die Richtigkeit der aus diesem Vordersatz gezogenen Schlüsse an.

2. Was will der Rez. weiter durch die Worte sagen, es werde nur der Theil des Verfahrens mit seinen Folgen aufgehoben, der dem Recht zuwider ist? Was hat sich der Rezensent unter dem Ausdruck: „dem Recht zuwider" gedacht? Und wie will er durch den Gebrauch desselben den Verfasser zu recht weisen? Das sieht man abermals nicht.

Dem Recht zuwider ist sowohl das lädirende, z. B. die Aufklärung des streitigen Parthenenrechts verhindernde oder erschwerende, als das nichtige, d. h. das beurtheilte Recht nicht berührende, mithin gar nicht aufklärende, Verfahren.

Beyde Rechtswidrigkeiten sind sehr verschieden. Bey der einen fehlt die Identität des zur Untersuchung gezogenen, würklich untersuchten und hiernächst beurtheilten Parthenenrechts nicht, bey der andern fehlt sie. Bey der einen wird das Verfahren durch die Restitution rescindirt, bey der andern durch eine cassatorische Sentenz annullirt. Die erste Rechtswidrigkeit hat mit der zwischen dem Rez. und dem Verf. erörterten Diskussion nichts zu thun; die andere ist ausschließend der Gegenstand derselben. Die wissenschaftliche Präcision verlangt die Abmarkung. Aber fragen muß man: was soll durch die triviale Bemerkung gegen den Verf. bewiesen werden?

3. Eben so leer ist die weitere Bemerkung: nur in so weit werde das Verfahren angefochten, als das Recht desjenigen, der dadurch verletzt zu seyn behaupte, sey gekränkt worden. Hierüber ist ja zwischen dem Rez. und

„Der Verfasser selbst erkennt die Vorschrift der „A. G. O. I. 14. §. 14. für eine Ausnahme an[15]).

dem Verf. eigentlich ebenfalls kein Streit. Daß übrigens durch ein prozessualisches Verfahren kein Parthenenrecht eigentlich gekränkt und verletzt, sondern nur die durch die Instruction bezweckte Aufklärung desselben erschwert, verhindert, oder gar nicht berührt wird, gehört zu den Ansichten, welche das stumpfe Abstractionsvermögen des Rezensenten nicht zu fassen vermag.

4. Was soll endlich der Zusatz heißen: in der Regel werde das Verfahren nur in so weit angefochten u. s. w. Giebt es denn Ausnahmen? Läßt das Gesetz die Bekämpfung eines Verfahrens zu, welches dem Recht nicht zuwider ist, kein Recht verletzt, keine angebliche Rechtskränkung enthält? — Wo? Zu welchem Zweck? — hat der Preußische Gesetzgeber eine solche Ungereimtheit verfügt? — Wir werden gleich den Rez. darüber hören.

[15]) Da wissen wir es nun. Die Ausnahme findet sich also in A. G. O. I. 14. §. 14a. Diese Gesetzstelle verstattet ein Rechtsmittel gegen ein Verfahren, welches dem Recht nicht zuwider ist, und nach der Behauptung desjenigen selbst, der es zu Hülfe ruft, sein Recht nicht kränkt.

Was hat sich der Rez. bey der Niederschreibung des unsinnigen Gedankens gedacht?

Es handelt A. G. O. I. 14. § 14a von der Appellation. Es wird dem Litisconsorten, welcher nicht appellirt hat, verstattet, sich an die vom andern Litisconsorten ergriffene Appellation anzuschließen.

Wie eignet sich diese Bestimmung zu der

„Bey einem Nullitätsverfahren z. B. wird nur das-
„jenige Recht, worüber wegen der begangenen Nul-

Ausnahme, von der vom Rezensenten so eben ausgedrückten Regel?

Die Appellation ist überhaupt nicht gegen das Verfahren gerichtet. Der Appellant behauptet einzig und allein, es sey ihm durch das Urtheil Unrecht geschehen. Er läßt das vorige Verfahren auf sich beruhen. Wie soll denn dadurch, daß ein Litisconsorte sich die vom andern zu Hülfe gerufene Appellation aneignet, als Ausnahme von der Regel, das Verfahren, und zwar ein dem Recht nicht widersprechendes Verfahren, angegriffen werden?

Wie kann man sagen: der appellirende Litisconsorte stellt zwar das Verfahren als rechtskränkend dar, aber nicht so der sich anschließende? Stellen denn nicht alle Litisconsorten die Parthey vor, fur welche nur ein Verfahren existirt? Wie kann denn das eine und nemliche Verfahren von dem einen Litisconsorten als rechtsverletzend angefochten werden? Und wenn die Appellation überhaupt gar kein Verfahren angreift, wie kann es durch das Anschließen an sie geschehen?

Sagt nicht derjenige, der in A. G. O. I. 14. 14a. die Ausnahme von der allgemeinen Regel findet, daß, wo im Verfahren nichts rechtswidriges zu finden ist, auch kein Rechtsmittel dagegen zulässig sey, den entschiedensten Unsinn? Und diesen Unsinn legt Rez. dem Verf in den Mund? Unter dem Vielen, was er ihm andichtet, ist diese Andichtung nicht die unbedeutendste. Sie unterscheidet sich von den vorigen dadurch, daß der Rez. bey diesen dem Verf. Unsinn sagen ließ, um ihn zu misbilli-

„lität durch das ergangene Erkenntniß nichts hat „entschieden werden können, salvirt [16]). Kann die- „ses jedoch nicht geschehen, ohne zugleich auch die „übrigen rechtlichen Folgen des Erkenntnisses aufzu- „heben, also nur bey untheilbaren Rechten, so zieht „die Nullität, die in Ansehung einiger Theilnehmer „begangen worden ist, auch für die übrigen nothwen- „dig die Nichtigkeit nach sich. Außerdem besteht das „Erkenntniß in Ansehung derjenigen Antheile, wobey „keine Nichtigkeit begangen worden ist, dagegen die „übrigen Antheile das Objekt eines anderweitigen

gen, hier aber — mirabile dictu — um ihn — zu billigen.

16) Ganz richtig! Unter dem salvirten Recht muß indessen Rez. — wenn er sich selbst versteht, — das concrete Recht der für sachfällig erklärten Parthey verstehen. Denn über etwas anders konnte sich die Instruction nicht verbreiten. Ob dieses concrete Partheyrecht einem Individuum oder Mehreren, ob einem Einzelnen oder einer Streitgenossenschaft ungetheilt — nicht untheilbar — zusteht, ist einerley. Es ist das Partheyrecht unter der einen wie unter der andern Voraussetzung salvirt, wenn die Entscheidung darüber, wegen einer in das Verfahren eingeschlichenen Nullität nichtig ist. Man wird aber gleich sehen, daß dem Rezensenten mit der bestimmten Bezeichnung Partheyrecht nicht gedient ist; mit sorgfältiger Vermeidung desselben verschanzt er sich hinter das allgemeine und unbestimmte Wort Recht.

„Rechtsstreites abgeben [17]). Diesen ganz natürlichen „Grundsatz spricht die A. G. O. I. 24. §. 2. und 11.

[17]) Hier stellt endlich Rez. den Satz wieder auf, welchen er schon in der Rezension aufstellte, und auf welchen freylich alles ankommt. Es frägt sich, ob ein eingeklagtes oder verweigertes Partheyrecht, bey welchem eine Streitgenossenschaft activ oder passiv betheiligt ist, wenn nicht diese Streitgenossenschaft als Collectivparthey gehandelt hat, sondern nur einige Litisconsorten, ohne Auftrag der Uebrigen, vernommen worden sind, für die nemliche Parthey zugleich gültig und ungültig sey instruirt und beurtheilt worden, gültig für die gehörten, ungültig für die nicht gehörten Litisconsorten? Hätte die Allg Ger. Ordnung oder das Allg. Landrecht über die Frage mit klaren Worten, — und zwar so wie es Rez. meint — entschieden, so müßte es freylich dabey bleiben. Rez. will die klaren Worte in A. G. O. I. 24. §. 2. und 11. lesen. Das heißt aber — mit seiner Erlaubniß — wie sogleich durch den Augenschein soll nachgewiesen werden — darin lesen, was nicht darin steht. Da nun das positive Gesetz die Frage in terminis nicht entscheidet, so fragt es sich, ob sie durch Grundsätze, und zwar durch die vom Rez. selbst aufgestellten Grundsätze entschieden werden kann. Es ist freylich nichts leichtes zu sagen, was denn der Rez. eigentlich für Grundsätze hat. Denn es ist nachgewiesen, daß es ihm bey allem, was er für seine Grundsätze ausgiebt an klaren Vorstellungen fehlt. Indessen will der Verf. so viel es möglich ist, sich an Rez. eigne Worte halten, wenn er sagt: ein Recht, über welches einer begangenen Nullität wegen,

„mit so klaren Worten aus, und in so besonderer „Anwendung auf den in Rede stehenden Fall, daß

durch das Erkenntniß nicht habe können entschieden werden, sey salvirt. Unter dem salvirten Recht — ob sich gleich Rez. des Ausdrucks sorgfältig enthält, — kann er, wie gesagt, durchaus nichts anders, als ein Partheyrecht verstehen. Dieses Partheyrecht nun, steht — der Parthey zu. Klagend oder beklagt, aus einem Individuum, aus einer moralischen Person, oder aus einer Streitgenossenschaft bestehend, ist sie in jedem Fall nur — eine Parthey. Ist über ihr Recht wegen einer, in das Verfahren eingeschlichenen Nullität, nichtig entschieden, dann ist ihr Recht salvirt. Denn ihr Recht war Gegenstand der Entscheidung; ihr Recht mußte auch Gegenstand der Instruction oder des Verfahrens seyn. Wurden bey diesem Verfahren nur einige Mitglieder der Parthey, ohne Auftrag der Uebrigen gehört, und war dennoch das Urtheil gegen die Parthey, mithin gegen alle ihre Mitglieder gerichtet, so fehlte die Identität des Subjects des Verfahrens, und des Subjects des Urtheils. Ohne diese Identität ist kein Urtheil rechtsgültig. — „Es ist rechtsgültig oder „rechtskräftig," — sagt Rez. — „bey der Theil„barkeit des Objects, über welches gestritten „wurde, für die gehörten Litisconsorten und „für ihre Antheile am bestrittenen Partheyrecht, und blos ungültig für die ungehörten „Streitgenossen und für die Antheile der Letztern." — Dieser Unterschied folgt keineswegs aus dem vom Rez. selbst vorangeschickten Grundsatz. Denn ungeachtet der Theilbarkeit des angesprochenen Rechts oder der verweigerten Ver-

„es in der That unbegreiflich ist, wie solches den

---

bindlichkeit zwischen den, zum Subject des Ersten oder des Letzten gehörenden Individuen, so wurde das Recht oder die Verbindlichkeit *ungetheilt* auf das Fundament der nemlichen, das ganze prozessualische *Collectivsubject* betreffenden Thatsache gefördert oder verweigert, es wurde *ungetheilt* darüber *erkannt*. Es ist nicht zulässig, das auf das *Gesammtrecht* dieses *ungehörten* Subjects *ungetheilt* lautende Urtheil, auf einige *Antheile*, der zu diesem Subject gehörenden Individuen, *willkührlich* zu beziehen. Das wäre eine *Abänderung* des Urtheils. Kann dieses Urtheil wegen der im Lauf der Instruction unterbliebenen Vernehmung des *Collectivsubjects* der Verurtheilung, nicht als rechtsgültig bestehen, so kann es — das versteht sich ja von selbst — in Hinsicht jenes *Collectivsubjects* — mithin auch in Hinsicht der einzelnen, dazu gehörenden Individuen — nicht bestehen. Es wäre Willkühr, das Urtheil subjectiv und objectiv auf die Antheile der Individuen zu beziehen, auf welche es *nicht lautet*, und auf das beurtheilte Collectivrecht, auf welche es *lautet*, subjectiv oder objectiv, es *nicht zu beziehen*. Das Urtheil muß so genommen werden wie es liegt, und kann nur so *wie es liegt* gelten oder nicht gelten. — *Das* folgt aus doctrinellen *Grundsätzen*. Und diese doctrinellen Grundsätze müssen vom Richter angewendet werden, wenn nicht die *Laune des Gesetzes-Buchstaben* ihm eine *andere* Richtschnur darbietet. Man wird nun sogleich den Rezensenten über diese angebliche *andere* Richtschnur — die er für die naturgemäße hält — und die er im Gesetz mit *klaren Worten* gefunden haben will, vernehmen.

„Verfasser hat entgehen können[18]). Alle übrigen „Gesetzstellen sind vom Rez. augenscheinlich nur darum ange

[18]) Nach dem, was Rez. hier sagt, und früher gesagt hat, muß man von den angeführten Gesetzstellen erwarten:

a. daß darin von der Gültigkeit eines einer Streitgenossenschaft gesprochenen Urtheils, die Rede sey,

b daß der Gesetzgeber gehörte und nicht gehörte Streitgenossen unterscheide,

c. daß er ferner unterscheide, ob das behauptete Recht oder die geleugnete Verbindlichkeit der Streitgenossenschaft in einem jus dividuum oder individuum, in einer obligatio dividua oder individua bestehe;

d. daß er — wenn ein jus individuum oder eine obligatio individua vorliegt, — die von den ungehörten Streitgenossen geltend gemachte Urtels-Nullität, auch den gehörten zu gut kommen lasse; im entgegengesetzten Fall dagegen beyde absondere und die Urtelsgültigkeit in Hinsicht der Antheile der gehörten Streitgenossen festsetze.

Nun lese man die angeführten Gesetzstellen im Zusammenhang und urtheile dann. Zu diesem Zusammenhang gehört A. G. O. I. 24 §. 10. auf welchen sich der vom Rez. angeführte §. 11. bezieht

A. G. I. 24.

§. 2. Das Executionsgesuch findet Statt, sobald das Urtheil seine Rechtskraft erhalten hat. Ist jedoch in selbigem eine Frist bestimmt, innerhalb welcher der Gegentheil dem Erkenntnisse genügen soll, so muß der Ablauf dieser Frist, welcher vom Tage der beschrittenen Rechtskraft zu verstehen ist, abgewartet werden;

§. 10.

„angeführt worden, um den Verf. zu überführen, „daß die Gesetzgebung für alle in casu denkbaren

---

§. 10. Wer wissentlich eine falsche Vollmacht beygebracht, oder sich ohne erhaltenen Auftrag als Bevollmächtigten angegeben hat, wird dadurch, wenn das ergehende Urtheil gegen die Hauptparthey nicht in Ausübung gebracht werden kann, zur vollständigen Entschädigung des Gegners verpflichtet;

§. 11. Wenn jemand wegen solcher Gerechtsame, deren Vertheidigung ihm entweder gar nicht, oder nicht allein oder nicht hauptsächlich obliegt, in einen Prozeß sich eingelassen, und bey seiner Vernehmung über den Legitimationspunkt, das wahre Verhältniß der Sache verschwiegen, mithin veranlaßt hat, daß die Haupt- oder Mitinteressenten nicht zugezogen worden, so findet wegen der, von ihm zu leistenden Entschädigung, die Vorschrift §. 10. Anwendung. Wider die nicht zugezogenen Interessenten hingegen bleibt ein solches Urtheil auch selbst in dem Fall ohne Würkung, wenn sie davon Wissenschaft gehabt haben, daß über ihre Gerechtsame gestritten werde, indem sie, ehe deshalb eine Vorladung an sie ergangen ist, sich in den Prozeß einzulassen, nicht schuldig sind.

Es spricht §. 2 von gar keiner Streitgenossenschaft, von keinem jus dividuum oder individuum u. s. w. Die Stelle ist dem Gegenstand der vorliegenden Untersuchung vollständig fremd. Es bezieht sich §. 11. auf §. 10. Beyde Gesetze sprechen von Urtheilen, welche gegen die Parthey nicht können vollzogen werden, und von der Verbindlichkeit, den vergeblich bemühten Sieger zu entschädigen. Sie entscheiden die Fragen: in welchem Fall Entschädigung zu leisten sey und wer entschädigen müsse?

Es handelt §. 10. davon, wenn die Urtelsvollziehung deshalb unmöglich ist, weil für die verurtheilte Parthey ein Nichtbevollmächtigter gehandelt hat.

Es handelt §. 11. davon, wenn die nemliche Urtelsvollziehung darum nicht möglich ist, weil ein Gegner als Parthey aufgetreten war, der entweder gar nicht, oder nicht allein, oder nicht hauptsächlich zur Sache legitimirt war, und wissentlich verschuldete, daß die Haupt- oder Mitinteressenten nicht zugezogen wurden.

Es handelt mithin §. 10. von einer fehlenden Prozeß-, §. 11. von einer fehlenden Sachlegitimation. Es handelt §. 10. von der Unvollziehbarkeit des Urtheils, weil der unterliegende Theil nicht vertreten wurde, §. 11. von dem qui liti se offert.

Im einen wie im andern Fall soll der zudringliche Mandatarius oder der sich als Parthey zudrängende Gegner, wenn er wissentlich fehlte, demjenigen, den er vergeblich bemühte, vollständig gerecht seyn, mithin allen Nachtheil des vergeblich geführten Rechtsstreits vollständig tragen, nicht allein Anwalds- und Gerichtskosten, sondern auch den Zeitverlust ersetzen, für den Untergang der Sache haften, für die etwa späterhin erfolgte Insolvenz des eigentlichen Gegners, wenn dieser in einem rechtsgültig geführten Prozeß unterliegt u. s. w. — Von dieser Entschädigungsverbindlichkeit bleibt natürlich der nicht zugezogene Interessent befreyt, selbst in dem Fall, wenn er gewußt hat, daß über seine Gerechtsame gestritten wurde, indem er — sagt das Gesetz — ehe eine Vorladung an ihn ergangen, nicht schuldig war, sich in den Prozeß einzulassen.

„Fälle vollständig ist, und seiner Nachhülfe nicht be-„darf [19]). Hieraus folgt denn, daß nach dem, was

Dieses ist der Inhalt der vom Rez angeführten Gesetzstellen, und ihr, aus ihrem Zusammenhang mit §. 10., hervorgehender Sinn.

Von einer partiellen Gültigkeit des Urtels sagt das Gesetz auch nicht eine Sylbe. Die klaren Worte, welche Rez. in der Gesetzstelle gelesen haben will, sind darin nicht zu lesen.

Was soll man von der Einsicht des Rez. sagen, wenn er die klaren Worte im Ernst gelesen hat? Was unter der entgegengesetzten Voraussetzung von seiner Rechtlichkeit?

[19]) Es ist wahr, daß Rez. mit Verschwendung Gesetzstellen angeführt hat. Der Verf. bemerkte, daß viele davon nicht paßten, oder mit den Haaren herbeygezogen wären. Rez. geht über diese Beschuldigung mit stoischer Gleichgültigkeit hinaus — als wenn nichts darauf ankäme Es kömmt aber viel darauf an. Auch war die Beschuldigung viel zu milde. Der Rez. hat nicht unpassend oder gewaltsam, sondern gradezu in den Tag hinein, aufs gradewohl, citirt. Ein Preußischer Jurist, der den beyden Preußischen Gesetzbüchern Gesetze andichtet, die darin nicht zu finden sind, und sie mit Gesetzescitation belegt, die von dem behaupteten Satz auch nicht ein sterbendes Wort enthalten, ein solcher Jurist, verdient als motivirender Richter, die Ahndung der oberaufsehenden Staatsgewalt, als Anwald, Geldstrafe, als Schriftsteller, den litterärischen Pranger. Er sündigt wissentlich. Denn läßt sich schon ein unschlüssiges Raisonnement aus einer subjectiven Verstandesschiefheit erklä-

ren, so kann doch ein offenbar falsches Citat, bey welchem der Citirende einzig und allein auf die Faulheit des Lesers, und darauf rechnet, daß dieser nicht nachschlagen werde, durch keine unwillkührliche Schlechtigkeit des geistigen Organs entschuldigt werden.

Ob sich nun Rez. solcher dolosen Citationen schuldig gemacht habe? — darüber kann jeder Leser urtheilen. Der Verf. hat zu diesem Zweck die Citate wörtlich unter dem Text der citirenden Rezension abdrucken lassen. Man vergleiche beyde.

Es ist unmöglich, die Unverschämtheit im Allegiren weiter zu treiben.

Es soll A. G. O. I. 5. §. 4. No. 8. und 9. lehren, daß ein Urtheil gegen den zum Verfahren nicht zugezogenen Litisconsorten nicht soll vollzogen werden. Es handelt aber No. 8. von der Verbindlichkeit des Klägers, der seine Klage auf das Ganze richtet, da er doch nur zu einem Theil berechtigt ist, seine Mitberechtigten nahmhaft zu machen, und sich ihre Vollmacht oder Abtretung zu verschaffen, oder — wenn er ein jus dividuum einklagt, — seine Forderung auf seinen Antheil zu beschränken. No. 9. handelt von der von Richteramtswegen zu veranstaltenden Ausforschung des etwanigen Autors des Klägers.

Als Concordanzstelle citirt Rez. A. G. O. I. 5. §. 12. — Die Stelle handelt aber nicht von der Vollziehbarkeit oder Nichtvollziehbarkeit eines Urtheils, sondern von der Zurückweisung einer nicht substanziirten Klage.

Endlich beruft sich Rez., als auf eine weitere Concordanzstelle, auf A. G. O. I. 24. §. 5. Da ist aber weiter nichts als Folgendes zu lesen:

„Ein Executionsgesuch findet nur gegen denjenigen statt, welcher in dem ergangenen Urtheil condemnirt worden.“ — Also kein Wort von einem nicht zugezogenen Theilnehmer.

Die vom Rez. bereits angeführte Stelle A. G. O. I. 5. §. 4. No. 8. u. 9. soll lehren, daß das Erkenntniß gegen den verurtheilten Beklagten (soll heißen den gehörten Litisconsorten oder Theilnehmer), wenn der Gegenstand der Verurtheilung theilbar ist, auf seinen Antheil zu vollziehen sey, und daß gegen die übrigen Theilnehmer aufs Neue müsse geklagt werden. Es findet sich aber in dem Citat nicht eine Sylbe von einem Urtheil, von den Würkungen eines Urtheils, von der Verschiedenheit dieser Würkung gegen gehörte und nicht gehörte Theilnehmer und von dem hierbey zu berücksichtigenden Unterschied, ob das, dem Kläger zuerkannte Recht, eine obligatio dividua oder individua begründe.

Als Concordanzstelle wird A. G. O. I. 24. §. 2. angeführt. Da ist aber weiter nichts zu lesen, als daß das Executionsgesuch erst nach der erlangten Rechtskraft des Urtheils zulässig sey, und daß — wenn es eine Paritionsfrist bestimme — auch diese noch erst müsse abgewartet werden.

Es soll A. G. O. I. 24. §. 11. auch I. 17. §. 25. beweisen, daß bey der Untheilbarkeit des Gegenstandes der Verurtheilung, das Erkenntniß weder gegen die citirten, noch uncitirten Genossen vollzogen werden könne, sowohl wenn jene diese verschwiegen, als wenn sie sie nahmhaft gemacht haben, und außer Stand gewesen sind, ihre Vollmacht beyzubringen.

Hiervon sagen beyde Gesetzstellen abermals kein sterbendes Wort; sie reden nicht entfernt von der Theilbarkeit oder Untheilbarkeit des Gegenstandes der Verurtheilung, nicht entfernt von einer versprochenen, aber nicht beygebrachten Vollmacht der Genossen. Die erste Stelle bezieht sich auf den unmittelbar vorangegangenen §. 10. Sie setzt die aus der Unvollziehbarkeit eines Urtheils erwachsene Entschädigungsverbindlichkeit desjenigen fest, welcher daran durch ein vorsätzliches Versehen Schuld ist, und diese handelt von der prozessualischen Personeneinheit zwischen dem Litisdenuncianten und Adcitaten, und daß der Eine keinen Eid deferiren kann, wenn der Andere, andere Beweismittel angegeben hat.

Als Concordanzstelle citirt Rez. A. L. R. I. 17. §. 10. Die Stelle spricht abermals weder von einer Sentenz, noch von ihrer Vollziehung, noch von der Untheilbarkeit des Gegenstandes. Sie sagt blos: daß der Theilnehmer ohne Zustimmung der Uebrigen über die gemeinschaftliche Sache, über ihren Besitz, über ihre Benutzung, nicht verfügen könne.

Es soll A. L. R. I. 13. §. 126 — 128. beweisen, daß, wenn ein Erkenntniß gegen nicht zugezogene Interessenten gerichtet ist, welche die Genehmigung der Handlung ihres Genossen verweigern, jene auf die Nullität des Urtels klagen müssen.

Abermals ein vollkommen willkührliches Citat! Die Stelle handelt von außergerichtlichen präsumtiven Vollmachtsinhabern z. B. der Gutsherrschaft, der Dienstherrschaft, des Handlungsprincipals u. s. w. und von der Art und Weise, wie die präsumtiven Vollmachtsgeber die Billigung oder Misbilligung der Handlung ihrer Principale zu erkennen geben sollen.

Es soll A. G. O. I. 14. 14 a. und b. beweisen, daß bey der Untheilbarkeit des

Gegenstandes der Verurtheilung zwischen Consorten, die Nichtigkeit des Verfahrens auch denjenigen zu gut komme, die würklich bey den Acten gehörig legitimirt sind, und daß sie daher bey dem neuen Prozeß wieder zugezogen werden müssen.

Es handelt aber A. G. O. I. 14. 14 a. nicht von der Nichtigkeit eines Verfahrens, sondern von der Appellation. Sie verordnet nicht die partielle Gültigkeit eines durch ein Rechtsmittel angefochtenen Urtheils, wenn der Gegenstand der Verurtheilung theilbar ist, sondern umgekehrt, daß auf die Theilbarkeit oder Untheilbarkeit nichts ankomme, und daß das von einigen Litisconsorten angefochtene Urtheil unter der einen wie unter der andern Voraussetzung partiell nicht bestehe; sie enthält folglich — entweder von dem Satz, welchen Rez. darin finden will, gar nichts, oder — grade das Gegentheil. Es verordnet der darauf folgende §. 14 b., daß der nicht appellirende Litisconsorte, der zu seinem Vortheil ein von dem appellirenden erstrittenes besseres Erkenntniß sich nach dem unmittelbar vorangegangenen §. 14 a. aneignen will — dieses nicht zum Nachtheil des andern thun soll — also abermals von dem, was Rezensent darin gefunden hat — nichts, durchaus gar nichts.

Diese Erläuterungen mögen die Beschuldigung, daß Rez. in den Tag hinein citire, rechtfertigen. Mit welcher Stirn mag nun dieser Rez. sagen:

er habe die vielen Gesetzstellen nur darum angeführt, um den Verf. zu überzeugen, daß die Preußische Gesetzgebung für alle in causa denkbaren Fälle vollständig sey, und der Nachhülfe des Verf. nicht bedürfe?

Der Verf. hat sich zu keiner Nachhülfe er-

„ad I. und II. angeführt worden ist, die Vorder-
„sätze des Verfassers, worauf seine ganze Argumen-
„tation beruht, haltlos sind[20]), indem 1) es kein
„Essentiale processus ist, daß alle Interessenten
„bey einem Rechtsstreite zugezogen werden[21]), viel-

boten, weil er nicht glaubt, daß irgend ein Gesetzbuch — also auch nicht das Preußische — für alle in casu denkbare Fälle vollständig seyn könne oder müsse.

Der Rez. hat auch den Verf. weder von einer solchen Vollständigkeit der Preußischen Legislation, noch von ihrer Nothwendigkeit überzeugt.

Dagegen hat er ihn überzeugt, daß wenn Rez. alle Paragraphen der Preuß. Allg. Ger. Ordnung und des Allg. Landrechts auf einzelne Blätter geschrieben, diese Blätter in den Glückstopf geworfen, und, um seine willkührlich aufgestellten Sätze zu belegen, auf das Gradewohl für jeden Satz ein Blatt herausgezogen hätte, ungefähr eben so viel daben herausgekommen wäre, als bey der vorliegenden Beurkundungsart.

20) Auf den Satz, dessen Gegentheil Rez. ad 1. ausgeführt haben will, hat der Verf. wie die Anmerkungen 3. und 9. zeigen, nichts gebaut. Bey dem was Rez. ad 2. sagt, hat er sich, wie Anmerkung 10. bis 12. zeigen, selbst nicht verstanden, auch dem Verf. Sätze angedichtet, die ihm fremd sind. Was kann nun aus beyden Ausführungen für die Gehaltlosigkeit der Argumentation des Verfassers folgen?

21) Die Anhörung der im Urtheil für sachfällig erklärten Parthey vor dem Urtheil ist ein Essentiale processus. Eine Streitgenossenschaft

„mehr solches nur bey untheilbaren Rechten der Fall „ist[22]), und 2) daß bey ganz gleichem Klagegrunde „und Einreden dennoch sehr verschiedene richterliche „Entscheidungen, nicht blos in Folge der Subjectivi„tät der Richter, sondern eben sowohl in Folge des „subjectiven Verhaltens der Partheyen im Pro„zesse, möglich sind, was schon die Erfahrung lehrt[23]).

---

ist eine Parthey. Wo diese nicht gehört wurde, ist ein Essentiale processus verletzt. Die Anhörung der Streitgenossenschaft befiehlt übrigens. A. G. O. I. 5. §. 4. No. 8. eine Stelle, die Rez. sogar mehrmals, aber immer aufs Gradewohl, anführt, um darin zu finden, was sie nicht enthält. Die Concordanzstelle findet sich A. G. O. I. 9. §. 2.

22) Da, wo die eben angeführten Gesetzstellen die Zuziehung aller Streitgenossen oder der Streitgenossenschaft als Parthey verfügen, unterscheiden sie zwischen theilbaren und untheilbaren Rechten und Forderungen nicht. Beyde Stellen behandeln, wie in der Anmerk. 147. der vorigen Abtheil. (S. 304. bis 396., besonders 392 u. f.) bewiesen worden ist, die Mittheilnehmer an einem Recht oder an einer Verbindlichkeit als eine Personeneinheit, und Streitgenossen als eine Parthey, und A. G. O. I. 16 §. 2. No. 5. erklärt dasjenige Verfahren mithin auch das, auf das Verfahren gebaute Urtheil (I. 16. §. 8.) für nichtig, in dessen Lauf die Anhörung der verurtheilten Parthey oder ihre gesetzmäßige Vertretung, unterblieb. Eine partielle Gültigkeit oder Ungültigkeit des Verfahrens und Urtheils kennt kein Gesetz.

23) Daß verschiedene Partheyen auf ganz gleiche Sachmomente dennoch verschiedene Urtheile da-

„Daß also der Gegenstand eines Prozesses, gegen
„welchen eine Nullitätsklage eingewendet wird, dar=

---

von tragen können, lehrt freylich die Erfahrung. Daß die Ungleichheit der Rechtsprechung ein Justizgebrechen, allein kein Nullitätsgrund sey, ist gesetzlich und naturgemäß. Daß der Grund der Ungleichheit der Rechtsprechung, sowohl in der Subjectivität der Richter, als in der Subjectivität des Verhaltens der Partheyen liege, ist völlig ausgemacht. Es kann sogar der *nemliche* Richter, — etwa weil ihm grade der Kopf anders steht, — *heute* dem Beklagten die *schwarze* Kugel zu werfen, ob er gleich *gestern* seinem — durchaus im gleichen Fall sich findenden Schicksalsgefährten — die *weiße* zutheilte. Aber was in aller Welt geht das den Gegenstand der vorliegenden Diskussion an? Es frägt sich nicht, ob *verschiedenen* Partheyen, bey *ganz* gleichem *materiellen*, dennoch ein ganz verschiedenes *formelles* Recht gültig könne zugetheilt werden, sondern ob Litisconsorten oder Mitsachbetheiligte, bey dem einen und nemlichen Partheyenrecht, *eine* Parthey, oder ob sie *verschiedene* Partheyen sind, ob überhaupt im Preußischen, so wie im gemeinen Civilprozeß nur *eine* klagende *einer* beklagten Parthey gegenüber stehe, oder ob die *verschiedenen Litisconsorten* eben so viel *verschiedene Hauptpartheyen* sind? In diesen Status controversiae will Rezensent — offenbar *absichtlich* — nicht eingehen. Und doch liegt kein anderer vor. Das bey der ganzen Diskussion die Hauptrolle spielende Wort *Streitgenossenschaft* scheint dem Rezensenten so *furchtbar*, daß er es nicht über den *Mund*, oder aus der *Feder* bringen kann.

„rem allemal causa individua sey, ist eine offenbare „petitio principii[24]), und die ganze Ausführung „des bescheidenen und anständigen Verfassers dreht „sich in einem vollkommenen Zirkel" [25]).

---

[24]) Um seinen Großthaten im Felde der literärischen Kritik die Krone aufzusetzen, dreht der Rezensent dem Verfasser das Wort im Munde herum. Mit Hülfe dieses Taschenspielerstücks sucht er ihm einen, an einer petitio principii laborirenden Cirkelschluß, anzudichten.

Der Verfasser hat nirgends gesagt, daß der Gegenstand eines Prozesses, sondern daß der Prozeß selbst, zwischen den, eine und dieselbe Parthey, auf einerley Factum und Vertheidigung, bildenden Streitgenossen, causa individua sey. Der französische Prozeß drückt den Satz so aus: l'instance est indivisible.

Der Gegenstand eines Prozesses ist das Ding, um dessen Haben oder Nichthaben, Leisten oder Verweigern gestritten wird. Dieser Gegenstand ist dann nur causa individua, wenn er — wie sich A. G. O. I. 5. §. 4 No. 8. ausdrückt, — einem von mehreren Interessenten nicht zu Statten kommen kann, ohne zugleich den Uebrigen gewährt zu werden. Mit diesem Ding hat der vom Rezensenten gegen den Verfasser geführte Streit nichts zu schaffen.

Der Prozeß selbst ist das mit dem Urtel schließende Verfahren. Ob nun Urtheil und Verfahren zwischen den zur streitenden Parthey gehörenden Mitgliedern theilbar sey oder nicht? — das ist die Frage.

Der Prozeß selbst und das Ding, worüber prozessirt wird, sind doch wohl zweyerley.

[25]) Wenn Rezensent seine Fähigkeit wird nachgewiesen haben, die raisonnirende Auseinander-

setzung eines Schriftstellers zu fassen, und das Gefaßte richtig wieder hinzustellen, wenn er sich die Unart abgewöhnt, dem Schriftsteller Ansichten anzudichten, die er nicht hat, um dann seine Galle über seine eigne Erfindungen zu ergießen, wenn er sich der noch größern Ungebührlichkeit enthält, aus zwey Preußischen Gesetzbüchern, zur Beurkundung falscher doctrineller Sätze, Stellen anzuführen, in welchen von dem was sie beweisen sollen, durchaus gar nichts zu lesen ist, — dann mag er allenfalls den Ton der Inurbanität mit dem Ton der Ironie verwechseln. Bis dahin bleibt Grobheit das seiner geistigen Individualität zusagende Element, Spott dagegen — welcher nur dem Gefühl der Ueberlegenheit ziemt — eine ihm verbotene Waffe.

Ob die schlechte Rezension und die aus Begriffsverwirrungen und Wortverdrehungen zusammengesetzte noch schlechtere Vertheidigung derselben, aus dem Innern des Rezensenten hervorgegangen, oder durch einen äußern Impuls veranlaßt worden, — bleibt ein unaufgelößtes Räthsel.

Unter der ersten Voraussetzung müßte die Rezension aus dem Kopf oder aus dem Herzen des Verfassers entsprungen seyn. Aber in welchem zur Abfassung kritischer Beurtheilungen berufenen Menschenkopf, könnte sich zwey und zwey zu fünf summiren? Und was könnte den Rezensenten gegen den anonymen und ihm bey der Abfassung der Rezension unbekannt gebliebenen Verfasser, zu persönlichen Mishandlungen reizen?

Also müßte man eine äußere Veranlassung annehmen. Sie müßte sich in einer Partheyeninspiration oder darin finden, daß dem Rez. das aus dem ersten Bande der Geschichte des Rechtsstreits Seite 83. u. f. bekannte Rescript des Königl. Preußischen Justizministeriums vom 1sten November v. J. zur Kunde gekommen, und daß er sich deshalb berufen, vielleicht sogar verpflichtet gefunden, die Meinung des Preußischen Justizdepartements, für die richtige und eben deshalb die in der rezensirten Abhandlung entwickelte Meinung, für die unrichtige zu erklären.

Unter der einen wie unter der andern Voraussetzung erinnert der Verfasser gegen das Motiv der Rezension weiter nichts; er erklärt es sogar für staatsklug.

Sollte die Rezension eine Anwaldsliſt seyn, so wäre eigentlich niemand als der querulatische Theil zu bedauern, daß er einen so unlogisch zu Werk gehenden, die Preußischen Gesetze so willkührlich hin und her zerrenden, ihrem Buchstaben und Inhalt fast überall Gewalt anthuenden Verfechter seiner Ansprüche, gefunden hat.

Sollte die Rezension der Entscheidung des Preußischen Justizdepartements als Begründung dienen, so wird der Rez. vor allen Dingen darauf aufmerksam gemacht, daß jene Entscheidung durch die Ministerialresolutionen vom 28sten März und 3ten July v. J. aufgehört hat, Ministerialentscheidung zu seyn.

In eben dem Augenblick, in welchem das Justizministerium die Frage über die Zulässigkeit oder Nichtzulässigkeit des Beytritts der Entscheidung der Richterbehörde im Instanzenzuge überwies, nahm es seine eigene zurück, und was vorher die officielle Meinung des Justizministers war, ist jetzt die bloße Privatmeinung des Hrn. v Kircheisen. Indessen hält der Verfasser Herrn von Kircheisen für zu rechtlich, als daß er von den Richtercollegien die Geltendmachung seiner Privatmeinung auch nur erwarten, und für zu erleuchtet, als daß er seine Privatmeinung selbst, — auf Einsicht besserer und durchgreifender Gründe — nicht zurücknehmen sollte.

FSC
www.fsc.org
MIX
Papier | Fördert
gute Waldnutzung
FSC® C083411

Kolibri 360 GmbH
Ferdinand-Jühlke-Straße 7
99095 Erfurt, Deutschland
produktsicherheit@kolibri360.de